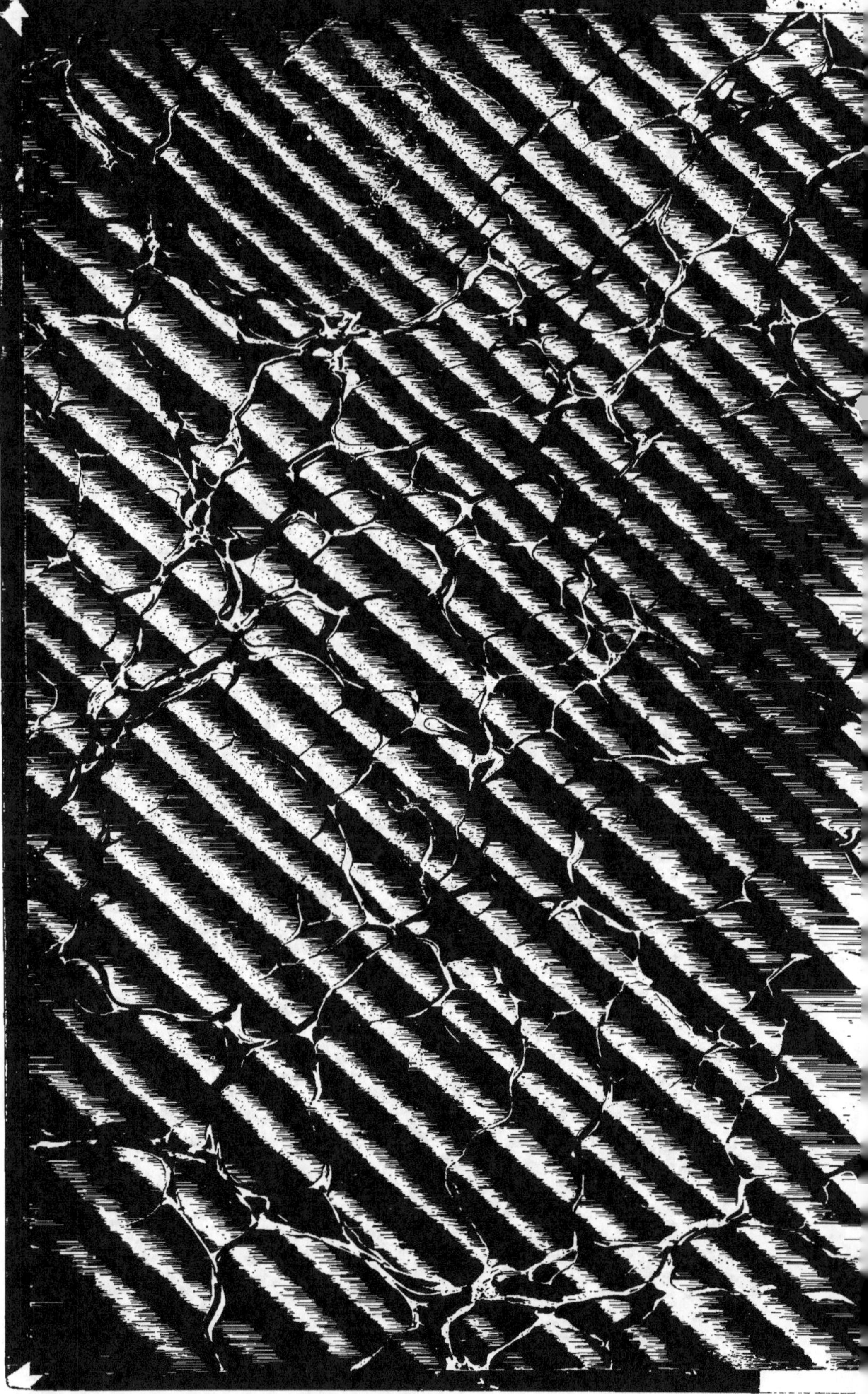

LE NAUFRAGE

DE

LA JEANNETTE

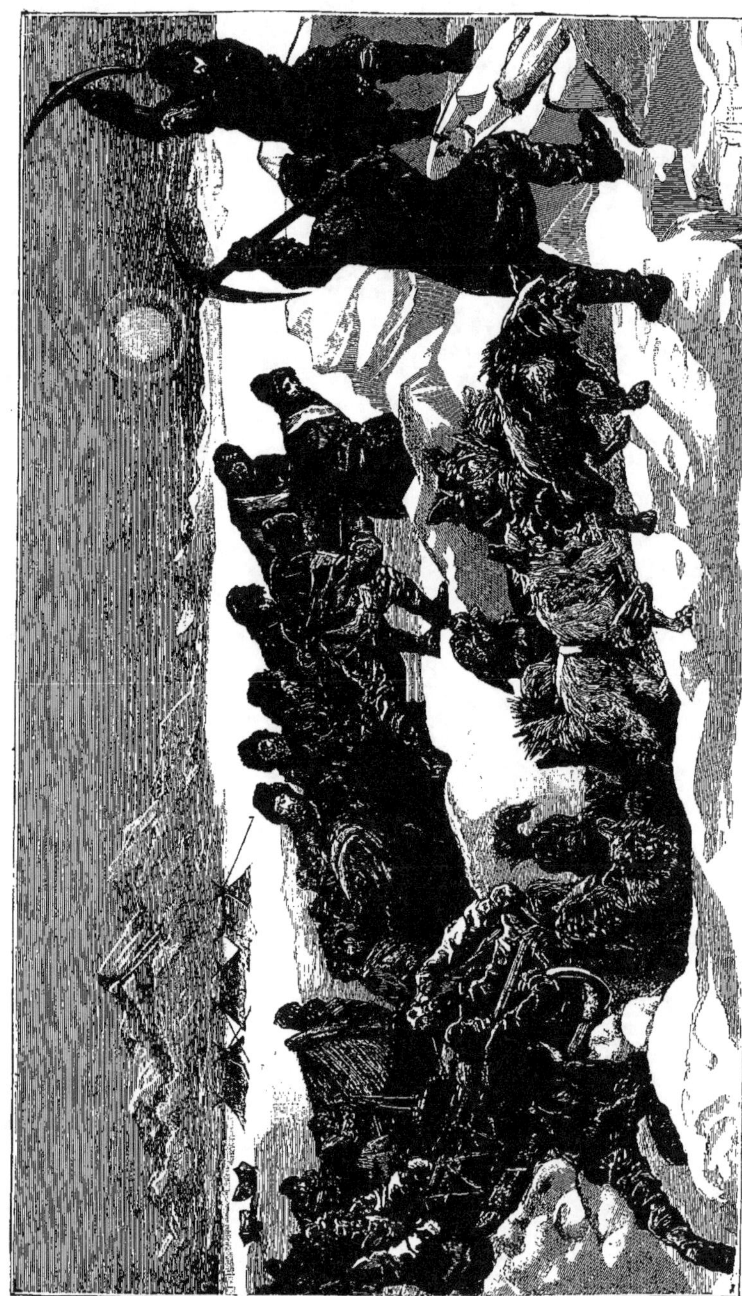

Après que le steamer eut sombré. (D'après un grand dessin du *Graphic*.)

LE NAUFRAGE

DE

LA JEANNETTE

DANS L'OCÉAN GLACIAL ARCTIQUE

RACONTÉ PAR

LES MEMBRES DE L'EXPÉDITION

OUVRAGE ILLUSTRÉ

DE NOMBREUSES ILLUSTRATIONS

D'APRÈS LES DESSINS FAITS SUR NATURE

PARIS

MAURICE DREYFOUS, ÉDITEUR

20, RUE DE TOURNON, 20

CHAPITRE PRÉLIMINAIRE

Lorsque, en 1881, on apprit la perte du navire *la Jeannette*, ce fut dans toute l'Europe un sujet de profonde émotion. Aux États-Unis, l'intérêt public fut excité plus vivement que partout ailleurs.

La plupart des membres de l'expédition étaient Américains. Un Américain, M. James Gordon-Benett, propriétaire du grand journal le *New-York Herald*, avait eu l'initiative de l'entreprise et en avait avait fait tous les frais. Ayant acheté, en 1878, au Havre, le navire *Pandora*, il l'avait baptisé du nom français *Jeannette*, et l'avait envoyé à San Francisco pour y compléter son armement, puis il en avait fait hommage au gouvernement des États-Unis.

La Jeannette devait tenter de trouver une voie navigable conduisant, à travers les mers polaires, de la côte américaine à la côte de Sibérie.

Depuis que *la Jeannette* avait quitté San Francisco, le *New-York Herald* avait publié les correspondances des divers membres de l'expédition. Un de ses rédacteurs, M. Collins, était attaché à l'expédition à titre de *reporter*. Puis, tout à coup, les nouvelles avaient cessé d'arriver et, après une longue et inutile attente, il devint certain qu'un désastre était survenu.

Le gouvernement américain avait alors envoyé un de ses bâtiments *le Rodgers*, à la recherche de *la Jeannette*. Le *Rodgers* parvint à recueillir et à transmettre des nouvelles, mais il périt, lui-même, bientôt après.

Au reçu des nouvelles envoyées par *le Rodgers*, M. J. Gordon-Benett envoya (par voie de terre, cette fois) un de ses collaborateurs, M. J. Jackson, dans la direction du pôle nord par la côte de Sibérie, en lui donnant pour mission de chercher les traces des malheureux disparus, et de les secourir. Il eut la chance de rencontrer les rares survivants de *la Jeannette*, et, dirigé par eux, il put connaître, dans tous ses détails, la fin tragique de ses compatriotes. Il put recueillir dans diverses cachettes les papiers laissés par eux pour qu'on les trouvât au cas où ils mourraient en chemin. Grâce aux récits des quelques malheureux qui avaient échappé à la mort, par une série d'événements presque miraculeux, il fut possible de connaître dans tous ses détails le dénouement du drame qui avait eu les mers arctiques pour théâtre et avait été le plus épouvantable de tous ceux qu'eût jamais enregistré l'histoire des explorations polaires.

Les lettres écrites par les membres de l'expédition, les documents laissés par eux et trouvés après leur mort, les renseignements recueillis par M. Jackson, les récits des survivants ont été recueillis par nous, tels quels, en 1882.

A cette heure-là tout était intéressant. Mais si les renseignements scientifiques qui, alors, étaient dans toute leur première fraîcheur, ont conservé pour les hommes d'étude toute leur valeur première, ils ne sauraient plus prétendre à passionner, comme ils l'ont jadis passionné, l'esprit de la grande masse des lecteurs.

De ce drame de *la Jeannette*, une seule chose reste éternellement émouvante, c'est le drame lui-même, avec les péripéties qui l'ont immortalisé.

Toutes les lettres et tous les documents dans lesquels ceux qui en ont été les acteurs ou les témoins l'ont raconté se trouvent réunis ici et non plus par ordre chronologique, comme ils l'étaient précédemment, — alors qu'ils n'étaient que des documents, — mais classés de façon telle que, si nous ne nous trompons pas complètement, ils forment, dans leur ensemble et par leur suite régulière le plus émouvant de tous les romans d'aventures.

CHAPITRE PREMIER

« La Jeannette ». — Son équipage.

Le Navire.

Avant de présenter au lecteur les différents membres de l'expédition arctique projetée par M. Bennett, nous devons lui faire faire connaissance avec le navire destiné à leur servir de demeure pendant les longs mois qu'ils seront sans doute condamnés à passer au milieu des glaces polaires.

La Jeannette est un navire mixte, gréé en barque. C'est un navire bas et élancé, qui a été construit pour le compte du gouvernement anglais. Il était primitivement destiné à servir d'aviso et de transport pour l'escadre de la Méditerranée. Mais quand il fut achevé, la marine de Sa Majesté britannique, n'en ayant plus besoin, le fit mettre en vente. Il fut acheté par le capitaine Allan Young, yachtman anglais distingué qui avait déjà pris part à l'heureuse expédition de sir Léopold Mac Clinctock, à la recherche des restes de Franklin. Son nouveau propriétaire, après un court voyage dans les mers arctiques, le vendit à M. Bennett, qui le destinait à l'usage que nous savons. C'est ce que l'on appelle un navire haut sur quille, — c'est-à-dire dont la quille s'en va en forme de coin, — de sorte qu'on peut espérer, s'il vient à être pris dans les glaces, qu'il sera soulevé par leur pression, au lieu d'être écrasé, comme il arrive d'ordinaire aux navires à fond aplati ou à flancs perpendiculaires.

Après la cérémonie du baptême, *la Jeannette* ne tarda pas à prendre le chemin de l'Amérique, emportant à son bord le capitaine de Long et sa famille. Nous ne nous arrêterons point aux quelques petits incidents qui purent survenir pendant la traversée du Havre à San Francisco ; d'ailleurs aucun de ces incidents ne mérite de fixer notre attention. Nous dirons seulement que le voyage dura cinq mois et demi et que le capitaine de Long choisit la route du détroit de Magellan au lieu de celle du cap Horn.

Comme nous l'avons dit, M. Bennett avait acheté *la Jeannette* afin de l'offrir au gouvernement des États-Unis pour une expédition au pôle nord.

Par acte du 27 février 1879, le Congrès accepta cet offre et autorisa le secrétaire de la marine à se charger de l'armement du navire. Ce dernier avait, à la vérité, fait ses preuves dans les mers arctiques, pendant le voyage exécuté par le capitaine Allan Young ; néanmoins on crut nécessaire de le remettre au dock pour le réparer.

La Jeannette fut donc, dès son arrivée à San Francisco, envoyée à Mare Island, où le secrétaire de la marine était autorisé à prendre, dans les arsenaux de l'État, tous les matériaux nécessaires pour la mettre en état d'affronter les périls de l'expédition à laquelle on la destinait. La seule restriction apportée à cette autorisation était qu'aucune des dépenses pour les réparations ou les améliorations faites au navire ne devait rester à la charge du département de la marine. Il était, en outre, enjoint au secrétaire par l'acte du Congrès, de faire vérifier, avant d'en prendre charge, si le navire était réellement approprié à un voyage d'exploration dans les mers polaires. A Mare Island, *la Jeannette* subit donc une inspection minutieuse, après laquelle les ingénieurs déclarèrent que, vu les dangers du voyage qu'elle allait entreprendre, il était prudent de la renforcer, pour qu'elle pût supporter plus facilement la pression des glaces. Ce n'était là, toutefois, qu'une mesure de précaution, puisque ce navire était d'une excellente construction et possédait la force ordinaire des navires de ce tonnage. De grands travaux furent néanmoins entrepris pour satisfaire au desideratum des ingénieurs, et M. Bennett en paya tous les frais. On changea les anciennes chaudières de *la Jeannette*, qu'on remplaça par des neuves, et on mit tout en œuvre pour qu'elle fût dans les meilleures conditions possibles au moment de son départ : des barreaux de fer furent placés à l'avant et à l'arrière des chaudières pour soutenir les flancs du navire. Son extrême-avant fut, jusqu'à une dizaine de pieds du faux-pont, rempli de solides madriers bien calfatés. Des

hilloires additionnelles et des madriers de six pouces d'épaisseur furent
ajoutés à la charpente ordinaire pour renfoncer son petit-fond. En
outre, le fond fut réparé partout où il en avait besoin. Toutes ces réparations et améliorations furent faites avec tant de soin, qu'on pouvait raisonnablement croire que *la Jeannette* était en état de surmonter
tous les périls ordinaires qu'on est accoutumé à rencontrer dans la
navigation des mers polaires.

Après avoir donné à nos lecteurs la description de l'instrument, il
nous reste à leur présenter ceux qui étaient destinés à s'en servir.

Le lieutenant de Long,
commandant de l'expédition.

De Long est né à New-York, dans le courant de l'année 1844,
d'une famille d'origine française, comme son nom, au reste, le fait
deviner. Nous ne possédons que fort peu de détails sur sa famille,
et ne connaissons rien de véritablement intéressant sur les années de
son enfance, jusqu'à l'âge de seize ans, époque où il fut admis à l'Académie navale sur la présentation d'un membre du Congrès, M. Ben-
jamin Wood. Grâce à ses facultés naturelles et à son assiduité, il s'y
distingua bientôt : il en sortit le dixième sur cinquante, avec le grade
d'aspirant de marine. Le 1er décembre 1866, il était promu à celui
d'enseigne et devenait successivement maître en mars 1868, et lieutenant en mars 1869.

Ce fut vers cette époque qu'étant envoyé rejoindre l'escadre américaine qui croisait dans les mers d'Europe, il fit la connaissance de
miss Emma Wotton, qui fut plus tard mistress de Long. Le père de
cette jeune fille, le capitaine Wotton, habitait le Havre, où il était à la
tête de la *Compagnie des Paquebots du Havre à New-York.* Le capitaine
Wotton tenait généreusement sa maison ouverte à tous ses compatriotes, et particulièrement aux officiers de la flotte. Ce fut grâce à cette
circonstance que les deux jeunes gens se rencontrèrent et s'éprirent
l'un de l'autre. De Long demanda au capitaine la main de sa fille ;
mais, avant de l'obtenir, il fut rappelé à New-York. Peu de temps
après, M. Wotton étant allé lui-même faire un voyage en Amérique,
de Long réitéra ses insistances auprès de lui et en obtint cette réponse :
« Partez pour votre croisière dans les mers du sud de l'Amérique, et

si, quand vous reviendrez, dans un an, vos sentiments, pas plus que ceux de ma fille, n'ont changé, elle sera votre femme. » Joyeux de cette réponse, de Long partit rejoindre son navire, le *Lancaster*, qui l'attendait à Norfolk. Un peu avant son départ, de Long reçut la nouvelle de la mort de sa mère, avec laquelle il vivait à Williamsbourg; son père était mort quelques années auparavant. Il dut donc revenir pour les obsèques, auxquelles assista M. Wotton, qui conduisit le deuil avec lui. Immédiatement après cette triste cérémonie, de Long repartit pour le sud. Mais comme deux des côtés les plus saillants de son caractère étaient l'énergie et la persévérance, il revint à New-York aussitôt sa croisière terminée, et se rendit directement chez le frère de sa fiancée, à qui il se présenta en lui adressant gaiement ces paroles : « Eh bien, Jack, me voici; le temps est passé, je m'en vais la chercher. » A la vérité, l'année fixée par M. Wotton n'était pas encore complètement écoulée, quand de Long arriva au Havre et se présenta dans les bureaux de l'agence des *Paquebots du Havre à New-York*; néanmoins le capitaine donna son consentement, et le mariage fut célébré à bord du navire de guerre *Shanenhoah*, car on était alors au milieu de l'hiver 1870-71, époque pendant laquelle, on se le rappelle, tout mariage célébré en France était déclaré nul.

En 1873, de Long prit part, en qualité de second à bord de la *Juniata*, qui était commandée par le capitaine Braine, à l'expéditon envoyée à la recherche du *Polaris*. Ce voyage lui fournit l'occasion de se distinguer par une entreprise des plus hardies, qui, sans doute plus tard, lui valut l'honneur d'être choisi pour commander *la Jeannette*. La *Juniata* se trouvant bloquée par les glaces, dans le port d'Upernavick, sur la côte occidentale du Groënland, il obtint de son commandant l'autorisation d'équiper une petite chaloupe à vapeur pour tenter de continuer les recherches plus au nord. Il surveilla lui-même l'armement de ce petit bâtiment, qui n'avait que trente-cinq pieds de long, et qui reçu le nom de *Petite Juniata*, et partit, avec un équipage d'élite, à la recherche du navire disparu et de l'équipage du capitaine Buddington. Il essaya d'abord de remonter la baie de Melville, en longeant la côte, pour traverser cette baie à la hauteur du cap York, qui était le but de son expédition; mais craignant d'être pris dans les glaces, il dut renoncer à ce plan et chercher à trouver un passage au milieu des îles

de glaces flottantes. Ces premières tentatives furent inutiles ; plusieurs
fois même il fut obligé de rétrograder. Enfin, ayant eu la bonne fortune de trouver un passage ouvert, il s'avança droit dans la direction
du cap York. Cinq jours après son départ, la *Petite Juniata* fut assaillie
par une épouvantable tempête, à un moment où, pour économiser le
combustible, toutes ses voiles étaient dehors. Pendant trente heures,
il lui fallut lutter contre cette tempête arctique, mille fois plus terrible que celles des basses latitudes. A chaque instant, elle était
menacée d'être écrasée au milieu des centaines d'icebergs qui
l'entouraient, ou d'être ensevelie sous les débris de ces montagnes
de glace qui, se heurtant les unes contre les autres, s'abîmaient en
projetant au loin leurs éclats. Enfin, la tempête s'apaisa et la mer
se calma. A ce moment, le cap York était en vue, à huit milles environ. De Long désirait ardemment y parvenir, mais il était inabordable
par terre à cause des glaces qui bordaient le rivage. D'un autre côté,
la *Petite Juniata* ne pouvait prolonger son voyage, faute de combustible, car le capitaine Braine avait donné l'ordre formel à de Long de
regagner le port d'Upernavick dès qu'il aurait épuisé la moitié de sa
provision de charbon. L'ordre de virer de bord fut donc donné, malgré
le regret de de Long d'abandonner l'entreprise au moment où il touchait
le but qu'il s'était proposé d'atteindre, et après tant de dangers courus.
De retour à Upernavick, il trouva dans le port de cette station le navire
la *Tigress*, qui, lui aussi, venait dans ces parages pour participer à la
recherche du *Polaris* et de son équipage. De Long, désireux de poursuivre l'œuvre qu'il avait commencée, demanda au capitaine Grœr,
qui commandait le navire, de l'accepter à son bord avec les gens qui
l'avaient accompagné dans sa première tentative ; mais celui-ci,
voulant se réserver en entier l'honneur de l'entreprise, lui refusa. Ce
refus, toutefois, ne découragea point le jeune lieutenant ; il essaya
de reprendre une seconde fois le chemin du nord avec sa chaloupe, et
ne fut arrêté que par le manque de charbon.

D'après un dicton du sud : « Quiconque a bu des eaux du Rio
Grande y reviendra avant de mourir » ; mais on pourrait dire, avec
non moins de raison, pour le nord : « Quiconque a vu les glaces éter-
nelles de l'Arctique voudra les revoir. » De Long n'avait point échappé à l'influence fascinatrice des ces régions : le premier voyage dont

nous venons de retracer un des épisodes avait fait naître en lui un véritable enthousiasme pour tout ce qui a trait aux régions polaires : de retour dans sa patrie, il se mit à étudier avec ardeur tous les ouvrages écrits sur le pôle nord, et à lire les relations des hardis marins qui, au péril de leur vie, se sont aventurés dans ces régions mystérieuses. Le tableau de leurs misères et de leurs infortunes, loin de ralentir son ardeur, ne faisait que l'exciter ; et comme l'enthousiasme est contagieux, il savait inspirer aux autres les sentiments qui l'animaient. D'ailleurs,

GEORGE W. DE LONG

Commandant de *la Jeannette*

Né en 1844 à New-York.
Mort le ? (fin octobre 1881).

CH. W. CHIPP

Lieutenant de *la Jeannette*

Né à Kingston en 1848,
très probablement perdu en mer.

personne plus que lui ne déploya de persévérance et de réflexion dans les préparatifs de l'expédition de *la Jeannette*.

De Long est un homme d'un physique superbe et d'une constitution vigoureuse ; il a six pieds de haut et des formes véritablement athlétiques. Ceux qui ont vécu dans son intimité le dépeignent comme un homme d'excellentes manières, conteur agréable et spirituel. C'est, en outre, un observateur clairvoyant des hommes comme des choses, à qui ses voyages ont fourni un fonds sérieux de connaissances. Il aime sa profession avec fierté.

Charles W. Chipp,
premier lieutenant.

Le lieutenant Chipp, qui part en qualité d'officier exécutif à bord de *la Jeannette*, n'en est pas non plus à ses débuts dans la navigation des mers arctiques : lui aussi était à bord de la *Juniata*, dans son voyage à la recherche du *Polaris*, pendant lequel il fut toujours le premier à s'offrir comme volontaire dès qu'une mission périlleuse se présenta. C'est ainsi qu'il accompagnait de Long dans sa dangereuse expédition à bord de la *Petite Juniata*.

Le lieutenant Chipp est né à Kingston, dans l'état de New-York, en 1848. Il entra à l'Académie navale en 1863. Il passa ses premières années de service maritime en qualité d'aspirant à bord du *Contocook*, de l'escadre des Indes occidentales, en 1868 ; du *Franklin*, dans l'escadre d'Europe, et du *Guard*. Il s'embarqua ensuite, comme enseigne, à bord de l'*Alaska*, de l'escadre d'Asie, à laquelle il resta attaché pendant trois ans, avec le même grade. Cette croisière, tout en lui fournissant l'occasion d'acquérir de l'expérience, lui permit aussi d'étudier les sujets les plus variés et les plus intéressants. Le 12 juillet 1870, il fut promu au grade de master et envoyé ensuite en Corée, où il prit part à l'attaque des forts de la rivière Sallé. Étant à bord du *Monocacy*, il participa aux combats du 1er, du 9, du 10 et du 11 juin 1871, et prit le commandement de la compagnie de Mokee, quand ce brave officier fut tué à l'assaut du fort du Condi.

Plus tard, il assista avec ses collègues à une grande fête donnée en leur honneur par la cour de Siam à Bankok. Ce fut au mois de février 1873, qu'il se rendit à bord de la *Juniata*. Après son retour, il fut envoyé à Santiago de Cuba pour arrêter le massacre des derniers prisonniers du *Virginius*, et ramener ceux-ci aux États-Unis. En 1874, il retourna à bord de la *Juniata* qui se rendait à Key-West, rendez-vous d'où elle fut envoyée rejoindre l'escadre d'Europe, et croisa depuis les côtes de Norwège jusqu'à celles du Levant. Attaché au mois de mai 1876 au service des torpilles, à Newport, il passait, au mois de septembre de la même année, à bord de l'*Ashuelot*, qui faisait partie de l'escadre d'Asie. Il y resta jusqu'en mars 1879, époque où il reçut l'ordre de rejoindre *la Jeannette*. Il a donc eu neuf ans et huit mois de service effectif à la mer. Sous tous les rapports, c'est un marin instruit et pratique, et son choix a reçu l'approbation de tous les marins.

John Wilson Danenhower,
deuxième lieutenant.

Maître Danenhower, qui occupe le troisième rang hiérarchique à bord de *la Jeannette*, est né à Chicago, dans l'Illinois, le 30 septembre 1849. Il est entré à l'Académie de marine en 1866. En 1870, il était à bord du *Plymouth* en qualité d'aspirant, qu'il conserva pendant

JOHN W. DANENHOWER
Deuxième lieutenant de *la Jeannette*
Né le 30 septembre 1849, à Chicago, et revenu à New-York, — un œil perdu, l'autre compromis.

GEORGE W. MELVILLE
Ingénieur de *la Jeannette*
Né le 19 janvier 1841, à New-York.
Sauvé.

deux ans soit à bord de ce navire, soit à bord de la *Juniata*, qui, tous les deux, faisaient partie de l'escadre d'Europe. Il fut ensuite promu au grade d'enseigne après un examen au concours et servit sur le *Portsmouth* pendant les voyages d'exploration et d'hydrographie faits par ce navire de 1871 à 1874. Il fut alors invité à passer l'examen de master, à la suite duquel il reçut sa commission. En 1874, il fut attaché à l'observatoire naval de Washington, d'où il passa au service des signaux, dirigé par le commodore Parker. Il s'embarqua plus tard sur le *Vandalia*, où il resta jusqu'en juillet 1878, époque où il reçut l'ordre

La Jeannette complète son chargement dans la baie Saint-Laurent.

d'aller au Havre rejoindre *la Jeannette*. Maître Danenhower est un jeune homme d'un mérite supérieur à celui de la moyenne des officiers distingués de la marine des États-Unis, qui se font d'ordinaire remarquer par leurs qualités professionnelles et leur savoir. Depuis qu'il est entré dans la marine, il a des états de servive effectif plus chargés qu'aucun des officiers de sa promotion. Pendant l'expédition de *la Jeannette*, il remplira le rôle d'hydrographe en même temps que celui de lieutenant en second.

Georges W. Melville,
sous-ingénieur de la marine.

Les glaces des mers arctiques ne sont point inconnues non plus au sous-ingénieur Melville, qui remplissait les fonctions d'ingénieur en chef à bord de la *Tigress*, pendant le voyage de celle-ci, dont nous avons parlé. Ses services furent tellement appréciés, pendant le cours de cette expédition, que le commandant de la *Tigress* en fit l'éloge le plus flatteur dans le rapport qu'il adressa, après son retour, au secrétaire de la marine. D'ailleurs, M. Melville possède la confiance entière de son commandant actuel, le lieutenant de Long. A bord de *la Jeannette*, outre son service professionnel, il sera chargé de plusieurs branches des travaux scientifiques que doivent entreprendre les membres de l'expédition, de la partie minéralogique et de la partie zoologique.

L'ingénieur Melville est né à New-York, le 19 janvier 1841, et suivit les cours d'une école publique de cette ville. Après avoir fait tout son stage d'ingénieur, il entra dans la marine en 1861, avec le grade de sous-ingénieur de 3e classe. Pendant la guerre de sécession, il servit à bord des navires de guerre *Michigan*, *Dakota* et *Wachusett;* il passa ensuite dans le service des torpilles de l'escadre de blocus du Nord et de l'Atlantique, où il fut élevé au grade de sous-ingénieur de 2e classe en 1862. Après la guerre, il fut nommé sous-ingénieur de 1re classe et s'embarqua sur le *Chattanoga*. Il fut ensuite envoyé successivement à bord du *Tacony*, du *Penobscot*, du *Lancaster* et du *Portsmouth*. Il quitta ce dernier navire et entra aux chantiers de la marine à Boston, puis à New-York et enfin à Philadelphie. Appelé de nouveau à la mer en 1873, il s'embarqua sur la *Tigress* qu'il quitta pour le *Tennessee*. Il venait de passer son examen pour le grade d'ingénieur en chef, dans lequel il avait obtenu le 5ᵉ rang sur la liste, quand il fut appelé à bord de *la Jeannette*. M. Melville a douze ans et neuf mois de mer ; c'est un homme d'une taille colossale et dans la force de l'âge.

Le docteur James Markam Marshal Ambler,
chirurgien de « la Jeannette ».

Le docteur Ambler, fils du docteur Carcy Ambler, est né dans le comté de Fauquier (État de Virginie), le 30 décembre 1848. Il a fait ses premières études à Washington et à Lee College, dans son pays

JÉROME J. COLLINS
Correspondant du *New-York Herald*

Né à Cork (Irlande),
mort le ? (fin octobre 1881).

LE Dʳ JAMES MM. AMBLER
Médecin de *la Jeannette*

Né le 30 décembre 1848, en Virginie,
mort le ? (fin octobre 1881).

natal. Il se rendit ensuite à l'Université du Maryland, où il prit ses différents grades. Après l'obtention de son diplôme de docteur, il pratiqua la médecine, pendant trois ans, à Baltimore. Il quitta ensuite la médecine civile en 1874, pour entrer dans la marine en qualité d'aide-chirurgien. Il fut d'abord attaché à bord de la corvette *Kansas*, et fit, avec celle-ci, une croisière dans les Antilles. Il fut ensuite envoyé à bord du vaisseau amiral *Minnesota*, qui resta pendant deux ans stationné dans le port de New-York. De là, il entra à l'hôpital de la marine. Enfin, en 1877, il fut promu au grade de chirurgien.

C'est un homme de six pieds, fortement constitué et d'un physique agréable. Comme médecin, il est entièrement dévoué à son art, et fera, nous en sommes sûrs, tout ce qui sera en son pouvoir pour remplir noblement sa mission humanitaire.

Jérôme J. Collins, météorologiste,
correspondant du *New-York Herald.*

Jérôme J. Collins est né à Cork, en Irlande, le 17 octobre 1841 ; son frère était négociant et manufacturier, et, pendant vingt-deux ans, c'est-à-dire jusqu'en 1861, fit partie du conseil de la ville. Le jeune Jérôme Collins fit ses études à l'école de Mansion-House, qui était dirigée par les frères de Saint-Vincent. De très bonne heure, son goût pour les sciences exactes se dessina. A l'âge de seize ans à peine, il devenait l'élève de sir John Benson, ingénieur du port de la villle de Cork. Sous l'habile direction de ce maître, le jeune élève fit de rapides progrès dans son art, et fut bientôt nommé sous-ingénieur de la ville. En cette qualité il fut chargé d'un grand nombre de travaux importants sur la rivière ou dans le port ; mais celui qui lui fit le plus d'honneur est la construction du pont de North-Gate, sur lequel son nom a été gravé, et qui lui valut les félicitations de ses concitoyens.

Voyant que son pays natal ne pouvait offrir un champ assez vaste pour son activité, il se rendit en Angleterre. La crise financière de 1866 étant survenue, il se décida à passer dans le Nouveau-Monde, où il ne tarda pas à se créer une place honorable par les travaux remarquables dont il dirigea l'exécution.

Toutefois. ce n'est point comme ingénieur, mais comme météorologiste, que M. Colllins a surtout sa renommée, car ce n'est point par un novice que les variations atmosphériques doivent être observées à bord de la *Jeannette ;* M. Collins a, en effet, droit à l'éternelle reconnaissance de ses contemporains et des générations à venir, pour sa belle découverte des lois qui président au développement et à la transmission des tempêtes à travers l'Océan Atlantique, lois qui permettent de prédire plusieurs jours à l'avance l'arrivée des tempêtes sur les côtes d'Europe. Cette seule découverte le place certainement au rang des premiers savants de notre époque.

Mais, à côté du savant, existe l'homme honnête, courageux, affectionné, gai et tendre, qui laisse derrière lui un souvenir cher à tous ceux qui ont ressenti le charme qu'il sait exercer sur tous ceux qui l'entourent.

Raymond L. Newcomb, naturaliste
taxidermiste de l'expédition.

Raymond L. Newcomb est né à Salem, dans le Massachussets, en janvier 1849 ; c'est un des descendants des Newcomb qui se distinguèrent pendant la révolution de 1776. Son grand-père prit part à la bataille de Lexington et servit, pendant toute la durée de la guerre,

CAPITAINE WILLIAM DUNBAR
Pilote des glaces de *la Jeannette*

Né en 1834 à New-Londres (Connecticut),
très probablement perdu en mer.

RAYMOND L. NEWCOMB
Naturaliste de *la Jeannette*

Né à Salem, janvier 1849.
Sauvé.

dans une compagnie d'artillerie. Son père est encore dans le commerce à Salem.

Comme taxidermiste et comme ornithologiste, il jouit de l'estime des sociétés savantes. D'ailleurs, c'est à la recommandation du professeur Baird, du Smithsonian-Institut, qu'il doit la place qu'il occupe à bord de *la Jeannette*. En 1878, il avait déjà été envoyé, par ce corps savant, sur les bancs de Terre-Neuve, pour y recueillir des spécimens d'histoire naturelle. Il est certain que les travaux qu'il accomplira à bord de *la Jeannette*, lorsqu'ils viendront au jour, seront accueillis

avec une vive reconnaissance par le monde savant, dont il sera le seul
représentant dans cette exploration des mers polaires (1).

Le capitaine Dunbar,
pilote des glaces.

Le poste de pilote des glaces est de ceux qui demandent une longue
expérience de la navigation dans les mers polaires, jointe aussi à beaucoup de prudence ; aussi a-t-on choisi, pour remplir ce poste important
à bord de *la Jeannette*, un homme qui fréquente les mers glaciales depuis trente-cinq années.

Le capitaine Dunbar est né en 1844 à New-London, dans le Connecticut. Depuis sa jeunesse, sauf dans les quatre années qui viennent de
s'écouler, pendant lesquelles il a été engagé à la chasse du phoque et de
l'éléphant de mer, il a toujours navigué à bord de navires baleiniers.
Pendant sa longue carrière de marin, il a fait la pêche dans l'Océan
Atlantique aussi bien que dans l'Océan Pacifique, et dans les mers arctiques comme dans les mers antarctiques. Homme d'un esprit inventif
et plein d'inspirations subites dans les moments difficiles, il peut
rendre les plus grands service à une expédition dans les mers polaires,
où il faut toujours compter avec l'imprévu.

M. Dunbar termine la liste des membres de l'expédition que nous
pouvons considérer comme formant l'état-major. Il nous reste donc
maintenant à donner la liste des hommes d'élite choisis par le lieutenant de Long pour composer l'équipage de *la Jeannette*. Nombre
d'entre eux mériteraient certes, une mention spéciale pour leurs états
de services et leur conduite héroïque dans certaines circonstances de
cette terrible expédition ; mais la suite du récit mettra en lumière, nous

(1) M. Newcomb a été assez heureux pour sauver les notes et les croquis pris par lui dans
l'Océan arctique, de sorte qu'il n'a point à regretter, en ce qui concerne ses traavux, la
perte des rapports officiels de l'expédition. Ces notes et ces croquis au crayon sont très
complets. Les premières sont écrites très fin, mais lisiblement néanmoins ; tandis que les
secondes portent le cachet d'un ouvrage sérieux et d'un talent artistique incontestable.
En outre des études pour lesquelles il avait été spécialement attaché à l'expédition, il a trouvé
le temps de recueillir des notes sur maints incidents intéressants, survenus pendant le
voyage, que nous aurons, au reste, l'occasion de mettre à contribution un peu plus tard
Jeune et enthousiaste, il a rapporté une description vivante des scènes qui se sont passées
sous ses yeux pendant le voyage et raconté maintes particularités de la vie à bord d'un
navire explorateur qui sont dignes d'être conservées. Sa description des îles Jeannette,
Henrietta et Bennett sont intéressantes, et les croquis qu'il a faits de ces îles peuvent, quant
à présent, tenir lieu de cartes. (Extrait d'une des lettres de M. Jackson.

l'espérons, les mérites respectifs de chacun. Au reste, nous aurons à
revenir sur quelques-uns d'entre eux.

LISTE DES HOMMES DE L'ÉQUIPAGE.

Jack COLE, maître d'équipage.
Alfred SWEETMAN, maître charpentier.
William NINDERMAN, charpentier.
George-Washington BOYD, charpentier.
Walter LEE, machiniste.
George LANDERTACK, chauffeur.
Louis-Philipp NOROS, matelot.
Herbert-Wood LEACH, matelot.
James H. BARTLET, matelot.
Henri-David WARREN, matelot.
George-Stephenson MANSON, matelot.
Adolf DRESSLER, matelot.

Carl-August GORTE, matelot.
Peter-Edward JOHNSON, matelot.
Henry WILSON, matelot.
Edward STAR, matelot.
Hans ERICKSON, matelot.
Henry-Hansen KNACK, matelot.
Nelse IVERSON, matelot.
Albert George KUEHNE, matelot.
Ah SAM, cuisinier (chinois).
Long SING, boulanger (chinois).
ALEXIS, chasseur indien.
ANEQUIN, chasseur indien.

the pianist, &c&c, faking an observation, signalling for a (fe-
male) pilot. Is that a Bear I see!, Playing for high stakes; Beau poker.
Chinese character sketches in costume singing & acting by the Cork & Steward

Kuhne, on the Violin, Selection from Daughter of the Regiment.

To conclude with the Screaming Farce
The Irish School master
(characters)
School master — — — — — — Jas H Bartlett
Head pupil — — — — — — — H. Warren

Leaders of Orchestra
G. Kuhne and E. Starr.

Performance to commence at 8. 30 P.M

Sledges may be ordered at 10 P.M

Tickets at the popular price of 000

N.B.. The best of Liquors (adams ale) may be had at
Lee's Distillery within a few steps of the Theatre.

Jeannette Minstrels Theatre

S.W. Corner of the gally and the Bowery where the Har-
monies of Wrangells Land maybe heard every night

New Years Night 1886

—oo Programme oo—

The Jeannette Minstrels by the Company

Prologue — — written by mr collins. — — — — Boyd

Song   Erin go bragh! in Peasant Costume   H Warren

Song — — — — — — — — — — — — — — — A Sweetman

Character Sketches   by the Indians Anequin and Alexai.

= Intermission =

Overture — — — — — — — — — by the orchestra

Song — — Poor and broken down — — — — Boyd.

Jig — — — — — — — — — — by the Boatswain Mr. Cole.

Song — — "Champagne Charlie" in costume — — — Wile.

CHAPITRE DEUXIÈME

Départ de San Francisco (1).

Triste état de l'atmosphère pendant les jours qui précèdent le départ de *la Jeannette*. — Baie de San Francisco. — Aspect du port et des jetées au moment du départ. — Ce qui se passe à bord du navire. — Adieux du capitaine de Long et de sa femme. — Courage de cette dernière.

Depuis plusieurs jours, le temps est inconstant et désagréable. Dimanche, les vents fixés à l'ouest soufflaient avec une extrême violence : des nuages d'une poussière aveuglante rendaient presque impossible toute promenade, au dehors aussi bien que dans les rues de San Francisco, et les habiles prédisaient une période de mauvais temps. Hier, cependant, le vent s'est modéré, mais vers le soir, un gros nuage sombre s'est élevé de la mer et une pluie fine s'est mise à tomber. « *La Jeannette* aura vilain temps pour partir demain », se répétaient les flâneurs autour de la Bourse des marchandises ; « quelles ténèbres du diable elle aura pour quitter la côte ! » ajoutaient d'autres augures de malheur. Ce matin, le ciel était encore très chargé ; cependant quelques changements favorables se sont opérés peu à peu et, vers midi, le soleil se hasarda à se montrer de temps en temps entre de gros nuages. D'un autre côté, les embarcations qui rentraient au port rapportaient qu'au dehors une brise légère soufflait du sud-ouest, c'est-à-dire dans une direction favorable à *la Jeannette*. Or, comme le désir est le père de la pensée, on prétendait que la nature s'était apaisée et avait imposé silence aux éléments pour favoriser le départ de l'expédition.

La baie de San Francisco, si belle dans ses proportions, n'a pas d'égale parmi tous les ports de l'univers sous le rapport de la hardiesse et du pittoresque des collines qui forment son enceinte ; et celui qui, du sommet des collines étagées qui forment Telegraph-Hill (nom si

(1) Lettre de M. Collins.

cher aux premiers Californiens), eût plongé ses regards dans la baie qui s'étend à ses pieds, eût joui d'un de ces spectacles qu'on n'oublie jamais.

La Jeannette reposait sur ses ancres à moitié chemin entre la terre ferme et l'île Yerba Buena. On voyait les matelots se promener nonchalamment et avec insouciance sur le pont ou accoudés sur la lisse, portant leurs regards du côté de la ville de la richesse et du plaisir dont peut-être ils ne parcourront plus jamais les rues. Ils étaient presque muets. Le silence qui précède ordinairement le bruit et l'agitation du moment des adieux régnait alors sur le pont du navire. Tout était prêt pour le départ et on n'attendait plus que le capitaine. Tous les bateaux de plaisance de la flotille du Yacht-Club de San Francisco étaient là autour de *la Jeannette* silencieuse, allant et venant au milieu d'une multitude d'autres embarcations de tous genres et de toutes dimensions, depuis le schooner coquet avec toutes ses voiles dehors jusqu'à l'impertinent petit you-you.

A la vérité, on s'attendait à traverser une foule nombreuse, rassemblée le long des jetées pour assister au départ de *la Jeannette*, mais on ne pensait pas rencontrer une foule si enthousiaste et si avide de voir le capitaine de Long au moment où il quitterait la rive. Le moment du départ est fixé pour trois heures, et, si le capitaine n'était pas encore à bord, du moins il arrivait sur le port.

Quels « Cheers » et quels « Good-Bye » sortirent alors comme une explosion de la poitrine de tous les gens rassemblés sur le port et sur les jetées ! Le capitaine arrivait en compagnie de mistress de Long et de Jérôme Collins. En fendant la foule, ces messieurs levèrent leurs chapeaux pour répondre aux acclamations dont ils étaient l'objet. L'enthousiasme était alors à son comble aussi bien parmi les simples marins qui encombraient la jetée, que chez le millionnaire qui était venu là pour honorer l'intelligence et le courage. Sur tous les points d'où l'on pouvait apercevoir *la Jeannette*, depuis les quais et les jetées jusqu'au sommet de Telegraph-Hill, on ne voyait qu'une foule grouillante, agitée, qui, depuis des heures, attendait le départ du navire. La jetée Mieg elle-même, qui se trouve au nord de la ville, était encombrée de trois fois plus de monde qu'elle n'en pouvait porter ; mais la police était impuissante à contenir la foule. Bon nombre de voitu-

res n'avaient pu arriver jusqu'au port, et les personnes qui s'y trouvaient avaient été obligées de descendre pour s'approcher et contem-
pler une dernière fois *la Jeannette,* au moment où celle-ci, levant ses
ancres, faisait ses préparatifs de départ. Réellement le spectacle que
présentait la baie tenait plus de la féerie que de la réalité. Partout
on distinguait les blanches voiles du Yacht-Club sillonnant rapidement
la baie sous l'impulsion d'une brise fraîche et donnant un air animé
à la surface des flots. Avec une jumelle, il était impossible de lire
les noms de toutes ces embarcations, mais on pouvait cependant reconnaître le *Frolie,* au commodore Harrison, le *Consuelo,* le *Cornelius
O'Connor,* l'*Azaba,* le *Starled-Fanon,* le *Clara,* le *Magic,* l'*Ida,* le *Sap-
pho-Livvely,* le *Virgeis,* le *Laura,* le *Queen of the Bay,* le *Tivilight,* le
Meryflower, l'*Enseratd,* etc.

Maintenant laissons, pour quelques instants, la parole à M. Collins : « L'ancre est levée, dit-il, le propulseur se meut lentement, poussant *la Jeannette* en avant, juste assez pour nous faire comprendre que
nous sommes en route. Les chapeaux et les mouchoirs que l'on agite
sur les jetées d'embarquement et même de tous les points de San
Francisco d'où l'on peut nous voir nous disent assez que les bons
habitants de cette ville nous accompagnent de leurs vœux, quoique
nous ne puissions les entendre. Le capitaine et le premier lieutenant
sont sur le pont : l'ordre de pousser trois cheers est donné ; les matelots
grimpent dans les agrès ; le sifflet de la machine donne le signal :
Hurrah ! hurrah ! nous sommes définitivement partis. La flottille du
Yacht-Club, sous les ordres du commodore Harrison, nous accompagne. Avec quelle grâce ces jolies embarcations, comme autant de
mouettes aux ailes blanches, effleurent la surface des flots, à côté de
notre navire qui s'avance majestueusement vers le goulet ! Elles ne nous
quitteront qu'à la barre.

« Pendant ce temps-là, mistress de Long était dans la cabine avec
son mari, M. William Bradford, l'artiste qui a représenté avec tant
de bonheur les scènes arctiques, et M. Brooks, de l'Académie des
sciences. Elle se montrait pleine d'espérance et prédisait à l'expédition
un véritable succès. Aimable et charmante femme ! tout le monde avait
appris à la respecter, elle avait été la vie de notre famille de *la Jeannette,* depuis que cette famille avait été organisée. Si nous désirions

acheter quelque objet pour notre usage, nous ne le faisions jamais sans la consulter.

« Cependant le moment suprême de la séparation approche, *la Jeannette* a passé la Porte-d'Or. Boum! boum! c'est le canon qui salue *la Jeannette*. La batterie vomit des nuages de fumée blanche et épaisse qui s'en vont en roulant sur la mer. Nous entendons les acclamations de la garnison et nous y répondons. C'est l'armée qui salue la marine : *Blood is thicher than water*. Adieu, braves soldats, puissent toujours vos canons saluer ainsi vos amis et devenir la terreur de nos ennemis! A ce moment, les embarcations de plaisance, encombrées de spectateurs qui forment des vœux pour le succès de notre entreprise, se rangent sur l'arrière de *la Jeannette*, et baissent leurs pavillons en signe d'adieux. De notre côté, nous agitons nos chapeaux et nos mouchoirs; mais le navire trace toujours son sillon dans les flots sous l'impulsion d'une légère brise. Nous voici arrivés au niveau des deux pointes de la baie; *la Jeannette* va franchir le seuil de l'immense Océan Pacifique pour s'éloigner vers l'ouest, afin d'éviter les vents contraires du nord-ouest qui règnent le long de la côte. Les petits remorqueurs qui couraient devant nous commencent à ressentir l'effet de la houle. Le commandant de Long fait un signal au commodore Harrison de s'approcher avec le *Frolie* pour prendre mistress de Long et quelques amis restés à bord et la ramener à terre. Le *Frolie* s'avance ; un canot de *la Jeannnette* est descendu à la mer. C'est l'heure des adieux, l'heure où le mari et la femme vont se séparer. En ce moment cruel, bien des femmes eussent faibli. Mistress de Long, avec un courage vraiment héroïque, tendit la main à chacun des officiers et, leur adressant quelques paroles d'espérance, leur dit : « Au revoir! » Plus d'un spectateur désintéressé de cette scène émouvante eût pu taxer cette femme d'indifférence, car c'était l'heure où son mari, plus de la moitié d'elle-même, allait se séparer d'elle pour affronter les dangers d'une mer inconnue, et quelle mer, l'Océan glacial! Cependant il eût pu aussi distinguer les larmes qui roulaient dans tous les yeux. »

« Enfin, dit M. Bradford, racontant cette scène, de Long, se tournant vers moi, me dit : « Il est temps. » Il descendit alors avec sa femme dans le canot, où je les suivis. Quand tout fut prêt : « Nage, dit-il aux rameurs en leur désignant le *Frolie* de la main. » Il est impossible de

dépeindre le silence poignant, oppressé, qui régna dans le canot
pendant ce trajet. Pas un mot ne fut échangé ; les coups secs des avirons contre les tolets et le clapotis des lames à l'avant du bateau étaient
les seuls bruits qui frappaient nos oreilles. Quand nous fûmes rangés
le long du petit yacht, de Long pressa sa femme dans ses bras, et leurs
lèvres se rencontrèrent ; puis, lui serrant une dernière fois la main, il
lui dit simplement : « Au revoir ! » Alors, mistress de Long monta sur
le yacht, où, se penchant sur la lisse pour considérer encore une fois
son mari, elle le contemplait avec des yeux où il était facile de reconnaître
à quelles terribles angoisses elle était en proie, tandis que, du fond de
son cœur, une ardente prière montait au ciel, pour amener la bénédiction
de l'Éternel sur son voyage. Les regards et l'attitude de sa femme parurent faire hésiter de Long ; mais, reprenant aussitôt de l'empire sur lui-
même, il se retourna vers les matelots, et d'une voix forte leur dit :
« Nagez, mes amis. » Ceux-ci se courbèrent à l'instant sur leurs avirons,
et quelques minutes plus tard le canot abordait *la Jeannette*. Nous suivions chacun de ses mouvements ; nous vîmes de Long gravir les
degrés de l'échelle, et, aussitôt qu'il fut à bord, *la Jeannette* s'éloigna.
Nous restâmes sur le pont du *Frolie* et, sans échanger une parole, nous
suivions des yeux *la Jeannette* qui se confondait peu à peu avec l'horizon. Quand elle eut disparu, mistress de Long me dit : « Nous descen-
drons à l'intérieur, si vous le voulez bien, car je sens le besoin d'être
seule. » Je me rendis aussitôt à son désir. Mais dès que nous fûmes
descendus, tel était l'empire que cette femme possédait sur elle-même,
peut-être aussi aidée par la confiance inébranlable qu'elle avait dans
l'entreprise de son mari, elle reprit complètement ses sens et entama
la conversation. Jamais je n'ai vu, et je n'espère plus voir une seconde
fois chez une femme un courage semblable à celui dont mistress de
Long me donna l'exemple en cette circonstance. »

CHAPITRE TROISIÈME

Traversée de San Francisco à Oonalachka.

État des esprits à bord de *la Jeannette* quand on eut perdu de vue les forts de San
Francisco. — Le mal de mer. — Le calme. — Surperbes couchers de soleil. —
Occupations du naturaliste, — Les Albatros. — Aménagement à bord. — La cabane
de M. Collins. — Ah Sam, le chef chinois, et ses talents culinaires. — Le
Steward. — Qualités et défauts de *la Jeannette*. — La vie à bord. — Les attributions de chacun. — Un courant. — Les brouillards. — L'île d'Ougalgo. — Description de cette île par MM. Collins et Newcomb. — Illiouliouk.

Ce fut le soir seulement, en nous avançant de plus en plus sur
l'Océan Pacifique, que nous comprîmes enfin que notre voyage était
commencé. Nous pûmes alors envisager l'avenir et songer à toutes les
éventualités qu'il nous réservait peut-être. A ce moment, pas un de nous
ne laissa échapper un mot faisant allusion au but de notre voyage ;
mais il était facile de comprendre, en voyant nos fronts soucieux,
qu'un même objet absorbait toutes nos pensées. Quand l'heure du dîner arriva,— c'était notre premier repas à bord,—la conversation roula
uniquement sur les mets qui nous furent servis. Il était évident qu'un
accord tacite régnait entre nous, pour ne point amener la conversation sur le sujet qui nous préoccupait tous ; chacun préférant rester
livré à ses réflexions. Naturellement des liens invisibles et difficiles à rompre rattachaient encore le cœur d'un bon nombre d'entre
nous à cette terre que nous venions d'abandonner.

Le départ d'amis et de parents qu'on venait de quitter, la séparation
toujours triste d'un mari et de sa femme dans de telles circonstances
étaient des motifs suffisants pour imposer le silence au plus loquace
d'entre nous, n'eût-il été que simple spectateur de ces adieux touchants.

Au reste, nous sentions tous qu'il fallait deux ou trois jours pour
nous accoutumer complètement à notre nouvelle existence, et reléguer
au fond de notre mémoire, à l'état de simple souvenir, notre attache-
ment pour la terre ferme.

Pour ma part, j'étais animé des meilleures intentions et parfaitement prêt à me plier à toutes les exigences de la situation, et peut-être y serais-je parvenu, si un certain mouvement phénoménal, proportionné naturellement à la force des vagues, n'était venu me convaincre que, pour être réellement philosophe, un homme doit rester à terre. Les anciennes, mais toujours renaissantes sensations du mal de mer furent poussées, chez moi, à un degré d'intensité que je n'avais jamais, ou du moins que j'avais rarement éprouvé : tous les plaisirs de la table me devinrent indifférents pendant deux jours environ, et me firent préférer la position horizontale. Eût-on laissé tout le pont à ma disposition, on ne m'eût pas décidé à monter l'échelle ; non, on ne m'eût pas même décidé à mettre le pied sur le premier échelon. Quoique chargée autant qu'elle pouvait l'être sans dépasser les limites de la prudence, *la Jeannette* faisait preuve d'une trop grande mobilité et produisait, en effet, sur un pauvre homme de terre, des désastres si graves et si pénibles que, je l'avoue, je ne ménageai pas les expressions les moins flatteuses à l'égard des marins en général, mais surtout à l'égard du constructeur de notre navire en particulier.

D'autres, au reste, partageaient ma misère. Je pouvais entendre, en effet, des bruits non équivoques qui annonçaient assez que les propriétaires de certaines autres cabines du carré avaient gravement à se plaindre et payaient religieusement le tribut d'usage au dieu de la mer. Je ne veux citer aucun nom, mais le nombre des malades était grand, malgré les efforts de certains d'entre nous pour cacher leur détresse. Efforts en vérité trop héroïques dans une circonstance aussi dénuée de poésie, surtout quand les preuves les plus palpables attestaient que le tyran, la mer, les tenait dans ses griffes et les secouait sans merci ; mieux valait reconnaître franchement sa faiblesse. Il est des gens qui ne veulent jamais l'avouer, d'autres qui sont francs. Notre pilote de glaces, le capitaine Dunbar, qui, pendant trente-cinq ans, a navigué à bord des baleiniers, m'a dit qu'il était toujours pris du mal de mer, lorsqu'il s'embarquait après plusieurs mois de séjour à terre. Quand un vieux loup de mer comme celui-là est malade, comment des gens appelés par vocation à vivre sur l'élément solide ne se ressentiraient-ils pas des hauts et des bas pendant les jours qu'ils passent à bord ? Néanmoins, comme avec le temps on triomphe de tous les obstacles, au bout de quelques jours nous étions habitués aux mouvements du navire et avions acquis le pied marin. A partir de ce moment, la vie redevint charmante, car, à bord d'un navire, pouvoir modeler ses mouvements sur ceux du roulis et du tangage, n'est rien moins qu'un immense progrès ; et devenir capable de conserver son déjeuner, en est incontestablement un plus immense encore ; mais venir se mettre à table et manger avec appétit est le plus immense qu'on puisse faire. Personne ne me contredira.

Le temps était extrêmement agréable : je parle, bien entendu, au point de vue du voyageur ; aux yeux du marin, il en était tout autremen : un calme délicieux, une mer tranquille, à peine ridée par quelques lames arrondies, berçait notre navire. Quelquefois même la surface de l'Océan était aussi unie que celle d'un étang. Rarement les vagues étaient assez fortes pour incommoder même un petit canot de plaisance. De temps en temps, une légère brise plissai tl'eau, qui se confondait avec l'horizon et la faisait miroiter aux rayons du soleil. Pendant les douze premiers jours de notre voyage, la mer avait une teinte bleu-indigo superbe, mais si foncée qu'il eût été difficile d'imaginer que ses eaux étaient transparentes ; on eût dit plutôt une immense nappe de mercure ou d'huile, tant ses mouvements étaient lents et paresseux.

De grands rideaux de cumulus apparaissaient à l'horizon, s'élevaient vers le zénith, puis, quelques heures après, couvraient toute la voûte céleste. Mais bientôt la brise les chassait, laissant derrière eux un bleu intense, ou traînant quelques cirrhus floconneux, ressemblant à autant d'icebergs charriés par les courants de l'Océan. Parfois ces nuages prenaient les formes les plus fantastiques. Un soir, c'était un splendide coucher de soleil voilé par un rideau sombre aussi noir que l'encre, tranchant sur un fond doré resplendissant dont les teintes allaient en s'atténuant pour tourner au jaune et au vert. Souvent, au contraire, l'auréole du soleil rayonnait sur un fond noir de nuages sombres ; dans ce cas, les effets étaient renversés, les ombres se détachaient sur un fond de lumière surperbe et donnaient au tableau une splendeur extraordinaire. Trop beaux pour durer quelques minutes, ces tableaux grandioses me laissaient juste le temps de retracer sur le papier leurs principaux caractères et la relation de leurs différentes parties et de

Village Tchoutche.

noter quelques-unes de leurs teintes. Plus tard, je recommençais mon dessin avec plus de soin afin d'aider notre artiste à reproduire sur la toile les scènes sublimes que le créateur peignait pour nous dans le ciel. Jour par jour, ces scènes d'une admirable beauté se succédaient avec une merveilleuse variété, surtout vers le coucher du soleil. Pour moi, l'étude de la forme des nuages offre un intérêt particulier au point de vue de la connaissance du temps à venir. Bien que nous fussions isolés et réduits à nos propres observations, nous avons généralement prévu les changements de temps avec une grande exactitude pendant la première période de notre voyage vers le nord. Depuis notre départ, le 8 juillet, la température de l'eau a peu varié, à la surface de la mer, pendant les douze premiers jours de notre traversée. Aussitôt qu'elle baissa, nous pûmes observer un changement marqué dans sa couleur qui, du bleu foncé, passa au vert sale. Cette brusque variation fut pour nous l'indice de l'existence d'un courant qui nous eût entraînés au sud-sud-ouest si nous n'avions chauffé à haute pression. Mais son influence ne si fit pas longtemps sentir, et le 24 nous voguions dans des eaux tranquilles et de couleur bleu pâle dont la température allait en s'élevant à mesure que nous avancions. Comme cette température était notée à chaque heure, notre livre de loch porte une série de renseignements qui pourront être utiles à ceux qui voudront étudier les caractères physiques de l'Océan Pacifique.

Au sud du 50' de latitude nord, le règne animal semblait limité aux oiseaux de mer, à leurs parasites et aux tortues.

Les occupations de notre naturaliste se bornèrent jusque-là à conserver, au moyen de composés arsenicaux, les dépouilles de quelques albatros voraces et confiants, qui persistaient à suivre le sillage du navire et à s'élancer sur tous les détritus d'aliments qu'on jetait par-dessus le bord. Mais quelques-uns de ces détritus cachaient un hameçon attaché à une ligne pendant à l'arrière. Quand un albatros avalait un de ses appétissants morceaux, il comprenait vite de quoi il s'agissait. Alors commençait un combat qui finissait toujours par la capture du pauvre volatile, lequel, tiré hors de son élément, venait échouer sur le pont. L'albatros, avec ses immenses ailes et ses pieds palmés, est dans l'impossibilité de s'échapper, car il ne peut prendre essor sur une surface plane et rigide. Il se bornait donc à battre des ailes, et restait prisonnier, promenant, avec un étonnement mêlé de frayeur, ses yeux de gazelle sur les gens de l'équipage et sur les agrès du navire.

Les albatros communs à queue courte, dont nous avons pris un bon nombre, mesurent de sept à huit pieds d'envergure. Leur hauteur, quand ils se tiennent droits, dépasse trente pouces. Chose étrange, ces oiseaux, qui vivent constamment sur la surface de l'Océan et qui dorment sur les vagues, ont le mal de mer comme le plus vulgaire *terrien* dès qu'ils sont sur le pont d'un navire. Tous ceux que nous avons pris chancelaient pendant un instant et expectoraient sur le pont tout le contenu de leur estomac. J'attribuai d'abord ce résultat à la frayeur, mais je remarquai ensuite que plusieurs de ces oiseaux, une heure après leur capture, laissaient tomber de leur bec une espèce de liquide ressemblant à une sécrétion analogue à la salive produite sous l'influence du mal de mer lorsque celui est au paroxysme de son intensité. Bien qu'ils n'aient pas l'air méchant, ces oiseaux vous frapperaient fort bien aux jambes ou vous briseraient un ou deux doigts, s'ils en trouvaient l'occasion. Pour se poser sur les flots, ils replient leurs longues ailes, véritables voiles triangulaires, d'un air aussi gauche et aussi embarrassé que possible. Lorsqu'ils veulent s'élever, on dirait qu'ils ont besoin d'emmagasiner de l'air sous eux, car ils s'ébattent rapidement avant de prendre leur essor. Au moment où ils s'abaissent pour prendre du repos, ils élèvent très haut l'extrémité de leurs ailes, de sorte que celles-ci forment un plan incliné; arrivés près de la vague, ils allongent leurs pieds en avant comme pour prendre l'eau et s'arrêter. De cette façon ils peuvent descendre au milieu d'une mer très grosse sans être couverts par les vagues.

Tout le plumage, mais surtout les grandes plumes de ces oiseaux, donnent asile à une multitude de curieux parasites. Parmi ces derniers, il en est qui ont jusqu'à $\frac{1}{16}$ de pouce de long avec une grosseur proportionnée.

Pendant que nous étions au sud du 40' de latitude, nous apercevions de temps en temps des tortues qui flottaient à la surface de la mer, quand celle-ci était calme. Cependant nous n'essayâmes d'en prendre aucune, ces amphibies ne valant pas à nos yeux la peine qu'on se dérangeât pour les capturer. D'ailleurs, les tortues, en général, ne méri-

tent nullement la réputation que leur a faite Bardwell Slote. Aussi les
laissâmes-nous dormir en paix et même ronfler, si tel était leur bon
plaisir. Sous cette latitude, nous voyions aussi quelques poulets de la
mère Carey et des pétrels tournoyer autour du navire. Plus au nord,
les puffins, les goëlands, les guillemots et quelques autres espèces firent
leur apparition ; mais tous se tenaient, pour chercher leur nourriture, à une distance qui les mettait à l'abri des séductions du lard et
des autres morceaux délicats et alléchants que nous avions l'intention
de jeter à la mer, et qui eussent suffi pour entraîner la perte d'oiseaux
moins défiants.

Vous ayant entretenu de la mer, du ciel et des oiseaux qui planent
dans les airs, il n'est peut-être que temps d'appeler maintenant votre
attention sur notre navire, de vous en dépeindre les qualités; car c'est
en lui que, pour un temps, se résumera notre univers.

Vous savez qu'à notre départ de San Francisco le navire était
chargé jusqu'à couler bas, c'est-à-dire depuis la ligne du pont presque jusqu'à la quille. Il en résultait que son tirant d'eau était considérablement augmenté, et qu'avec une mer un peu houleuse, le pont
était toujours humide et dépourvu de confort. Mais comme notre provision de charbon diminuait à raison de cinq tonnes par jour, *la Jeannette* se releva de bonne heure et nous eûmes alors les pieds secs. Cependant on ne pourrait employer un steamer très rapide pour les
expéditions arctiques, à cause de l'énorme quantité de charbon qu'il
faudrait emporter. Avec la vitesse qu'elle possède, *la Jeannette* pourra
rendre tous les services qu'on peut attendre d'elle au milieu de la
banquise, car, en employant simultanément les voiles et la vapeur,
elle pourra acquérir une vitesse suffisante pour profiter d'une occasion favorable.

Toutes voiles dehors, *la Jeannette* porte : une grand'-voile, un hunier
et une voile de perroquet sur son grand mât; une trinquette, une voile
carrée ou hunier et une voile de perroquet sur son mât de misaine;
enfin une voile d'étai, un foc et un clin-foc sur son mât d'artimon ; en
outre, un foc- ballon.

Toutes ces voiles neuves ont été confectionnées avec le plus grand soin
à Mare Island. En outre, nous avons deux autres jeux de voiles de
réserve prêts à servir, et dont l'un est complètement neuf. Les manœu-

vres courantes sont également neuves, et le mât de misaine, ainsi que
le grand mât, sont pourvus de vergues, de flèches mobiles, qu'on peut
manœuvrer du pont, ce qui évite aux matelots de grimper au sommet
des mâts pour ferler les voiles. La mâture est solidement construite,
avec l'inclinaison prononcée qu'on retrouve dans tout navire construit
en Angleterre. Tout le monde se rappelle ce schooner long, bas, aux allu-
res déhanchées, qui apparaît toujours dans les romans maritimes, juste
au moment où le héros va dire ou faire quelque chose d'important.
Eh bien, si *la Jeannette* était un schooner, au lieu d'être armée en barque, elle ressemblerait à ce fameux bâtiment. Le gaillard d'arrière commence entre le grand mât et le mât d'artimon, et sert de plafond à notre salle à manger. Dans cette dernière se trouvent une table percée au
centre par le mât d'artimon, un harmonium et une bibliothèque. Nous
avons juste l'espace nécessaire pour mettre nos chaises entre la table et
la cloison qui sépare la salle à manger de la salle des cartes. Celle-ci
est divisée en trois parties par des lignes imaginaires, qui séparent le
domaine du chirurgien, avec ses appareils au sinistre aspect et ses files
de flacons rangés en bataille, de celui de notre naturaliste, orné de tout
un attirail de peaux et d'autres échantillons d'histoire naturelle. C'est
dans cette dernière partie que se trouvent aussi mes « bébés »,
c'est-à-dire les boîtes renfermant mes instruments scientifiques. A tribord, c'est-à-dire à main droite de la chambre des cartes, se trouvent
la principale bibliothèque du navire, les petits instruments d'optique,
et différents autres objets du même genre, faisant le complément
de ce que doit emporter un bâtiment qui va explorer les régions arctiques. Derrière la cabine, se trouve un autre compartiment, que traverse
la tige du gouvernail, et qui porte le nom de ce dernier, où sont emma-
gasinés nos lampes, quelques provisions additionnelles et des sacs
de pommes de terre, qui, je dois le dire, marchent grand train sur la
voie de la démoralisation. Au-dessous, dans le carré, se trouvent six
hamacs, dont quatre dans des cabines séparées ; des rideaux seulement
protègent les deux autres. Des manches à air et quelques autres inven-
tions du même genre donnent un peu d'air pur dans cette espèce de
cachot maritime ; mais, si les vents tombent, l'atmosphère y devient
assez désagréable pour nous faire préférer le gaillard d'arrière, où Dieu
nous prodigue son oxygène.

Quelle bizarre collection d'objets contient cet espace, long de six pieds, large de quatre et haut de cinq pieds six pouces, qui constitue ma cabine! Un petit sabord de huit pouces de diamètre, soigneusement lutté avec du blanc de céruse et de la graisse, quand le navire est à la mer, mais qui, au besoin, peut s'ouvrir pour ventiler la pièce, est la seule ouverture par où l'air pénètre chez moi. Au fond, et au-dessus de mon hamac, une pile de vêtements de flanelle, bien enroulés et bien empaquetés pour les protéger contre l'humidité. Une petite bibliothèque encombrée de livres traitant des sujets les plus divers, une cuvette, une petite glace terne, plusieurs sachets et petits sacs, présents de quelques jeunes et charmantes femmes de San Francisco, ornent mon réduit et me servent de vide-poche. Ma panoplie est composée d'un fusil à deux coups, d'une carabine Winchester à sept coups, de deux carabines Remington, modèle de la marine, et d'une paire de revolvers Remington. Ce formidable arsenal constitue ma part d'armes à feu, abstraction faite de celles rangées sur les râteliers de la cabine et qui appartiennent presque toutes au système Snyders. Une fois que je suis entré dans ma cabine, ma tête touche au plafond, il n'y a plus place pour personne, et même, si je veux bâiller en étendant les bras, il me faut monter sur le pont. Cependant j'espère vivre plus ou moins confortablement dans ce réduit, pendant la durée de notre expédition ; et si la fortune de la guerre venait nous contraindre à l'abandonner pour établir nos quartiers sur la glace, je regretterais les agréments de ce petit palais.

Le docteur Ambler, l'ingénieur en chef Melville, le second lieutenant Danenhower, le naturaliste Newcomb et le pilote de glace Dunbar partagent avec moi l'obscurité du carré. Quand viendra le temps froid, nous aurons un poêle au milieu de notre poste. Nous avons une ample provision d'excellentes couvertures, qui, jointes à nos fourrures et à du combustible, nous permettront de braver l'intensité du froid, quelle qu'elle soit. De leur côté, les hommes sont très confortablement installés dans le poste de l'avant. C'est une pièce allongée, qui sert de dortoir et de réfectoire aux vingt-quatre hommes de l'équipage, y compris les trois Chinois. Quand nous aurons pris nos quartiers d'hiver, on installera pour eux, sur le pont, une cabane qui pourra les contenir tous. Ils trouveront là un abri contre le froid, et ils auront de l'air, avantages qu'ils n'eussent point trouvés réunis dans l'entre-pont. Entre les carrés se trouve la cuisine, où sont préparés, dans la même marmite, le repas des officiers et celui des matelots. Car la nourriture est exactement la même pour tous, et je crois que le seul privilège dont nous jouissons dans la cabine est de pouvoir sucrer notre thé et notre café avec du sucre en pierre, tandis que les matelots n'ont que de la cassonnade demi-blanche, qui, d'ailleurs, est souvent préférable pour cet usage.

Le département de la cuisine est sous la haute direction de notre chef chinois, dont souvent les théories sont superbes, mais dont la pratique est malheureusement plus que médiocre. Il est animé, néanmoins, des meilleures intentions ; aussi se perfectionnera-t-il, j'espère ; toutefois, pour l'instant, nous buvons un café détestable. Il y a quelques jours, à la demande générale, je me rendis à la cuisine pour enseigner pratiquement à Sam l'art de faire le café. Le drôle, avec ses petits yeux disposés en forme de croissant, et un sourire naïf et enfantin, me regardait manipuler le moka parfumé, et suivait avec intérêt les progrès de la décoction ; mais, hélas, après deux ou trois jours, il retombait dans sa routine ; j'étais réduit, pour la seconde fois, à recommencer mes démonstrations sur le même sujet, autant dans mon propre intérêt que pour ménager les susceptibilités gastronomiques de mes camarades. Puisque me voici arrivé sur le chapitre de la nourriture en général, il m'est bien permis d'ajouter que Sam nous a tous surpris par le nombre de modes variés qu'on peut apporter dans la confection d'un hachis. Un hachis, pour lui, est le sublime de l'art culinaire, et parvenir à le réussir semble être le but vers lequel tend toute son ambition ; malheureusement ses efforts pour y exceller deviennent un peu monotones, et je n'ai que trop de raisons de craindre que tant que durera notre provision de pommes de terre fraîches, il nous faille supporter cette monomanie ; heureusement, quand nous en aurons vu la fin, ainsi que celle de nos carottes et de nos navets, Sam retombera en notre pouvoir. Je puis bien reconnaître quelques-uns des éléments d'un hachis, mais, au delà, tout est incertitude pour moi : après le bœuf, le mouton, le porc, mélangés en certaines proportions avec des carottes, des pommes de terre, des oignons, et Dieu seul sait quoi encore, et qui font la base de ce mets, toutes les idées spéculatives chancellent devant la masse mystérieuse qui en résulte, et il ne reste à la malheureuse victime

à laquelle elle est destinée qu'à l'avaler, si elle se sent encore un peu
d'appétit, ou à se résigner à sortir de table avec un peu de pain et de
beurre dans l'estomac. Pour ma part, je me résigne et j'avale ma ration
sans me plaindre, songeant qu'un jour, peut-être, ce plat mystérieux
pourra être considéré comme un mets de luxe, à côté d'autres mets
plus grossiers dont on ne reconnaîtra que trop la nature.

Malgré cela, notre navire possède un superbe approvisionnement :
des viandes conservées, des potages de nature variée, des légumes en
boîtes de toutes sortes, des fruits secs ou en bocaux, de la farine, des
condiments, etc. Deux fois par jour, nous recevons du pain frais qu'on
nous distribue d'une main généreuse. Le pain est d'une qualité bien
supérieure à celui qu'on mange dans certaines villes qui, cependant, se
piquent de leurs ressources alimentaires. Notre steward, un Anglo-Chi-
nois, mais ayant plutôt le type Chinois, est un véritable maître dans
l'art de fabriquer le pain, les gâteaux et les puddings ; c'est, d'ailleurs,
un garçon d'un intelligence peu commune. Charley Long-Sing est son
nom ; il a déjà servi sur plusieurs navires et steamers, et il se sent chez
lui. Quant à notre garçon de cabine, Ah Sing, c'est l'être le plus dés-
hérité de la race mongole que j'aie jamais rencontré. Quand, à bord,
tout le monde avait déjà, depuis plusieurs jours, repris possession de
soi-même tant au physique qu'au moral, ce malheureux restait enroulé
sur lui-même, comme un animal, dans quelque coin du navire, et refu-
sait toute espèce de nourriture. Sa faiblesse était devenue telle que nous
commencions à craindre pour ses jours. Il fallut même avoir recours à
la science du docteur Ambler pour le tirer de là ; celui-ci lui fit prendre
de l'extrait de Liebig, et alors l'estomac restauré d'Ah Sing put supporter un peu de nourriture ; pendant plusieurs jours, le pauvre garçon avait l'air d'un spectre et faisait véritablement peur à voir. Aujour-
d'hui il est suffisamment rétabli pour faire son service, qui consiste à
aider le steward, et à nettoyer l'intérieur du navire, du haut en bas.
Pas un d'entre nous ne désire aussi ardemment qu'Ah Sing arriver
dans l'Océan Arctique. A la vérité, il ne se fait pas la moindre idée de
la nature de ces régions, car malgré toutes les explications que nous et
ses compatriotes, qui sont à bord, avons pu lui donner, il n'est pas
parvenu à se former une idée définie du but de l'expédition de *la Jeannette*. Sa seule question est celle-ci : Sommes-nous bientôt rendus ?

Aujourd'hui, le train de vie à bord est devenu parfaitement régulier, et, à moins d'événements imprévus, il est invraisemblable qu'on y change quelque chose. Sur le pont, les hommes de quart sont relevés avec une régularité absolue toutes les quatre heures ; près des machines, au contraire, les mécaniciens ne se relèvent que toutes les six heures. Tout ce qui touche à la machinerie du navire est placé sous la haute direction de notre ingénieur en chef, M. Melville, qui, au point du vue social, aussi bien que sous le rapport physique ou professionnel, est le plus charmant camarade que j'aie jamais rencontré. Les machines de *la Jeannette*, qui ne sont pas du dernier modèle, sont un peu grandes pour la capacité de ses nouvelles chaudières. Ce sont des machines à basse pression et à condensation, la pression de la vapeur dans le cylindre étant ordinairement de dix livres. Le condensateur est aussi d'un vieux modèle. Il produit un vide égal seulement aux $\frac{25}{30}$ du maximum; mais cette proportion n'est pas encore toujours atteinte, ce qui entraîne naturellement une déperdition de force motrice. Le propulseur est une hélice à deux ailes, qu'on peut remonter sur le pont en cas de nécessité. Le pas de l'hélice est de quatorze pieds et son diamètre de neuf. On peut attribuer les causes de notre peu de vitesse relative à la disproportion entre la puissance de l'hélice et la section immergée du navire, ainsi qu'au poids mort à mouvoir. L'espèce de cuirasse en planches de trois pouces dont on a doublé la coque de *la Jeannette* a augmenté considérablement l'aire de sa section immergée. Mais ce renforcement était nécessaire pour augmenter sa force de résistance à la pression des glaces. En employant conjointement les voiles et la vapeur, *la Jeannette* pourrait, avec un vent favorable, faire sept nœuds à l'heure, et par un grand frais atteindrait peut-être jusqu'à huit ou huit nœuds et demi. Dans son voyage du Havre à San Francisco, qui a duré 165 jours, elle a parcouru environ 15.000 milles avec une vitesse moyenne de 90 milles 9 par jour, soit 3 milles 7 à l'heure. Dans notre voyage actuel, il nous a fallu 25 jours pour faire 2.100 milles. Comme notre consommation journalière de charbon est de cinq tonnes et que nos soutes n'en contiennent que cent trente-cinq, nous n'avons réellement de combustible que pour vingt-sept jours. Aussi vous pouvez vous imaginer si la plus stricte économie de charbon règne à bord.

Quant à notre mâture et à nos agrès, ils ne laissent absolument rien à désirer sous le rapport de la quantité et de la qualité. Les voiles sont maniées par équipes de six hommes sous les ordres du quartier-maître ou du maître d'équipage de service ; et les manœuvres sont admirablement faites. Toutes voiles dehors, *la Jeannette* marche mieux qu'avec la vapeur, quand le vent est favorable, et quand on peut employer les voiles conjointement avec la vapeur, le propulseur s'en trouve visiblement soulagé ; mais, jusqu'ici, les vents ont été presque constamment entre le sud-ouest et le nord-ouest. Ils ont aussi passé quelquefois au nord pour retourner au sud ; mais, dans ces différentes directions, ils ne pouvaient que nous êtres contraires ou de peu de secours, puisque nous marchions directement au nord-ouest de San Francisco.

Le lieutenant Chipp est un marin accompli. D'ordinaire, il est chargé de la surveillance du navire, de ses voiles, de sa mâture, des provisions, etc. C'est l'officier exécutif du bord, celui à qui le capitaine remet ses ordres.

Les observations et les calculs astronomiques sont confiés au lieutenant Danenhower, qui s'acquitte de ses fonctions avec une rare habileté. C'est lui qui tient en ordre les chronomètres et surveille leur marche journalière. Il a, en outre, à contrôler la distribution des vivres de chaque jour, à tenir le livre de loch et les autres livres du bord.

Les attributions du docteur Ambler, notre chirurgien, sont naturellement bien faciles à définir ; à lui incombe le soin de veiller sur l'état sanitaire de l'équipage, qui, jusqu'ici, ne lui a pas donné grand tracas, car la santé de tous les hommes est restée excellente depuis notre départ. Nous avons fait ensemble quelques études sur la ventilation du navire et cubé le volume d'air respirable qui peut se trouver entre les ponts ; j'ai mesuré avec un petit anémomètre de poche la vitesse des courants qui pénètrent par les écoutilles dans les chambres à coucher ; ce sont autant de données qui peuvent être utiles pour entretenir la santé générale à bord.

M. Dunbar, notre pilote de glaces, est un vieux marin à qui les mers du Sud ne sont pas plus inconnues que celles du Nord Quand nous serons dans les glaces, il aura pour mission de se tenir constamment dans le *nid*, au sommet du grand mât, pour éclairer notre marche au milieu ou autour des îles de glace. Le nid est un abri en forme de

tonneau long et étroit, attaché au sommet du mât ; une trappe existe au
fond, pour permettre à l'homme de vigie d'y pénétrer. Un capuchon
mobile, qu'il place dans la direction du vent, le protège contre ses
morsures. Notre nid ne sera mis en position qu'au moment d'entrer
dans les glaces ; en ce moment, il est relégué dans un des coins du
pont, et rempli de pommes de terre.

Notre naturaliste, taxidermiste, M. Newcomb, est déjà entré en fonctions et sa collection s'est enrichie de quelques peaux encore en pré-
paration qu'il conserve au moyen de compositions arsenicales. C'est
un jeune homme intelligent et actif, qui promet beaucoup, et, j'en suis
sûr, s'acquittera remarquablement de sa mission de collectionneur.

Le lieutenant de Long, notre commandant, exerce naturellement la
haute surveillance sur l'ensemble du navire ; c'est lui qui dirige notre
course et règle tout en dernier ressort. A son bord, il a réussi à faire
que chacun se trouve comme chez soi. C'est un charmant compagnon,
à la table commune, comme autour du poêle. Chaque soir, quand il fait,
avec le lieutenant Chipp, sa partie de *Cribbage*, qui est son jeu favori,
il insiste toujours pour que je torture l'harmonium, et fasse résonner
la cabine de ses accords lugubres. Le dimanche, il préside au service
divin sur l'arrière du navire et lit la Bible. Un bon nombre des gens
de l'équipage y assistent, mais personne n'y est contraint. Je crois que
le service est célébré dans le rite épiscopal. Avant notre départ de San
Francisco, nous eûmes à bord la visite d'un bon nombre de ministres
de cette secte, ainsi que ceux d'autres sectes protestantes, qui ne né-
gligèrent ni les compliments ni les prières pour faire accepter leurs
livres d'hymnes et leurs bibles par les gens de l'équipage. Ces livres
étaient imprimés en allemand, en danois et en anglais, pour satisfaire
à tous les goûts. C'est ainsi que notre bibliothèque s'enrichit de plusieurs exemplaires des recueils d'hymnes en musique de Moody et de
Stankey, qui, sans doute, pourront, un jour ou l'autre, devenir fort
utiles pour nous distraire.

Le capitaine ayant, il y a une quinzaine de jours, réuni tout son
équipage sur le pont, afin de connaître de chaque matelot le nom de la
personne à qui devait retourner sa solde au cas où il viendrait à mourir pendant l'expédition, nous fûmes témoins de l'incident suivant :
deux pauvres garçons vinrent déclarer qu'ils n'avaient pas d'héritiers,

et qu'ils étaient complètement seuls au monde. Ainsi ces infortunés ont pu partir complètement libres, et sans laisser d'affection derrière eux. Quand vint le tour de notre cuisinier chinois, il n'a pu se rappeler le nom de sa mère ; cette pauvre femme court donc de grands risques, si son fils vient à mourir, de ne pas recueillir son héritage, lors même qu'il le lui léguerait par testament.

Mais j'en reviens à la relation de notre voyage. Au nord du 50' de latitude, une énorme baleine vint nous montrer són large dos, et, dans ses ébats, faire jaillir l'eau près du navire, apportant ainsi une diversion à la monotonie de notre traversée, Cependant la vue la plus intéressante que nous ayons euc jusqu'ici, c'est celle d'une île, la première terre qui soit apparue à nos yeux depuis San Francisco. A la vérité, ce ne fut point une surprise pour nous, car, étant partis le 8 juillet, comme nous étions alors au 1ᵉʳ août, nous devions nous trouver dans les parages de la passe d'Akantan, c'est-à-dire un peu à l'est d'Oonalachka. Mais depuis le 28 juillet, des brouillards intenses nous enveloppaient et nous empêchaient de faire le point ; nous étions donc obligés de nous baser sur nos calculs pour fixer notre position. La certitude du voisinage de la terre nous forçait à faire un emploi constant de la sonde, et à nous tenir toujours aux aguets pour la découvrir. Le nombre croissant des oiseaux de mer que nous apercevions, et parmi lesquels se trouvaient des espèces que nous savions ne jamais s'éloigner beaucoup du rivage, ne faisaient que corroborer notre opinion. D'un autre côté, des plantes marines accumulées et enchevêtrées les unes dans les autres passaient près du navire indiquant un courant, ainsi qu'une terre, dans la direction d'où elles venaient. Du reste, la mer était presque aussi unie qu'une glace ; nous n'avions donc aucune inquiétude ; mais ce brouillard persistant qui nous enveloppait de toute part, nous couvrant comme d'un voile, nous impatientait. Le 1ᵉʳ août, le capitaine changea de route pour porter sur l'est et, après quelques milles dans cette direction, ordonna de laisser tomber les ancres, tout en restant en pression, prêt à profiter de la première éclaircie. Celle-ci ne se fit pas trop attendre. Au bout de six heures, le brouillard se leva, nous laissant apercevoir la terre à treize milles. L'ordre de lever les ancres fut aussitôt donné et « en avant ». Nous marchâmes pendant deux heures environ, et le brouillard reprenant le dessus, les ancres retombèrent de nouveau. De tribord nous venait un bourdonnement monotone, malgré les cris stridents des oiseaux de mer. Quelques minutes d'attention me firent facilement reconnaître pour ce bourdonnement le bruit des vagues, brisant sur un rocher ou sur une plage de galets. Nous étions donc près de la terre.

La baleinière fut mise à flot, et le lieutenant Chipp reçut l'ordre d'en prendre le commandement et d'aller reconnaître cette terre, que nous ne pouvions voir au milieu de la brume. Je m'empressai de saisir un aviron et de prendre place dans l'embarcation. Notre naturaliste, M. Newcomb, en fit autant et se mit à ramer comme un vieux marin. Une minute après, la légère embarcation fendait les flots avec rapidité, au milieu d'une nuée d'oiseaux qui tournoyaient autour de nous en faisant un bruit infernal. Quelques coups de fusils de notre naturaliste et de M. Chipp, tirés au hasard, en firent tomber plusieurs raide morts autour de nous. Pendant ce temps-là, nous continuions de ramer vigoureusement. Tout à coup, comme si un rideau se fût levé devant nos yeux, nous aperçûmes le profil hardi et rocheux d'Ougalgan, à un demi-mille du point où le navire avait jeté l'ancre, et près des rochers découverts par Cook en 1778 et qui ont reçu son nom. La mer formait un léger ressac le long de la plage et des falaises, qui servaient d'asile à une multitude d'oiseaux.

Nous nous disposâmes à débarquer dans une petite anse où la mer était si limpide que nous en voyions le fond à trois brasses de profondeur. M. Newcomb et moi sautâmes les premiers sur la grève, qui, en cet endroit, était couverte de galets et de blocs arrondis de granit de dimensions fort variables. Les uns n'étaient pas plus gros qu'une pomme de terre, tandis que d'autres atteignaient la taille d'une citrouille. En face de nous, les falaises presque à pic s'élevaient à trois cents pieds, ne nous présentant d'autre sentier, pour arriver à leur sommet, qu'une espèce de sillon couvert de pierres détachées et de terre et faisant saillie le long de leurs parois. Mais, en avant ! Et mon fusil dans une main, tandis que, de l'autre, je m'accrochais aux aspérités du rocher, je me mis à grimper comme je pus le long de cette espèce de sentier escarpé. J'arrivai ainsi jusqu'à la hauteur de deux cent cinquante pieds environ, mais il fallut m'arrêter là ; la pente était devenue plus raide, les cailloux se dérobaient sous mes pieds, et

les longues herbes auxquelles je m'accrochais cédaient sous le poids
de mon corps ; j'avoue même qu'il m'arriva de glisser et de dégringoler pendant une cinquantaine de pieds, pour me relever avec une
forte couleur d'argile, qui n'ajoutait aucun lustre nouveau à mon
exploit.

Ougalgan est une île de formation volcanique, composée en majeure partie de granit basaltique disposé en couches perpendiculaires.
Nous y rencontrâmes, parmi les galets de la plage, une quantité considérable de scories.

Dès que nous fûmes à bord, *la Jeannette* reprit sa route, et, prèsa une
navigation assez dangereuse le long d'un canal fort tortueux, pendant
laquelle le capitaine surveilla lui-même les manœuvres et dirigea le
navire avec une grande habileté, nous finîmes, malgré le brouillard,
par doubler le cap ou plutôt la pointe Kaleghta, dans l'île d'Oonalachka, et par atteindre, le 2 août, la bouée que nous cherchions.
Nous allâmes jeter l'ancre en face d'Illiouliouk, où se trouvaient
déjà plusieurs autres navires, entre autres le steamer *Saint-Paul*,
capitaiine Eskine, de la Compagnie commerciale de l'Alaska, et le
cutter de l'État, *Rush*, commandé par le capitaine Bailey.

CHAPITRE QUATRIÈME

Saint-Michel de l'Alaska (1).

Départ d'Illiouliouk. — Traversée de ce port à Saint-Michel, sur la côte d'Alaska. —
Commencement des observations météorologiques. — Arrivée à Saint-Michel. —
Nous y trouvons nos chiens. — Une chasse aux canads. — La chaloupe en danger de
sombrer. — Les bains russes à Saint-Michel de l'Alaska. — Arrivée de la goëlette
Fanny A. Hyde avec un supplément de provisions pour *la Jeannette*. — Départ de
Saint-Michel. — Les chiens à bord. — Les Indiens Alexis et Anequin, nos conducteurs de chiens. — Les adieux d'Alexis et de sa femme. — Entrée dans la
mer de Behring. — Une tempête. — Arrivée dans la baie Saint-Laurent. — Premières nouvelles de Nordenskjold. — Plan de l'expédition de *la Jeannette*.

Baie de Saint-Laurent, près du détroit de Behring
(Sibérie orientale).

27 août 1879.

Malgré le séjour agréable que nous avions fait à Illiouliouk et dans
la baie d'Oonalachka pendant notre courte relâche, personne, à bord
de *la Jeannette*, ne témoigna le moindre regret quand arriva le moment de lever l'ancre pour nous engager dans la mer de Behring.

Néanmoins, tous les nouveaux amis que nous laissions à Illiouliouk
voulurent nous donner une dernière preuve de leur sympathie, et, au
moment où *la Jeannette* quittait la jetée, elle fut saluée par toute
l'artillerie de la place et par celle de la goëlette le *Rush*, qui se trouvait
sur la baie. Les canons qui défendent cette station ne sont point,
à la vérité, des engins bien formidables, mais ils peuvent, néanmoins, faire assez de bruit, dans cette enceinte de collines et de
montagnes, pour satisfaire les plus exigeants. Les pavillons furent
hissés, et les mille démonstrations qu'on nous fit sur le rivage purent

---

(1) Lettre de M. Collins.

La Jeannette.

nous convaincre que la brave *Jeannette*, en s'enfonçant vers le nord, emportait les vœux les plus sincères des résidents d'Illiouliouk.

Nous étions à peine sortis du port, où les eaux sont toujours parfaitement tranquilles, que les effets de la houle, qui règne à l'extérieur, se firent sentir d'une façon fort marquée. Quand nous fûmes par le travers du cap Kaleghta, poursuivant notre route vers l'est afin de passer au nord de Nounivak, notre navire commença, sous l'influence du roulis et du tangage, à gambader d'une façon tellement désordonnée que la marche devint difficile ailleurs que dans la cabine, où nous pouvions nous appuyer d'un côté à la table et de l'autre à la muraille. Le vent, cependant, nous était favorable, c'est-à-dire qu'il soufflait du sud, de sorte que nous marchions à pleine vapeur avec toutes nos voiles dehors. Aussi, ce jour-là, *la Jeannette* nous émerveilla en filant régulièrement ses cinq nœuds à l'heure. Le second jour, ce fut encore mieux, car, vers le point du jour, le vent se mit à souffler presque en tempête et toujours dans la même direction, si bien que nous franchîmes un espace de 173 milles en vingt-quatre heures, ce dont nous nous félicitions déjà, espérant que la traversée serait plus courte que nous ne l'avions supposé. D'un autre côté, le charbon que nous avions pris à Oonalachka, tout en brûlant comme de la paille, produisait rapidement de la vapeur, et notre machine, que M. Melville avait inspectée dans tous ses organes pendant notre séjour dans le port d'Illiouliouk, fonctionnait à merveille ; tout nous présageait donc que nous serions bientôt à Saint-Michel, et que si la goëlette *Fanny A. Hyde*, qui devait nous amener de San Francisco un supplément de vivres et de charbon, ne se faisait point attendre, dans peu de jours nous voguerions vers l'Océan Arctique. Mais, sous ces latitudes, les vents sont extrêmement variables pendant l'été ; aussi, le troisième jour, nous reprîmes notre ancienne vitesse de quatre nœuds à l'heure ; et ce ne fut que six jours juste après avoir doublé le cap Kalehgta que nous atteignîmes l'île Stuart dans la baie Norton.

Pendant cette traversée, la nécessité de déterminer la nature du fond de la mer, à mesure que nous avancions, nous obligeait à nous arrêter chaque jour pour jeter la sonde. Chaque jour également, lorsque l'état de la mer le permettait, nous traînions la drague.

Les sondes obtenues dans le trajet descendirent de quatre-vingts brasses à cinq. Le fond se montra partout composé de beau sable gris et de vase ; il était recouvert de végétations ayant beaucoup d'analogie avec la mousse, et dans lesquelles pullulait une multitude d'êtres marins d'espèces extrêmement variées. Nous nous occupions aussi de déterminer la température et la densité de l'eau de la mer à diverses profondeurs. Je pus constater que les thermomètres dont nous nous servions pour obtenir les degrés de température fonctionnaient à merveille, étant donné que nos hommes étaient encore un peu gauches à manier les lignes ; mais ils se perfectionnèrent rapidement.

Des observations météorologiques furent aussi faites pendant ce temps, à chaque heure et tous les jours, avec une parfaite régularité. Afin de faciliter cette besogne, nous avions divisé le temps en veilles ou quarts (j'entends en quarts météorologiques). Ainsi je commençais mon quart à midi pour finir à six heures du soir. A ce moment, M. Chipp venait me relever, et notait les observations faites à sept et huit heures. A son tour, le docteur Ambler faisait celles de neuf, dix et onze heures. Puis je reprenais le poste de minuit à quatre heures du matin ; notre second lieutenant, M. Danenhower venait alors me remplacer. A sept heures, le lieutenant Chipp lui succédait, pour céder lui-même la place au docteur à neuf heures. Quand arrivait midi, je recommençais la série comme la veille. Le nombre des heures d'observation était donc de quatre pour le lieutenant Danenhower à cause de ses nombreuses occupations ; de huit pour le docteur Ambler, et de dix pour moi. En outre, je tenais un registre où je notais régulièrement les différentes températures observées à la surface de la mer et à diverses profondeurs, ainsi que les différentes densités. Ajoutez à cela la rédaction de mon journal, et vous pourrez vous convaincre qu'il ne nous restait guère de loisirs à bord.

Ce fut le 11, au soir, que nous vîmes la terre à tribord, c'est-à-dire à l'est du navire. C'était une côte basse, qu'une éminence ou petite colline qui apparaissait un peu au-dessus de l'horizon nous fit reconnaître. Nous fûmes alors obligés de sonder à chaque instant pour éclairer notre marche, et pendant la nuit nous n'avançâmes qu'avec une extrême lenteur. Enfin, le lendemain, à dix heures du matin, nous laissions tomber nos ancres en face du fortin qui touche la petite station à la-

quelle les Russes donnent le nom de Michœlovski, et que nous appe-
lons Saint-Michel. Quelques instants plus tard, l'agent de la Compagnie commerciale de l'Alaska, M. Newman, vint nous offrir l'hospitalité chez lui, et, en outre, mettre à notre disposition toutes les provisions
que les magasins de la Compagnie pourraient nous fournir.

A notre arrivée, nous trouvâmes réunis à Saint-Michel tous les
chiens que nous devions prendre à bord, pour le service de nos traîneaux, quand nous serions au milieu des glaces, ou sur la Terre de
Wrangell. Ils formaient ensemble une meute d'assez bonne apparence, mais semblaient d'humeur fort querelleuse et enclins à se battre
sans le moindre motif. On les voyait couchés nonchalamment, en tirant la langue, le long du mur d'enceinte, ou sur la pointe des rochers
qui avoisinent le fort ; de temps en temps, ils poussaient un hurlement particulier, qu'on eût pris, surtout la nuit, pour la trompette de
Satan appelant ses acolytes en conseil général. Au moment de leur
repas, ils recevaient leur pitance journalière de poisson sec ; mais
c'était aussi le moment où sonnait le branle-bas du combat ; d'ailleurs,
le vent de la guerre soufflait en permanence, car, règle générale, le
chien des Esquimaux est enclin à se battre, et souvent on peut se demander pourquoi la bataille est commencée. Tous les chiens se pro-
mènent tranquillement, ou sont nonchalamment couchés au soleil, paraissant paisibles ; quand l'un d'eux se précipite sur un de ses compagnons, alors c'est une charge générale sur le pauvre animal. Nous
avons perdu, de cette façon, neuf des chiens que la Compagnie de
l'Alaska avait fait réunir pour nous, Tous ont été tués par leurs semblables. Nous avons donc été obligés de nous procurer de nouvelles
recrues pour en emmener quarante avec nous. Naturellement, nous
avons aussi emmené des Indiens pour conduire ces bêtes indiscipli-
nés, et nous servir en même temps de chasseurs.

Le canal qui sépare l'île de Saint-Michel de la terre ferme est bor-
dé de marais et d'étangs salés, où les canards et les oies sauvages,
les bécassines et maintes autres espèces d'oiseaux aquatiques viennent
faire leurs nids. Voulant profiter de cette circonstance, afin d'apporter quelque changement à notre régime de viandes conservées, quelques-uns d'entre nous prirent le parti d'aller, avec la chaloupe à vapeur, faire une excursion cynégétique le long de ce canal. Nous em-

portions avec nous une tente et deux jours de vivres, et, en outre, nos fusils, des munitions, des couvertures, etc., etc. Au point de vue du gibier, nous eûmes peu à nous louer des faveurs de la fortune ; la fumée de notre machine effrayait les oiseaux, qui ne nous laissaient point approcher, de sorte que nous ne tuâmes que quinze canards et une trentaine de bécassines. Cependant nous étions guidés par un chasseur indien, mais le pauvre homme était dans un tel état de santé, qu'il montra une bien moins grande résistance à la fatigue que n'importe lequel d'entre nous.

Le soir du premier jour, nous établîmes notre campement sur la lisière d'un marais ; mais, pendant la nuit, la pluie tomba par tels torrents qu'elle détrempa le sol et nous mit, même sous notre tente, où nous nous tenions entassés, dans le plus pitoyable état où jamais chasseurs se soient trouvés. Le lendemain, le temps continuant à être mauvais, et notre Indien se trouvant en proie à un violent accès de fièvre qui le faisait frissonner de tous ses membres, nous jugeâmes prudent de reprendre le chemin du navire. Mais, en franchissant la barre qui ferme l'embouchure du canal, la mer était si houleuse que la chaloupe embarquait de l'eau à chaque lame, si bien qu'elle s'emplissait rapidement, et que nous faillîmes être noyés. Quand nous arrivâmes au navire, après plusieurs heures d'une lutte terrible pour sauver notre existence, nous avions retiré tous nos vêtements extérieurs et nos bottes, nous tenant prêts à nous jeter à la mer pour aborder à la nage. Dès que nous fûmes grimpés sur le pont, on nous servit un déjeuner chaud qui, avec le feu de la cabine, fut extrêmement goûté par tous les membres de notre petite troupe. Ce serait une ingratitude de ma part de ne pas ajouter que nous dûmes tous notre salut à M. Melville, notre ingénieur en chef, et à M. Dunbar, notre pilote de glace. Le premier s'était mis à la machine qu'il surveillait, tandis que le second tenait la barre du gouvernail, et, par leurs efforts combinés, ils réussirent à nous tirer du mauvais pas où nous nous trouvions, car nos signaux répétés avaient été mal interprétés à bord de *la Jeannette*, et ce ne fut qu'au moment où nous n'en étions plus qu'à une centaine de mètres, que nos compagnons songèrent à mettre une embarcation à la mer pour venir à notre secours. A ce moment, notre chaloupe était à moitié remplie d'eau, et les feux de la chaudière étaient éteints. Pour donner une idée de la portée des sens des naturels de la côte près de laquelle nous étions mouillés, je dois signaler ce fait que, pendant la lutte désespérée que nous eûmes à soutenir contre la mer pour nous maintenir à flots, ils avaient aperçu nos efforts et, se rendant compte de notre position, ils étaient allés immédiatement au fort prévenir les habitants du danger que nous courions, tandis que du navire, qui était d'un mille au moins plus rapproché de nous que le village, on n'avait absolument rien aperçu, malgré les efforts du docteur Ambler, qui, pendant plus d'une heure, agita sa jaquette attachée au haut de la gaffe de la chaloupe.

La baie peu profonde où *la Jeannette* avait jeté l'ancre nous fournissait du poisson frais en abondance, et, en particulier, d'excellent saumon. Nous prenions aussi, avec des filets apportés de San Francisco, que nous jetions chaque jour, une quantité énorme de superbes carrelets et d'autres poissons d'une taille moindre, qui, à l'éclat des couleurs, joignaient une chair fort délicate ; mais ceux-là seuls qui, pendant un mois, ont été privés de mets savoureux et recherchés, peuvent apprécier la saveur du carrelet ou du saumon bouilli, lorsqu'il est assaisonné d'un bon appétit et arrosé d'un large bol de thé. Pour un disciple d'Épicure, ces aliments et cette boisson paraîtraient sans doute manquer de saveur et être indignes de son palais ; mais que celui-là s'abstienne d'entreprendre une expédition comme la nôtre, sinon je luis prédis bien des déboires.

Pour nous, nous étions satisfaits de manger ou de boire tout ce qui se présentait, et nous bénissions la divine Providence quand elle nous envoyait l'occasion de varier notre ordinaire.

Notre relâche, en cette baie, nous fournit encore l'occasion de nous procurer une jouissance d'un nouveau genre. Pour nous remettre de nos fatigues après l'aventure de chasse que j'ai racontée, M. Newman nous invita à prendre un bain russe au fort. C'est là un des derniers vestiges qui soit resté de la domination russe dans ces contrées. La salle de bain, où l'on nous introduisit, se trouve dans un bâtiment carré de forme allongée, qui est divisé en deux compartiments concentriques. Dans celui du milieu, qui est la véritable salle de bain, se trouve une espèce de foyer ou poêle, destiné à recevoir des pierres rougies au feu. Quand tout est prêt, la personne qui doit prendre un bain entre dans la pièce; la porte est fermée et calfeutrée avec des peaux; le tuyau de la cheminée est également fermé et le domestique attaché à la salle jette sur les pierres de l'eau qui siffle en se transformant en vapeur. Alors la température s'élève subitement à un tel degré, que le sang bout presque dans les veines, la respiration devient pénible; mais les pores de la peau se dilatent, et alors le baigneur ressent les effets particuliers du bain russe. Il reste aussi longtemps qu'il peut résister, puis, après s'être plongé dans un bassin plein d'eau, il en sort pour se précipiter dans la chambre extérieure où on l'éponge de la tête aux pieds pour le refroidir ; quand il a repris sa température normale, on lui permet alors seulement de s'habiller. Le charme des sensations qu'on éprouve au sortir d'un bain russe se trouve singulièrement atténué par le souvenir du supplice qu'on est obligé de s'imposer; mais les effets de ce bain sont réellement bienfaisants pour l'organisme, quand il est pris avec précaution. En terminant, je ne dois pas oublier de parler du cigare et du verre de thé russe, qui sont les compléments obligés du bain, si l'on veut en ressentir tous les bienfaits. A la vérité, la salle du fort Saint-Michel n'a pas l'aspect le plus engageant qu'on puisse rêver; mais elle remplit néanmoins admirablement le but pour lequel elle a été créée ; ce qui prouve qu'on ne doit pas toujours juger les choses d'après leurs apparences.

Le 18, la goëlette *Fanny A. Hyde* fut enfin signalée de l'île Stuart, et bientôt après nous l'aperçûmes qui se dirigeait vers le port pour y jeter l'ancre. Nous attendions avec impatience ce petit navire, à bord duquel se trouvait notre complément de vivres et de charbon. Jamais navire ne fut donc mieux accueilli que celui-là, lorsqu'après avoir doublé la pointe Saint-Michel, il vint, à midi, se ranger le long du flanc de *la Jeannette*. Son capitaine monta aussitôt à notre bord et nous le conduisîmes dans la cabine, où il nous expliqua les causes de son retard. Les calmes, les brouillards, les vents contraires, étaient des excuses suffisantes pour faire comprendre comment une des goëlettes les plus rapides de San Francisco avait dépensé quarante jours pour faire la traversée de ce port à Saint-Michel. Au reste *la Jeannette*, un navire à vapeur, n'avait-elle pas souffert elle-même de ces contre-temps? Mais la *Fanny A. Hyde* était arrivée; c'était assez; nous allions donc pouvoir reprendre notre route dans quelques jours, c'est-à-dire dès que son

chargement serait à bord de notre navire. Nous avions besoin d'an-
thracite, car le charbon que nous avions n'eût pas duré longtemps, si
nous l'avions brûlé seul, et justement la goëlette nous en apportait. Pour
ne pas perdre de temps, nous laissâmes une bonne partie du charbon
sur le pont, tout en remplissant nos soutes, et *la Jeannette* fut encore
une fois chargée à couler bas. Aussitôt que tout fut arrivé à bord, nous
nous mîmes en route pour la baie Saint-Laurent, qui se trouve sur la
côte de Sibérie, à une trentaine de milles au sud du cap oriental.
Toute la cargaison de la *Fanny A. Hyde* n'ayant pu trouver place
à bord de *la Jeannette*, son capitaine reçut l'ordre de nous suivre.

Outre ce que nous avions pris à bord de ce navire, nous avions aussi
embarqué notre meute, composée d'une quarantaine de chiens, qui,
à peu près tous les quarts d'heure, se livraient entre eux des assauts
formidables, malgré l'espace restreint qu'on leur avait laissé sur notre pont déjà encombré. Je crois que si nous leur avions laissé la place
suffisante pour se battre, ils se seraient étranglés les uns les autres
jusqu'au dernier, et ce combat n'eût cessé que faute de combattants. Ces
guerres entre chiens nous montraient d'une façon amusante combien
la force armée peut avoir de poids si elle intervient au moment opportun. En effet, quand l'acharnement des belligérants était à son comble,
un matelot, armé d'un bout de câble, s'avançait vers le champ de bataille et frappait alors de toute la vigueur de son bras, et, je dois
le dire, avec la plus imparfaite impartialité, sur les combattants : le
moyen était infaillible, car il s'ensuivait toujours une trêve qui, malheureusement, n'était que temporaire. Les parties se retiraient chacune
dans un coin et semblaient conférer ; mais, comme à Constantinople,
ces conférences et ces échanges de notes diplomatiques ne semblaient
qu'envenimer les choses, car soudain la trompette guerrière reten-
tissait dans un coin, et le bout de câble recommençait à faire de nouvelles merveilles.

En quittant la baie Norton, nous avons emmené avec nous deux
Indiens du district de Saint-Michel, qui doivent nous accompagner pendant notre voyage dans l'Océan Arctique. L'un d'eux, du nom d'Alexis,
parle un peu l'anglais ; c'est un homme intelligent qui pourra nous
être utile comme chasseur et comme conducteur de traîneaux. L'autre,
plus jeune, nommé Anequin, ne parle pas l'anglais ; mais, avec le con-

cours de son camarade, qui lui sert d'interprète, il se tire néanmoins
parfaitement d'affaire. C'est un jeune homme à la figure large, aux
traits enfantins, avec une mine éveillée et une physionomie agréable.
Le capitaine a passé avec ces deux Indiens des contrats réguliers, par
lesquels il s'engage à les ramener tous les deux dans leur patrie, et se
charge, en outre, de nourrir la femme d'Alexis et la mère d'Anequin.
De plus, il leur paiera des gages chaque mois et remettra au premier
une carabine Winchester, avec une certaine quantité de munitions,
quand l'équiqage de *la Jeannette* pourra se passer de ses services.
Comme ces deux Indiens sont adroits et fort experts dans l'art de
conduire les chiens, ils pourront rendre de grands services ; aussi
leur a-t-on offert, je crois, des conditions très avantageuses.

Madame Alexis est une femme à la figure un peu bouffie, timide, mais
tout en ayant l'air jovial. Avant le départ, elle vint à bord pour voir son
mari. Dans une circonstance aussi triste, elle eut une tenue fort décente.
Quant à son mari, quoiqu'en général un Esquimau n'ait pas l'habitude
de se répandre en pleurs et en lamentations, lorsqu'il se sépara de
celle à laquelle il était uni pour la vie, il montra un certain stoïcisme,
tempéré cependant par les marques d'affection qu'il témoignait à sa
femme. Tous les deux allèrent s'asseoir, en se donnant la main, sur un
sac de pommes de terre, près de la porte de la cabine, et là, échangè-
rent sans doute des promesses de fidélité éternelle. Je fus vivement
ému en voyant ce tableau. Je montai sur le pont avec mon album, sur
lequel je crayonnai le portrait de ces deux bons Indiens. A la vérité
il me fallut les esquisser dans la position où ils se trouvaient, c'est-à-
dire pendant qu'ils me tournaient le dos, car madame Alexis était trop
modeste pour se laisser portraiturer de face. Au moment où elle allait
quitter *la Jeannette*, le capitaine de Long lui fit présent d'une tasse et
d'une soucoupe ornées de lettres dorées. Elle eut peine d'abord à contenir l'émotion et la joie que lui causait la possession de tels trésors,
mais elle les enfouit bientôt dans les vastes replis, ou plutôt dans les
magasins que formaient les plis de sa longue robe de fourrure, et s'en
alla.

Ce fut le 21 août, au soir, que nous quittâmes la baie Saint-Michel.
La Jeannette fut saluée par toute l'artillerie du fort et celle de l'établissement de la *Westen fur and trading Company*, comme elle l'avait été à

Illiouliouk, au moment de son départ. Quand nous fûmes sortis de la baie, nous trouvâmes la mer unie comme une glace; au reste, le ciel était presque pur. Il n'est d'ailleurs pas rare, à l'époque de la belle saison, de jouir d'un temps pareil dans la baie Norton; mais, malheureusement, trop souvent, un temps si calme et si serein n'est que l'avant-coureur d'une tempête venant du nord. Le 23 au matin, quand nous eûmes dépassé l'île du Traîneau, pour traverser le détroit de Behring, nous eûmes l'occasion d'en faire l'expérience. Au moment où je faisais le quart (météorologique), de une heure à quatre heures du matin, je recommençai à remarquer des rides à la surface de la mer, qui allaient en s'accentuant; en outre, le vent avait tourné au nord. C'était pour nous un indice certain d'un changement de temps. Peu à peu, la mer monta et atteignit de grandes hauteurs, dans le courant de la journée. Les vagues lavèrent le pont du navire et entraînèrent même quelques ustensiles du bord. Le poste des matelots fut inondé ; une lame brisa la passerelle et, du même coup, défonça la fenêtre de la chambre du capitaine, qui fut inondée. Pendant une partie de la journée, nous avions de l'eau jusqu'aux genoux, dès que nous nous aventurions sur le pont. Le vent continua de mugir pendant plusieurs heures, emportant la crête des vagues. L'embrun passait entre les ponts comme une volée de mitraille. Sous l'effort de la tempête, *la Jeannette* dévia un peu de sa route, mais fit aussi bonne contenance qu'on pouvait l'espérer, chargée comme elle l'était. La tempête s'étant enfin apaisée, nous reprîmes notre route, et le 25, quand nous arrivâmes ici, le temps était superbe. Dès notre arrivée, nous reçûmes la visite de quelques tchouktchis qui, prenant *la Jeannette* pour un navire marchand, vinrent, avec leurs *baidaras* ou canots faits de peaux, se ranger le long du navire. Ces sauvages sont vêtus de peaux de bête ; leur aspect est sale et repoussant. Ce sont eux qui nous apprirent que le navire du professeur Nordenskjold avait franchi le détroit de Behring environ trois mois auparavant, se dirigeant vers le sud. Cette nouvelle nous fut apportée par un de leurs chefs qui parlait un peu l'anglais. Il monta à bord de *la Jeannette*, le capitaine le fit descendre dans la cabine, où il le questionna. J'étais présent à l'entretien. Ce chef raconta que, pendant l'hiver dernier, il avait vu, et même était allé à bord d'un navire à vapeur qui était resté, pendant toute cette saison, pris dans les glaces de la

baie Kolioutchine, sur la côte arctique de la Sibérie orientale. Il ajouta
que ce navire était *swiss*, voulant probablement dire *swedish* (suédois).
Le capitaine était un vieillard à barbe blanche, et deux des officiers
parlaient anglais ; un autre, qui était russe et nommé Horpish (pour
Nordquist), lui avait parlé en lange tchouktchise, dans laquelle il s'ex-
pliquait couramment. L'équipage entier, y compris les officiers, était
composé de trente-cinq hommes, dont aucun n'avait de vêtements de
fourrures; aussi, quand ces hommes montaient sur le pont, le froid les
faisait grelotter. Ils lui dirent qu'ils se disposaient à retourner chez eux.
Leur navire était aussi un navire à vapeur, mais moins grand que *la Jeannette*. Il ajouta qu'après avoir doublé le cap oriental et passé le détroit de
Behring, ce navire était venu mouiller dans la baie Saint-Laurent, où
il n'était resté qu'un jour; mais, qu'étant monté lui-même à bord, il
avait parfaitement reconnu les mêmes hommes qu'il avait vus dans la
baie Kolioutchine, qu'ensuite ce navire s'était rendu aux îles Diomèdes,
dans la partie la plus resserrée du détroit. Il y était resté pendant
une demi-journée et avait pris la route du sud, dans la direction du
Kamtchatka. Ce chef qui, comme je l'ai dit, parle un peu l'anglais,
comprend parfaitement les cartes.

Je le questionnai pour savoir quel chemin lui et ses compagnons
suivaient pour se rendre à la baie Kolioutchine. Il me traça alors sur
la carte une route qui longeait presque constamment la côte, me
faisant comprendre qu'il leur fallait quatre jours pour faire ce voyage,
en m'indiquant quatre villages où ils s'arrêtent. Lui ayant ensuite demandé pourquoi ils ne suivaient pas la ligne droite, il me répondit :
« Non, trop long » ; voulant dire par là qu'on ne trouvait point sur
cette route de village où s'arrêter.

Le capitaine de Long questionna soigneusement ce tchouktchi, afin
de voir s'il ne le trouverait point en contradiction avec lui-même, mais
celui-ci répéta toujours la même chose, ne faisant que quelques variantes
insignifiantes. Il est donc probable que le professeur Nordenskjold est
parti comme il nous l'a raconté et que, se trouvant sans doute à court
de charbon, il n'a relâché dans aucun port russe ou japonais, d'où il
aurait pu télégraphier de ses nouvelles avant le départ de *la Jeannette*
de San Francisco, car il aurait pu télégraphier de Vladivostock ou de
Yokohama, par la voie de Chine, de Singapore et d'Aden.

Notre goëlette est arrivée hier, 26, avec le charbon que nous n'avions pu prendre à Saint-Michel. Mais je crois aussi que le capitaine n'était pas fâché de l'avoir pour conserve jusqu'ici, afin d'avoir sous le main un moyen d'envoyer de ses nouvelles d'un point aussi reculé que possible, et en même temps de faire connaître ce que nous aurions pu apprendre du professeur Nordenskjold.

La Jeannette part ce soir pour l'Océan Arctique. Nous nous rendrons directement au cap Serdze-Kamea, où nous questionnerons les indigènes, afin d'obtenir quelques détails sur l'expédition de Nordenskjold, et sur le navire qui a passé l'hiver au milieu des glaces de la baie Kolioutchine. Si les renseignements obtenus corroborent ce que nous avons appris ici, nous aurons alors lieu de croire que l'expédition suédoise est partie. Sinon, nous nous rendrons nous-mêmes à la baie Kolioutchine, afin d'obtenir des détails plus circonstanciés sur le navire en question. Mais si nous pouvons nous abstenir d'aller à la recherche de Nordenskjold, il est probable que nous nous dirigerons immédiatement sur la Terre de Wrangell, où, croyons-nous, jamais homme blanc n'a encore posé le pied. Tout, maintenant, est donc pour nous sujet d'incertitude, quant à l'avenir ; mais, dans le cas où les circonstances tourneraient au pire, et si nous ne pouvions atteindre la Terre de Wrangell, pendant cette saison, nous pourrions hiverner sur la côte de Sibérie, et atteindre cette terre mystérieuse au printemps prochain. J'ai, d'ailleurs, bon espoir que nous y parviendrons cette année, car tous les pronostics nous font présager une saison ouverte dans les mers arctiques. D'un autre côté, nous sommes abondamment pourvus de vêtements de fourrures et de provisions de toutes sortes ; nous pourrons donc nous nourrir suffisamment et nous tenir chaudement pendant longtemps, quels que soient les événements. Nos chiens nous fourniront le moyen de faire des explorations et de nous éloigner à des distances considérables du point où le navire aura pris ses quartiers, et nous pourrons ainsi étudier la nature et le caractère de la contrée où nous aborderons. Maintenant, sûrs d'avoir la sympathie de tous ceux que nous laisserons derrière nous, nous nous enfonçons dans le nord, confiants dans la protection de Dieu et dans notre bonne fortune. Adieu.

CHAPITRE CINQUIÈME

Ce fut le 27 août, à sept heures du soir, que *la Jeannette* quitta la baie Saint-Laurent pour prendre sa course vers le nord. Le lendemain nous traversâmes le détroit sans pouvoir y distinguer les îles Diomèdes, et le même jour nous doublions le cap oriental, qui nous parut taillé à pic et élevé. Le temps était si brumeux que nous ne pûmes faire d'observations et dûmes nous contenter de nos calculs pour diriger notre marche. Le 29, nous fîmes notre entrée dans l'Océan Arctique, où nous allâmes jeter l'ancre, à cinq heures du soir, dans le travers du cap Serdze-Kamea. Le lieutenant Danenhower ayant découvert des huttes sur la côte, nous ralliâmes la terre, où nous aperçûmes une station d'été. Le capitaine, accompagné du lieutenant Chipp, de M. Collins et du pilote Dunbar, prit la baleinière pour toucher terre, mais il ne put y aborder, car la mer brisait avec force contre la ceinture de glace qui s'étendait le long de la côte. Des indigènes qui les observaient de la côte, s'apercevant de la difficulté qui leur faisait rebrousser chemin, lancèrent aussitôt un *bidarah* ou grand canot de peau au milieu du ressac et vinrent à bord avec leur chef. On les fit descendre dans la cabine, où nous eûmes une longue conférence avec eux, sans que, toutefois, nous pussions en retirer de grands avantages, car nous ne pouvions nous comprendre mutuellement. Les indigènes nous firent néanmoins comprendre, en portant la main à leur bouche dans l'attitude d'un homme qui boit et en répétant le mot « schnapps », quel était le but de leur visite ; mais le capitaine refusa de les satisfaire. Quand ils furent partis, le lieutenant Chipp les suivit, et parvint à la côte vers minuit. Il y rencontra une vieille femme de King's Island, qui pouvait comprendre nos Indiens. Cette femme lui apprit que Nordenskjold avait hiverné avec la *Véga*, au nord de cette côte, et qu'il avait pris la route du détroit au mois de juin.

Ce jour-là nous avions pu faire des observations dans l'après-midi qui nous firent remarquer que notre position près du cap Serdze-Kamea ne correspondait nullement avec nos calculs.

Le lendemain, nous rangeâmes la côte en nous dirigeant à l'ouest. Deux autres troupes d'indigènes vinrent le long de notre bord, mais se contentèrent de nous examiner. Ce sont eux, sans doute, qui ont raconté que notre pont était couvert de chiens et de charbon. Ce jour-là, nous vîmes quelques glaces flottantes qui s'en allaient au gré du courant. Le lendemain, 31 août, au point du jour, nous distinguâmes encore quelques huttes sur la côte. Le lieutenant Chipp, le pilote Dunbar, le lieutenant Danenhower et Newcomb descendirent à terre avec la baleinière. Ils se proposaient d'entrer en relation avec les habitants de ce village et d'en obtenir quelques renseignements sur l'expédition suédoise.

« Après deux heures d'un travail pénible au milieu des glaces flottantes, sur lesquelles nous vîmes beaucoup de phoques, raconte le lieutenant Danenhower, nous atteignîmes le rivage, où nous trouvâmes des carcasses de morses encore toutes fraîches. C'était un indice pour nous que cette partie de la côte était habitée ; mais il nous fallut aller chercher les habitants jusque sous leurs tentes de peau, tant ils semblaient défiants et timides. Nous trouvâmes parmi eux divers objets ayant été apportés par des marins, entre autres une caisse, sur

laquelle on pouvait encore lire : « Centennial Brand of whiskey. »
Il est donc évident que les Tchouktchis qui habitent cette partie de
la Sibérie se trouvent quelquefois en relation avec les trafiquants américains. Toutefois, les gens du village que nous visitions nous furent
de peu d'utilité pour le but que nous poursuivions. Heureusement,
nous finîmes par rencontrer un jeune Tchouktchis, plus intelligent
que les autres, et qui nous proposa de nous conduire à l'endroit où
la *Véga* avait passé l'hiver. Cette proposition étant acceptée, il se mit
à notre tête et, se dirigeant vers l'ouest, nous fit traverser, pendant
plusieurs heures, une *tundra* dont la mousse commençait à se dessé-
cher, mais où nous n'aperçûmes pas la moindre trace de rennes. A la
fin, nous arrivâmes au fond d'une baie, large d'une quinzaine de milles
et formée par deux promontoires qui s'avancent au loin dans la mer
Notre jeune guide nous l'indiqua comme celle où l'expédition suédoise avait séjourné pendant l'hiver. Cette baie ne nous présenta rien
de particulièrement intéressant ; nous aperçûmes, toutefois, sous les
tentes des Tchouktchis qui l'habitent, quelques boîtes de fer-blanc portant le nom de Stockholm, des chiffons de papier avec des sondes notées
en langue suédoise, et enfin plusieurs portraits de femmes, sans doute
ceux de quelques beautés de profession de la capitale de la Suède.

« Les Tchouktchis nous firent comprendre par signes que le navire
qui avait passé l'hiver dans leur baie était parti sain et sauf dans la
direction de l'est. Ils nous citèrent aussi le nom d'Horpish, qui, nous
dirent-ils, pouvait s'entretenir avec eux dans leur propre langue, —
vraisemblablement ils avaient ainsi défiguré le nom de Nordquist, dont
il est question dans l'ouvrage du professeur Nordenskjold.

« Ces gens se montrèrent très hospitaliers pour nous : une vieille
femme nous pressa même de goûter à du sang de morse, qu'elle nous
présentait, mais nous nous crûmes obligés de la remercier. Ces Tchouktchis vivent sous des tentes couvertes de peau ; ils sont robustes et
bien proportionnés, mais d'une saleté repoussante. Ceux que nous
vîmes étaient bien vêtus et leur chef portait, comme emblème de son
autorité, une robe de calicot rouge. Nous leur achetâmes quelques-unes
des boîtes de fer-blanc dont je viens de parler, et nous reprîmes le
chemin du navire.

« Cette excursion fut, pour la plupart des membres de notre petite

La Jeannette prise dans les glaces, d'après le dessin de M. Newcomb.

troupe, la dernière occasion qu'ils eurent, pendant deux ans, de mettre pied à terre, car le soir, vers quatre heures, nous mîmes le cap au nord-ouest, dans la direction de la pointe sud-est de la Terre de Wrangell. A ce moment, nous sentîmes véritablement que notre voyage d'exploration dans l'Océan Arctique commençait.

« Pendant notre absence, le capitaine avait pu observer la hauteur du soleil à midi. Cette observation lui avait démontré que le point que nous occupions se trouvait reporté à quinze milles dans l'intérieur des terres sur les cartes que nous avions. Il est vrai, nos positions astronomiques ne méritaient guère de confiance, à cause de l'état de l'atmosphère, mais, d'après nos calculs, nous étions déjà certains que la côte près de laquelle nous nous trouvions était mal indiquée sur les cartes. Toute cette côte présente un aspect riant et agréable. M. Collins a fait un croquis soigné d'un gros rocher en forme de cœur, que nous avons supposé faire partie du cap Serdze-Kamea. Du point qu'occupait le navire, nous avions aussi en vue plusieurs montagnes affectant la forme de pains de sucre.

« Dès que nous nous dirigeâmes vers le nord, nous trouvâmes notre route obstruée par un immense champ de glaces flottantes. Le temps était orageux et brumeux.

« Le 1ᵉʳ septembre, nous aperçûmes une île que nous prîmes pour l'île de Kolioutchine, et qui se trouve à l'entrée de la baie du même nom. Le lendemain nous rencontrâmes de nouveaux amas de glaces flottantes divisés en blocs d'assez petit volume ; nous appuyâmes alors vers le nord, puis vers le nord-est, et louvoyâmes ensuite le long de la banquise de la Sibérie, où nous nous aventurions quelquefois quand nous rencontrions une solution de continuité.

« Dans l'après-midi du 4, nous aperçûmes un navire baleinier qui portait sur nous ; nous ralentîmes notre marche pour l'attendre, mais le temps devint brumeux et il ne put venir même jusqu'à portée de la voix. Ce fut pour nous une grande déception, car nous espérions lui remettre le courrier du navire, depuis qu'il était entré dans l'Arctique, et nos lettres particulières. Nous courûmes des bordées, nous nous amarrâmes à des glaçons à diverses reprises pour attendre une éclaircie. Ce même jour, vers quatre heures du soir, nous vîmes un arbre immense ayant encore ses racines, qui passa près de nous, entraîné

par le courant. Cette vue remit en mémoire à notre pilote des glaces,
M. Dunbar, un fait presque analogue dont il avait eté témoin en 1865,
dans les mêmes parages. C'est pendant l'été de cette année que le
navire *Shenandoal* détruisit la plus grande partie de la flottille des
baleiniers américains occupés à la pêche au nord du détroit de Behring. « Au moment du désastre, nous dit M. Dunbar, je me trouvais
dans la baie de Saint-Laurent ; mais, quelques mois plus tard, notre
navire étant venu à l'île Herald, je fus fort surpris de voir, près de la
côte de cette île, des mâts entiers et des tronçons de mâts, ayant
appartenu aux navires détruits. Toutes ces épaves s'en allaient à la
dérive. »

Le fait que venait de nous signaler M. Dunbar nous fit soupçonner
l'existence d'un courant dans la direction du nord-ouest.

Ce fut le même jour, 4 septembre, à six heures du soir, que l'équipage de *la Jeannette* aperçut l'île Herald pour la première fois, d'a-
près M. Newcomb, naturaliste de l'expédition, et cette date semble
faire époque dans les souvenirs de ce dernier. « Jusque-là, dit-il, nous
n'avions vu que des morses, des phoques et plusieurs ours ; et aussi,
de temps en temps, des bandes de dix ou douze phalarapes. Ces gracieux oiseaux n'étaient pas le moins du monde sauvages ; nous les
voyions tout près de nous, rangés en cercle, occupés à chercher leur
nourriture. Ces intéressantes créatures nageaient avec vivacité à la
surface des flots et offraient un spectacle si gracieux que je serais
resté des heures entières à les considérer. Mais nous commençâmes
alors à apercevoir des pingouins, des guillemots, de jolies mouettes
tachetées et quelques bourgmestres ; toutefois, ces derniers étaient
extrêmement défiants. Enfin nous voyions aussi de superbes goëlands
ivoire. Parmi les individus de cette espèce, les uns avaient leur plumage d'adulte, tandis que d'autres portaient encore leur première
livrée. Ces derniers, avec leurs taches noires sur un fond blanc, étaient
vraiment jolis, tandis que le blanc pur du plumage des adultes, con-
trastant avec la couleur noire de charbon de leurs pieds et de leurs jambes, offrait un coup d'œil ravissant. Nous rencontrâmes fréquemment
cette espèce par la suite, et toujours elle se montra très familière. »

« Le 6 septembre, le capitaine, continue le lieutenant Danenhower,
supposant que nous avions devant nous le canal d'eau libre qui

sépare la banquise de Sibérie de celle du nord de l'Amérique, ordonna
de marcher en avant. Nous rencontrâmes alors de la nouvelle glace à
travers laquelle le navire s'ouvrit un passage de vive force. Nous étions
affreusement secoués, mais sans cependant éprouver la moindre avarie ; à la vérité, *la Jeannette* supportait parfaitement le choc. Mais
vers quatre heures du soir, il nous fut impossible d'avancer d'un
pouce. Alors nous couvrîmes nos feux et, après avoir amarré le
navire avec ses ancres de glace, nous restâmes dans cette position.
La nuit fut extrêmement froide, et le lendemain matin le navire était
prisonnier. La veille, la nappe de glace qui nous entourait était encore
divisée en glaçons ayant depuis dix mètres carrés jusqu'à plusieurs
hectares de superficie entre lesquels couraient d'étroits passages enche-
vêtrés comme un réseau d'artères, mais ce jour-là il n'existait plus la
moindre solution de continuité. La situation resta la même pendant
plusieurs jours ou plutôt ne fit qu'empirer, car nous nous trouvâmes à
la fin au centre d'une plaine d'environ quatre milles de diamètre,
composée de glaçons accumulés et soudés ensemble. Nous avions alors
l'île Herald parfaitement en vue au sud et à l'ouest. Elle était à vingt
et un milles de nous, d'après nos relèvements par triangulation opérés
sur une base de onze cents mètres. »

Pendant la période d'immobilité à laquelle le navire était alors condamné, chacun à bord charmait ses loisirs de son mieux ; les matelots
jouaient à la balle ou patinaient sur la glace nouvelle qui avait alors
de quatre à six pouces d'épaisseur, tandis que les officiers allaient à
la chasse. C'est à cette époque que M. Newcomb se trouva pour la
première fois en présence de l'ours polaire. Voici en quels termes il
parle de cette rencontre : « J'avais lu et entendu raconter tant de choses sur la férocité de cet animal, que je n'oublierai jamais les sentiments qui m'agitèrent quand, pour la première fois, je vis venir vers
moi deux de ces monstres. Ils étaient d'une taille énorme. J'étais seul
alors avec M. Collins ; néanmoins, dès que nous les aperçûmes, nous
marchâmes à leur rencontre. En les voyant venir directement sur
nous, j'étais bien convaincu qu'ils s'approchaient dans l'intention de
nous attaquer, et je me disposais à soutenir vaillamment la lutte. Toutefois, lorsqu'ils nous virent approcher, ils parurent hésiter, puis s'arrêtèrent tout à fait. Néanmoins nous avancions toujours en chargeant

nos carabines ; quand nous fûmes à quatre cents mètres, l'un d'eux nous tourna les talons et déguerpit. Le second nous laissa approcher encore d'une centaine de mètres, puis, faisant volte-face à son tour, se mit à trottiner sur les traces de son compagnon en secouant la tête d'une façon assez significative. Deux balles que nous lui envoyâmes le firent changer d'allure, et alors ce ne fut plus qu'une série de bonds désordonnés, accompagnés de grognements entrecoupés. Voyant cette retraite précipitée, nous nous mîmes à les poursuivre de toute la vitesse de nos jambes ; mais nous fûmes bientôt distancés. Tel fut le résultat de cette rencontre dans laquelle je m'attendais à avoir à lutter jusqu'à ce que l'un ou l'autre des adversaires restât sur le champ de bataille. Aussi, quand je vis ces deux monstres rebrousser chemin et battre en retraite au galop, je ne pus réprimer un certain sentiment de dégoût et de désappointement.

« Le même jour, je vis un corbeau : c'était le premier depuis notre départ d'Oonalachka. M. Collins, de son côté, aperçut un faucon qui, d'après la description qu'il m'en donna, devait être le faucon d'Islande. Malheureusement je n'eus pas une seule fois l'occasion de voir ce rapace, pendant tout le temps de mon séjour dans l'Océan Arctique. Je le regrette vivement, car j'espérais apporter à la science quelques données nouvelles sur son arc de dispersion. »

Le 15 septembre, le lieutenant Chipp, le pilote Dunbar, l'ingénieur Melville et l'Indien Alexis partirent avec un traîneau attelé de chiens pour aborder à l'île Herald. Mais à six milles de la côte ils arrivèrent sur le bord d'une vaste étendue d'eau libre, et durent rebrousser chemin. Cette excursion ne fut marquée par aucun autre incident que la mort de notre premier phoque, qui fut tué par l'Indien Alexis. Après avoir enlevé la peau de sa victime, celui-ci lui enleva un petit morceau de chair à chacun des pieds de derrière, pour s'en faire des talismans, qui devaient lui porter bonheur à la chasse de cet animal « *to give good luck ; make seal kill him* ». Il lui enleva ensuite la vessie et le vésicule du fiel qu'il purgea soigneusement de leur contenu en les trempant dans l'eau pour « *make him more seals* ».

Ce jour-là, nous remarquâmes que le navire était emporté par les glaces, ce qui fit renoncer le capitaine à l'idée d'envoyer une nouvelle troupe pour essayer d'aborder à l'île Herald avec un bateau.

La surface de la glace était alors à peu près unie ; seuls, quelques monticules de glace apparaissaient de loin en loin, laissant, dans les intervalles qui les séparaient, de superbes endroits pour patiner. Les efflorescences de sel qui se formaient sur la glace produisaient sous les pieds l'effet d'un tapis de velours. Chaque jour, nous apercevions le mirage d'une terre au sud-ouest, et quelquefois nous la voyions dans les nuages.

Le 17, le lieutenant Chipp et le pilote Dunbar tuèrent chacun un ours : c'étaient nos deux premiers. Le même jour, M. Newcomb tua sept jeunes goëlands superbes. Il fit alors cette remarque, que tous ces oiseaux venaient du même côté, c'est-à-dire du côté sous le vent. Ils étaient attirés sans doute par l'odeur du sang des deux ours, plutôt que guidés par leur vue. Il nous dit avoir déjà remarqué le même fait sur les bancs de Terre-Neuve, où il avait observé que, dans des circonstances analogues, les oiseaux arrivaient toujours du côté sous le vent.

Vers cette époque, un étrange phénomène fut observé.

C'était pendant la nuit ; le matelot Mànson, qui était de quart, s'étant approché de l'arrière pour consulter la boussole, fut fort surpris, en se retournant, de voir sur l'avant du navire un gros globe, d'une couleur rouge sombre, qui oscillait horizontalement. Le diamètre de ce globe lui parut égal à celui du disque de la lune quand cet astre est dans son plein. Ce phénomène dura quelques minutes, puis disparut subitement.

Le même phénomène se reproduisit une seconde fois plus tard, et fut aperçu par le matelot Dressler, qui raconta, le matin, qu'ayant vu la boule éclater, il était allé à l'endroit où il croyait qu'elle se trouvait, mais qu'il n'avait remarqué aucune trace de celle-ci.

Ces phénomènes furent l'objet de longues discussions à bord, aussi bien parmi les hommes de l'équipage que parmi les membres de l'état-major. On leur donna les explications les plus diverses. M. Collins en attribua la cause au dégagement de certains gaz formés sous l'influence de l'électricité.

« A cette époque, dit M. Newcomb, nous voyions quantité de morses. Un des Indiens et moi en tuâmes deux qui avaient de superbes défenses. Ces amphibies étaient endormis tout près l'un de l'autre sur le bord d'un glaçon d'où la moitié de leurs corps plongeait dans l'eau. Nos deux premières balles les ayant blessés mortellement, nous sautâmes à trois pas d'eux, et leur envoyâmes cinq autres balles, presque à bout portant, pour les achever. Aussitôt qu'ils furent morts, l'Indien se dépouilla le bras droit et le plongea dans la gorge de celui qu'il avait tué ; retirant ensuite tout son bras couvert de sang, il s'en frotta le front, sur lequel il appliqua aussitôt de la neige, disant que son père lui avait enseigné cette cérémonie, qui devait lui porter bonheur. »

La pression des glaces devint terrible à cette époque : sous l'effort de cette pression, le navire s'inclina peu à peu jusqu'à douze degrés. Le gouvernail fut alors démonté ; les poulies du grand mât reportées à babord ; la basse poulie attachée aux grosses ancres de glace accrochées à environ cent cinquante pieds du navire, et les amarres tendues pour maintenir celui-ci dans une position verticale. On laissa néanmoins le propulseur en place, mais en donnant aux ailes la position la plus convenable pour qu'elles n'eussent point à souffrir de la pression des glaces. Les machines furent suiffées, mais on s'abstint aussi de les démonter.

« A mesure que l'inclinaison du navire augmentait, dit le lieutenant Danenhower, on remarquait que la déviation locale de l'aiguille devenait plus sensible ; elle atteignit même jusqu'à un degré et demi de plus qu'elle n'aurait dû atteindre. Cette perturbation était causée par la quantité considérable de fer employée dans la construction du navire, mais en outre et surtout par la présence des boîtes de fer-blanc de nos conserves, qui se trouvaient emmagasinées dans la cale et sur le gaillard d'arrière. Il fallut donc renoncer à faire les observations à bord et transporter nos instruments sur la glace et à une certaine distance du navire. A ce moment et plus tard nous remarquâmes que le mouvement tournant de la glace était très lent, c'est-à-dire que notre aimant se déplaçait peu ; mais la nappe de glace qui nous enserrait avait, sous l'influence du vent, un mouvement cycloïdal dont la résultante était dans la direction du nord-ouest. Certes, notre position n'était nullement enviable ; à tout instant notre navire pouvait être broyé comme une coquille de noix entre ces immenses masses de glace dont l'épaisseur générale variait entre cinq et six pieds. Mais en maints endroits où les glaçons s'étaient superposés et soudés ensemble, l'épa sseur atteignait plus de vingt pieds. Le bruit que faisaient ces montagnes de glace lorsqu'elles s'entrechoquaient rappelait celui du tonnerre, et l'on voyait alors la jeune glace qui s'était formée dans le chenal q ii les séparait voler en éclat et retomber à leur surface comme d'énormes morceaux de sucre.

« Le mois d'octobre fut assez tranquille ; nous n'eûmes point à nous plaindre des tempêtes équinoxales ; mais le froid devint extrêmement vif. Vers le 14, notre observatoire, étant installé sur la glace, fut relié avec le navire par des fils téléphoniques, dont quelques-uns avaient plusieurs centaines de mètres de longueur. »

« Je fis, vers cette époque, raconte M. Newcomb, un grand carnage de guillemots ; j'en tuai jusqu'à vingt-neuf dans la même journée. Ce sont des oiseaux au vol rapide et offrant un bon coup de fusil ; le goût de leur chair est passable.

« Un autre jour, je tuai aussi deux petits goëlands d'une espèce particulière. Ces deux oiseaux arrivaient en suivant l'ouverture d'une fissure de la glace sur le bord de laquelle j'étais assis ; quand ils furent à portée, je tirai le premier qui tomba dans l'eau, pendant que l'autre faisait un crochet pour s'enfuir dans un autre direction ; mais je fus assez heureux pour l'abattre également. Ces deux goëlands étaient de l'espèce dite de Ross (Rodostitua rosea), qui est extrêmement rare. Ce sont des oiseaux au vol rapide et gracieux, ayant le dos d'un bleu azuré ; les pieds et les tarses rouge vermillon ; la poitrine et le ventre d'un rose thé, couleur de laquelle la teinte rosée est à peine perceptible, mais qui cependant s'harmonise admirablement avec le bleu perlé des couvertures. Ces deux jolis oiseaux avaient alors leur plumage d'automne ; c'est la plus charmante espèce que j'aie jamais vue.

« Je vis plus d'oiseaux pendant ce premier automne que je n'en ai vu depuis, si j'en excepte toutefois le séjour que j'ai fait à l'île Bennett, où des milliers de pingouins, de guillemots et de goëlands avaient leurs nids.

« Vers la fin d'octobre et en novembre, il tomba par intervalle un peu de neige qui, en se durcissant, rendit la marche plus facile. J'en profitai pour faire de fréquentes excursions, en quête de spécimens d'histoire naturelle. Bien que ce fût l'époque où les oiseaux quittent ces parages, j'en tuai un bon nombre de très intéressants. »

La Terre de Wrangell était déjà en vue depuis quelques jours, mais ce fut le 28 et le 29 octobre que les gens de *la Jeannette* la virent dans son plein, et purent la distinguer des montagnes et des glaciers qu'ils reconnurent bien souvent par la suite, et dont M. Collins prit des croquis. Le navire s'en allait alors au gré du vent dans son mouvement de dérive. Les morses et les phoques abondaient dans ces parages, et les gens de l'équipage tuèrent deux ours. Deux baleines blanches passèrent aussi en vue du navire, mais ce furent les seules qu'on aperçut pendant toute la durée de l'expédition.

« La vie à bord était paisible, mais monotone, dit Danenhower ; nous faisions de nombreuses observations, surtout d'étoiles. Les nuits étaient claires et fort propices pour se servir de l'horizon artificiel. Mais nous commençâmes à nous apercevoir et par la suite nous arrivâmes à nous convaincre que l'amiral Rodgers avait raison de dire que le sextant, l'horizon artificiel et le fil à plomb sont les instruments les plus sûrs et les plus utiles pour l'exploration dans l'Océan Arctique. On ne peut guère se servir des différents télescopes parce qu'on ne peut faire d'observations minutieuses qui, du reste, ne sont pas nécessaires dans ces régions. Le froid y est assez intense pour influencer les instruments, et il est presque impossible d'empêcher les lentilles de se couvrir de gelée ou de vapeur, ce qui nécessite des corrections de réfraction presque sans fin. L'expérience nous apprit, en outre, que sur cette plaine de glace, l'état de l'amosphère varie constamment. Sans qu'un indice précurseur vînt révéler le changement qui allait s'opérer, la croûte glacée s'entr'ouvrait, et souvent alors nous voyions s'élever d'immenses colonnes de vapeur du niveau de la mer ; ce phénomène persistait aussi longtemps qu'une différence considérable existait entre la température de l'air et celle de la surface de l'eau, qui était ordinairement de 29' (Fahr.), c'est-à-dire celle à laquelle l'eau salée se congèle.

« Vers le 6 novembre, la glace commença à se rompre autour de nous. Nous avions déjà remarqué qu'à l'époque de la nouvelle ou de la pleine lune, il se produisait, dans la croûte de glace, une grande agitation que nous attribuâmes à l'action de la marée. Mais ce phénomène fut plus sensible pour nous pendant l'époque où nous nous sommes trouvés entre l'île Herald et la Terre de Wrangell,

ou encore quand la mer était peu profonde et que la sonde ne nous
rapportait pas plus de quinze brasses. Au moment de chacune de ces
phases, la glace se rompait autour de nous et les glaçons, suivant
une marche constante, venaient s'amonceler autour du navire. »

Les journées du 6 et du 7 durent être terribles, à en juger par la
note suivante empruntée au journal de M. Newcomb : « La glace est
en mouvement comme hier ; on entend des craquements effroyables.
La pression est énorme. De gros blocs de glace arrivent sur nous,
poussés par le vent comme des fétus. Le champ glacé qui nous
environne oscille d'une façon indescriptible. Notre navire est encore
en bon état, mais pour combien de temps ? Nul ne le sait. Mon fusil
et mon sac sont prêts pour partir s'il le faut et aller... Dieu sait
où. »

De son côté, le lieutenant Danenhower disait en partant à la même
époque :

« La plaine de glace que quelques semaines auparavant nous voyions
du haut du grand mât, parfaitement unie tout autour de nous, était
alors bouleversée et dans un état de confusion dont la vue d'un vieux
cimetière musulman peut seule donner une idée. Des fissures s'étaient
produites dans la croûte de glace qui nous environnait et s'en allaient
en rayonnant tout autour du navire. Les glaçons, en se heurtant et en
se bousculant les uns les autres, produisaient un si épouvantable
tumulte, qu'ils arrachaient à nos chiens des hurlements de frayeur. »

Cependant, la tranquillité se rétablit bientôt. Les jours suivants on
observa plusieurs superbes halos du soleil, et le 10, apparut une au-
rore boréale que M. Newcomb décrit en ces termes : « C'est la plus
belle que j'aie jamais vue. Elle formait six grands arcs intersectés de
cirrhus à l'horizon et s'étendait de l'ouest-nord-ouest à l'est, couvrant
ainsi presque la moitié de la voûte céleste. Le scintillement des étoiles
à travers ce rideau lumineux produisait un effet magique. Spectacle
vraiment grandiose ! Ces franges éclatantes descendant perpendiculaire-
ment à l'horizon, le vacarme produit par les craquements des glaces
qui, en s'entrechoquant, grondent comme le tonnerre, formaient l'ensemble d'une scène imposante qui restera éternellement gravée dans
ma mémoire. On respirait presque de l'électricité. »

Cependant la longue nuit d'hiver approche, les lumières restent allumées pendant toute la journée dans l'intérieur du navire, et le soleil va bientôt disparaître sous l'horizon.

Depuis quelques jours, nous étions en vue de l'île Herald, et, en même temps, de la Terre de Wrangell, quand, pendant la nuit du 13, nous entendîmes résonner, dans toutes les parties du navire, un bruit qui nous fit supposer que la glace se retirait. Un coup d'œil au dehors nous permit, en effet, d'apercevoir, du côté de bâbord, une vaste nappe d'eau libre en même temps qu'une crevasse dans la glace, sous laquelle nous pouvions distinguer un courant rapide. Tout le monde monta immédiatement sur le pont et les préparatifs furent faits pour visiter le navire. Celui-ci se trouvait dans une position assez singulière. D'un côté, à bâbord, il était complètement dégagé, tandis qu'à tribord la passerelle reposait encore sur la glace, ce qui nous fit croire qu'un banc de glace s'était glissé sous la quille et nous maintenait dans cette position. Mais cet état de choses fut de courte durée : deux jours plus tard, une couche de jeune glace recouvrait l'espace libre et se trouvait assez forte sous nos sabords pour permettre qu'on s'aventurât à marcher. Notre navire se trouvait donc emprisonné pour la seconde fois.

A partir de ce moment, la pression commença à se faire sentir et augmenta jusqu'au 23 novembre. « Ce jour-là, après un temps calme pendant toute la journée, dit Danenhower, nous eûmes une magnifique nuit étoilée, dont M. Melville et moi nous profitâmes pour faire des observations, lorsque, vers onze heures, nous entendîmes un épouvantable craquement. La glace venait de se fendre à tribord et se détachait des flancs du navire pour s'en aller à la dérive, laissant celui-ci suspendu dans la moitié de la forme qui l'enserrait quelques minutes auparavant. Bientôt après, nous pûmes voir une assez vaste étendue de la surface de la mer complètement libre de glace et unie comme une glace. Nous n'entendions pas le moindre bruit autour de nous, si ce ne sont les hurlements de quatre chiens qui s'en allaient emportés par la glace. Heureusement, quelques jours auparavant, nous avions remonté à bord tous nos instruments astronomiques, en prévision d'un semblable accident, et il ne restait sur la glace que notre chaloupe à vapeur et une petite cabane construite par nos hommes. On retourna chercher la chaloupe, mais la cabane fut abandonnée à son

malheureux sort. Nous ne nous doutions guère alors que treize mois
plus tard elle donnerait lieu à l'anecdote que nous raconterons tout
à l'heure, et qui devait tous nous mettre en émoi.

« Le lendemain matin, nous pouvions distinguer, à trois milles
de nous, le glaçon où le navire s'était trouvé encastré. L'empreinte de
la coque y était encore parfaitement visible. Tout l'espace qui nous
séparait de ce glaçon était libre ; malheureusement, il était beaucoup
plus large que long, et, de tous les autres côtés, la nappe de glace
nous présentait l'aspect d'un gâteau, au moment où celui-ci sort du
four, avec sa surface fendue et crevassée.

« Un des jours suivants, vers huit heures du matin, le glaçon qui
retenait encore *la Jeannette* à tribord se retira à son tour, laissant
celle-ci s'en aller librement à la dérive, sous l'impulsion du vent. Elle
flotta ainsi pendant toute la journée, mais, vers sept heures du soir,
elle fut poussée au milieu des jeunes glaces qui s'étaient formées et s'y
engagea, pour y rester emprisonnée de nouveau. Ce nouvel incident
nous toucha peu, car nous étions au milieu de la longue nuit d'hiver.
Il faisait donc trop sombre pour que nous eussions aucune chance de
trouver un passage dans le dédale de canaux que formaient entre eux
les glaçons qui nous environnaient.

« Mais revenons à l'histoire de la cabane que les glaces nous avaient
enlevée. Un jour Anequin, un de nos chasseurs de l'Alaska, revint au
navire dans un état de surexcitation extraordinaire pour un Indien
aussi peu communicatif : « Moi, avoir trouvé une maison de deux hommes », nous dit-il en arrivant. Quand on lui demanda s'il était entré à
l'intérieur : « Non, répondit-il, moi avoir trop peur. » On peut juger
de notre surprise. Le lieutenant Chipp partit aussitôt pour vérifier le
fait ; il prit avec lui plusieurs matelots et emmena l'Indien pour leur
servir de guide. Quand il fut arrivé à trois milles environ du navire,
dans la direction du sud-est, il trouva la maison vue par Anequin, et
reconnut la cabane abandonnée lors de la rupture de la glace.

« D'après les calculs que nous fîmes à cette époque, nous reconnûmes
que le mouvement de dérive qui nous entraînait nous avait déjà emportés
à quarante milles du point où nous étions entrés dans les glaces.

« Jusque-là notre navire avait admirablement résisté aux pressions
les plus fortes sans paraître faiblir. Mais une nouvelle épreuve l'at-

tendait. Un jour, pendant que je me trouvais sous la tente du pont, j'aperçus au-dessous de moi la pointe aiguë d'un énorme glaçon qui pressait le flanc du navire, du côté de babord, un peu en arrière des chaînes de l'avant et juste en face de la grosse travée qu'on avait posée à cet endroit à l'intérieur du navire, en vertu des ordres exprès de l'ingénieur en chef de Mare Island, M. Willam Shock. L'étreinte devint si forte que le navire se mit à gémir dans toutes ses parties ; par instant, les portes des cabines étaient tellement comprimées qu'il eût été impossible d'en sortir, si un accident était survenu ; la grosse travée elle même s'enfonça de trois quarts de pouce dans le plafond sous l'effort de la pression ; les planches du pont semblaient vouloir s'arracher de dessus les baux, et on pouvait voir jusqu'à un pouce de profondeur dans les assemblages de mousqueterie. Le revêtement intérieur du navire éclatait de toutes parts.

« Cette étreinte dura pendant le reste de la journée et pendant toute la nuit. Naturellement personne ne ferma l'œil et chacun avait son sac près de soi et se tenait prêt à partir. On commença même à faire des préparatifs pour quitter le navire. Les traîneaux et les embarcations furent descendus sur la glace prêts à servir en cas de nécessité. Pendant tout ce temps, le sort de *la Jeannette* fut véritablement en suspens. Enfin, le lendemain, la pointe de glace se rompit avant d'avoir entamé le flanc du navire. Alors un soupir de soulagement s'échappa de toutes les poitrines. Avec quel étan je remerciai du fond du cœur M. Shock de sa prévoyance ! Car, sans la bienheureuse travée, c'en était fait de *la Jeannette*.

« Le soir, la plaine de glace qui nous environnait ayant repris son apparente immobilité, nous pûmes prendre du thé. A ce moment, on pouvait lire sur tous les visages un véritable sentiment de satisfaction, car le navire n'avait souffert que dans l'assemblage de quelques-unes de ses parties. »

Jusqu'ici nous ne nous sommes guère occupés que des événements qui se sont passés à l'intérieur du navire et n'ayant aucun rapport avec la vie intérieure des gens de l'expédition. Aussi, sans entrer dans de longs détails, croyons-nous devoir décrire l'existence de ces infortunés prisonniers des glaces pendant les deux longues nuits d'hiver qu'ils ont eu à passer au milieu de l'Océan Arctique.

« La longue nuit de trois mois, dit le lieutenant Danenhower, ne commença que vers le 10 novembre ; néanmoins, le règlement d'hiver était entré en vigueur du 1ᵉʳ du même mois. Nous nous levions à sept heures pour répondre à l'appel général ; les feux étaient ensuite allumés, et nous déjeunions à neuf heures ; de onze heures à une, chacun était obligé de prendre un fusil et d'aller à la chasse par mesure sanitaire, car nous avions besoin d'exercice au grand air ; à trois heures, la cloche nous appelait pour le dîner, à la suite duquel les feux de la cuisine étaient éteints, afin d'économiser le charbon. Entre sept et huit heures, le thé était servi, mais nous nous servions, pour le faire, de l'eau distillée qui nous était fournie par une chaudière Baxter. Celle-ci fonctionnait nuit et jour, car le docteur avait expressément défendu l'emploi, pour notre consommation, de l'eau provenant de la fonte de la neige ou de la glace. Celle-ci était beaucoup trop salée. Après le thé, chacun allait se coucher.

« Notre ordinaire se composait en majeure partie de conserves. Pour varier, cependant, nous mangions de l'ours et du phoque deux fois par semaine. Nous avions aussi du lard avec des haricots ou du bœuf salé une fois tous les huit jours ; nous ne buvions jamais de rhum ni aucune autre boisson alcoolique, sauf les jours de grandes fêtes, c'est-à-dire deux ou trois fois par an.

« Comme combustible, nous recevions cinquante livres de charbon pour la cabine et le poste des matelots ; la cuisine n'en recevait également que quatre-vingts, car nous étions obligés de faire des économies sur ce chapitre.

« Malgré ce régime, un peu sévère, la discipline fut toujours parfaitement observée, et pendant les vingt et un mois de notre captivité, une seule punition fut infligée. Encore n'était-ce pas pour une infraction aux règlements nautiques, ni pour insubordination, mais bien pour un acte d'impiété.

« Au point de vue sanitaire, les règlements étaient strictement observés, et chaque mois tous les hommes de l'équipage étaient soumis à une inspection médicale. Aussi la santé générale se maintint-elle dans les meilleures conditions, eu égard au genre de vie que nous étions forcés de mener. D'un autre côté, les matelots jouissaient réellement d'un confort relatif.

« Mais ce qui contribua sans doute, au moins dans une certaine mesure, à soutenir le moral de nos hommes furent les divertissements auxquels donnèrent lieu les fêtes de Noël et du premier de l'an.

« Le jour de Noël, tous les hommes de l'équipage, réunis en corps et vêtus de leurs habits de gala, descendirent dans la cabine pour nous présenter leurs compliments. »

Chacun d'eux reçut un bon de faveur pour la table des officiers, où ils prirent part à un véritable festin, dont M. Newcomb nous a conservé la carte, que nous reproduisons ci-dessous :

Potage.

Soupe à la Julienne.

Poisson.

Saumon à la maître d'hôtel.

Viandes.

Canard arctique (lisez : phoque rôti). Jambon froid.

Légumes.

Petits pois (conservés); *Succotash* : Plum-pudding anglais
de conserve, à la sauce froide.

Mince pie.

Dessert.

Pale Sherry.

Bière.

London Stout.

Chocolat français et café.

« Hard Tack. »

Cigares.

Le 25 décembre 1879.

A bord du steamer arctique *la Jeannnette*, prise dans les glaces par 72° de latitude nord.

Vint ensuite une représentation théâtrale improvisée, avec intermèdes de chants, de danses, etc., dans laquelle chacun des hommes de l'équipage joua un rôle. Voici le programe de cette représentation.

LES CÉLÈBRES MINSTRELS DE « LA JEANNETTE ».

PROGRAMME

Première partie.

Ouverture	Orchestre.
Ella Ree	M. Sweetman.
Soo Fly	H. Wilson.
Kitty Wells	Edward Star.
Mignonette	H. Warren.
Final.	Ensemble de la troupe.

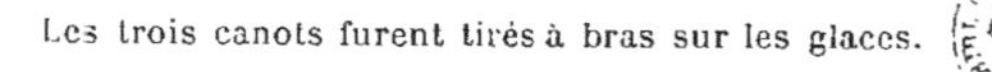

Les trois canots furent tirés à bras sur les glaces.

INTERMÈDE

Deuxième partie.

1° Le célèbre ANEQUIN, du grand nord-ouest, qui est connu du monde en ier, an usera le public par une de ces fameuses pantomimes comiques dont lui seul a le secret.

2° Le grand DRESSLER jouera son solo favori sur l'accordéon.

3° M. Jack COLE, notre étoile, dansera ensuite un pas de clown et de gigue.

4° Enfin, solo de violon, par George KUEHNE, seul rival d'Old Bull.

INTERMÈDE

Troisième partie.

La soirée se terminera par la farce extra-bouffonne

MONEY MAKES THE MARE GO

PERSONNAGES

Master Keen Sage	Georges W. BOYD
Miss Keen Sage	W. SHAWELL.
Charles Tildene, jeune homme d'avenir, amoureux de miss Sage	H.- W. LEACH.
Julius Goodargold	W. WARREN.

Régisseur : A. GORTZ.

Directeur : W. NINDERMAN.

Noël 1879.

C'est ainsi que se termina l'année 1879. Le 1ᵉʳ janvier 1880 eut aussi ses divertissements. Malheureusement, nous ne pouvons entrer dans aucuns détails à leur sujet ; mais ceux que nous venons de donner à propos de Noël suffisent pour démontrer qu'à cette époque le moral de tout l'équipage était excellent.

CHAPITRE SIXIÈME

Débuts du mois de janvier 1880. — Retour de la lumière. — Alerte du 19 janvier. —
Une voie d'eau se déclare. — Efforts faits pour la combattre. — Peine inutile ; il
faudra pomper pendant dix-huit mois. — Position du navire à cette époque. — Cinquante milles en cinq mois. — La théorie de Peterman réduite à néant. — Un ours
à bord. — Quinze jours d'été seulement. — Le gibier de l'Océan Arctique. —
Visite d'une ourse et de ses deux oursons. — Désagréable rencontre faite par le capitaine. — Nous sommes arrivés à la fin de notre première année dans l'Arctique. —
Théorie sur le mouvement des glaces polaires. — Hypothèse sur la route probable de *la Jeannette*, si elle résistait à la pression des glaces. — État sanitaire de
l'équipage, conditions du navire au commencement de septembre 1880.

Les quatre mois qui venaient de s'écouler depuis l'emprisonnement de *la Jeannette* dans les glaces avaient été relativement doux
pour tous les gens qui étaient à bord. A part deux ou trois moments
critiques où leur navire s'était trouvé en danger d'être écrasé, ils n'a-
vaient pas eu trop à se plaindre des glaces de l'Arctique. En outre,
les vivres frais ne leur avaient point encore fait défaut. « Nous avons
tué deux cent quinze oiseaux, trouvons-nous consigné dans les notes
de M. Newcomb, et nous aurions pu en tuer bien davantage ; mais,
comme la corneille de John Billing, nous ne soupirions pas après
eux, et n'avions pas encore appris, par expérience, à en apprécier la
valeur. »

Les premiers jours de l'année 1880 se passèrent encore sans incidents remarquables. Peu à peu le soleil se rapprocha de la ligne de
l'horizon et, vers le milieu de janvier, vint mettre le terme à une longue nuit d'hiver. Son apparition fut naturellement saluée avec des
transports de joie par tout le monde à bord ; cependant, elle fut signalée par un abaissement de température considérable ; le thermomètre à
alcool descendit jusqu'à 57°8 (Fahr.) au-dessous de 0°. Heureusement,
l'absence du vent fut à peu près complète pendant ces froids rigoureux.

Nous pûmes alors constater les effets physiologiques produits sur
nous par les ténèbres : nous étions tous d'une extrême pâleur ; de

plus, sous l'influence du froid, les ongles de nos mains étaient devenus cassants.

«Ce fut pendant cette période d'accalmie, raconte M. Newcomb., qu'il me fut donné d'être témoin d'un acte superstitieux bien étrange. Je me promenais avec un de nos Indiens, lorsque je le vis s'arrêter subitement et regarder le disque de la nouvelle lune qu'il venait d'apercevoir. Soufflant ensuite dans la direction de l'astre, il lui adressa une invocation pour lui demander le succès à la chasse. Curieux de connaître le motif qui le faisait agir ainsi, je le lui demandai. « La nouvelle lune, me répondit-il, est le « Tyune » des cerfs, des ours, des phoques et des walrus, et j'ai appris de mon frère une invocation qui doit me la rendre propice dans mes chasses. Mon père tenait lui-même ce secret d'un vieil Indien qui le lui avait vendu pour une peau de loup. »

Aux jours de tranquillité du commencement de janvier succédèrent les jours d'angoisses. Vers le milieu du mois, les glaçons commencèrent à s'amonceler autour du navire qu'ils environnèrent bientôt d'un véritable rempart. La pression devint alors énorme, et, sous son action, la glace, étant très souple et très élastique, s'entassait sans résistance. A ce moment la principale poussée s'exerçait de l'avant à l'arrière ; les flancs avaient aussi à supporter une étreinte terrible. Jusqu'au 19 au matin, *la Jeannette* lutta sans faiblir, mais ce jour-là, un matelot, appelé par les besoins du service dans la chambre, remonta aussitôt annoncer que les plaques de l'avant étaient couvertes d'eau. Le charpentier, descendu à son tour, revint dire que si on n'arrivait pas à obtenir des pompes de deux mille cinq cents à trois mille coups de piston par heure, on ne parviendrait pas à se rendre maître de l'eau. La position était critique, car, à moins que la pression des glaces ne cessât, l'existence de *la Jeannette* n'était plus qu'une question d'heures.

« Perspective peu rassurante, écrit M. Newcomb, la côte de Sibérie se trouvant à quelques deux cents milles au sud. Long et pénible voyage ; mais la volonté a soutenu des hommes dans une position aussi critique ; j'espère qu'elle nous soutiendra également. Cependant le navire qui frissonne dans toute sa membrure nous indique que la pression augmente. »

A la première nouvelle du danger, tout le monde courut aux pompes. La température était alors extrêmement basse ; le thermomètre marquait 42′ (Fahr.), qui est le point de congélation du mercure. Tout gelait. « Le froid était si intense, dit M. Newcomb, que les mocassins et les gants se raidissaient dès qu'on les avait quittés. Quand on avait marché pendant une heure, on se sentait comme un poids sur l'estomac, et tous les symptômes de l'indigestion se manifestaient. Cependant les hommes étaient obligés de travailler avec de l'eau jusqu'à mi-jambe. »

M. Melville eut beaucoup de peine à obtenir de la vapeur et à mettre les pompes en mouvement. Il y parvint à la fin, et celles-ci fonctionnèrent à merveille. On découvrit alors qu'une voie d'eau sérieuse s'était fait jour à travers une des côtes du navire. On crut alors que les planches du bordage s'étaient disjointes près de l'étrave, mais ce ne fut que le jour où *la Jeannette* sombra, c'est-à-dire le 12 juin 1881, qu'on connut la véritable cause du mal. De leur côté, les charpentiers Sweetman et Ninderman travaillaient jour et nuit, sous la direction du lieutenant Chipp, à établir une cloison étanche à l'avant du grand mât, pour empêcher l'eau d'envahir toute la cale. Le 21, M. Melville adapta une pompe économique à la chaudière Baxter. Cette nouvelle pompe apporta un grand soulagement aux hommes qui, jusque-là, s'étaient comportés vaillamment ; du reste, elle continua de fonctionner jour et nuit pendant dix-huit mois, c'est-à-dire jusqu'au jour de la catastrophe qui mit fin à l'existence du navire. Melville essaya, pendant l'été, d'installer une autre pompe avec des ailes de moulin, mais il en fut pour sa peine, car, pendant cette saison, les vents étaient si faibles, qu'ils ne pouvaient la mettre en mouvement.

L'alerte du 19 janvier avait révélé les qualités de l'équipage de *la Jeannette*. « L'expérience du 19, dit le lieutenant Danenhower, me remplit de confiance dans notre équipage, car, durant cette terrible épreuve, tous les hommes s'étaient montrés à la hauteur de la situation. D'un autre côté, le soleil commençait à se montrer sur l'horizon, et nous pouvions distinguer la Terre de Wrangell à notre gauche. Mais l'île Herald n'avait été aperçue qu'une seule fois, bien que *la Jeannette* fût à peu près à égale distance des deux.

« Nous nous trouvions alors à une cinquantaine de milles du point où nous étions entrés dans les glaces. Malgré cette faible distance, pendant les cinq mois qui venaient de s'écouler, nous avions parcouru un trajet considérable avec la banquise qui nous retenait prisonniers. Car celle-ci nous rapprochait et nous éloignait tour à tour de 180° méridien en nous faisant décrire de véritables cercles. Cependant nous devions avoir dépassé ce méridien.

« Le courant qui nous emportait avait une marche irrégulière. Nous avions remarqué qu'avec les vents du sud notre mouvement était toujours beaucoup plus rapide qu'avec ceux du nord-est. Sans doute, la Terre de Wrangell, que nous avions sous le vent, n'était pas étrangère à ces irrégularités. Quant aux vents du sud-ouest, ils étaient extrêmement rares.

« A plusieurs reprises, on annonça une terre au nord-est. Comme j'étais déjà confiné dans ma cabine, je ne pus vérifier l'existence de cette terre, mais néanmoins je n'y peux croire, car certains matelots apercevaient la terre à tous les rumbs du vent dès qu'ils s'asseyaient dans le tonneau de vigie. Aussi que de fois n'ont-ils pas fait monter inutilement au haut du mât notre pilote des glaces !

« A la vérité l'immobilité relative à laquelle nous étions condamnés nous causait un véritable désappointement. Jusque-là, en effet, notre seule découverte était celle de la fausseté de la théorie de Pétermann. Car, à nos yeux, il n'était plus soutenable que la Terre de Wrangell fît partie du Groënland, et il était évident, comme on l'a démontré plus tard, que cette terre n'est qu'une île. »

Dès que le danger qu'on avait couru les 19 et les jours suivants fut passé, la tranquillité se rétablit à bord, et chacun reprit ses occupations ordinaires.

« Le 1ᵉʳ février au matin, dit M. Newcomb, un de nos chasseurs indiens me rapporta un superbe renard blanc. Comme nous nous trouvions à peu près à égale distance de l'île Herald et de la Terre de Wrangell, et à une cinquantaine de milles des deux, je fus forcé d'en conclure que cet animal est un maraudeur des plus entreprenants.

« Le lendemain matin, la monotonie de notre existence fut troublée par la visite d'un ours monstrueux qui voulut venir à bord. Cet animal se dirigeant droit à la passerelle avec l'intention évidente de monter sur le pont, nos chiens se précipitèrent à sa rencontre pour lui barrer le passage, mais ils durent bien vite battre en retraite. Toutefois, maître Bruin paya cher cet excès de témérité, car M. Dunbar, saisissant une carabine, l'eut vite dépêché dans l'autre monde en lui logeant une balle dans la tête. Bien que nous ayons eu souvent la visite de ces monstrueux animaux, aucun n'avait poussé l'audace aussi loin. Généralement ils battaient en retraite dès qu'ils nous apercevaient, se bornant à tenir tête aux chiens lorsqu'ils étaient poursuivis de trop près. »

Avec le retour de la lumière, les excursions sur la glace devinrent naturellement plus fréquentes et plus longues ; mais ces promenades n'étaient pas toujours sans danger.

« Le 16 février, continue M. Newcomb, je partis à la chasse avec un des Indiens ; ne trouvant que de vieilles traces d'ours, nous poussâmes nos recherches assez loin. A la fin, il fallut songer au retour ; mais quand nous fûmes arrivés à un demi-mille du navire nous trouvâmes notre chemin barré par une crevasse large de quarante pieds, là où, quelques heures auparavant, nous n'avions pas trouvé le moindre indice de rupture. Nous fûmes donc obligés de chercher un passage ailleurs. Après avoir côtoyé la crevasse pendant plus de trois milles, nous finîmes par arriver à un endroit où nous pûmes la franchir en sautant d'un glaçon sur l'autre et regagner le navire, fort heureux de nous sentir tirés de cette situation embarrassante. Au reste, le lecteur pourra s'imaginer les sentiments qui devaient nous animer lorsqu'il saura que nous avions le vent contraire ; qu'à cette époque le jour dure quelques heures seulement ; que la crevasse s'élargissait sans cesse, et enfin que la température était à 45° Fahrenheit. Par exception à la règle, la température remonta, il est vrai, le lendemain, à 35°, mais ce brusque changement fut accompagné d'une tempête pendant laquelle le vent soufflait par rafales avec une vitesse de quarante-cinq milles à l'heure, emportant avec lui des tourbillons épais d'une neige aveuglante que personne n'aurait bravé impunément. »

Le 22 février, jour anniversaire de la naissance de Franklin, on fit la toilette du navire : tous ses mâts furent pavoisés, absolument comme si nous nous fussions trouvés dans un port d'Amérique. Le drapeau national flottait à l'avant et au sommet du grand mât, tandis que le

Pendant que les hommes tentaient de repousser les blocs de glace, les chiens sautaient hors du chenal.

pavillon du commandant se déployait au sommet de la misaine.

Le relevé de nos sondes, pendant toute cette saison, nous donnait une moyenne de trente-trois brasses avec fond de boue.

Les glaces, que nous mesurâmes en plusieurs occasions, nous donnèrent 8 pieds comme épaisseur moyenne pour celle de l'année ; un glaçon qui venait de se détacher nous donna 10.

Ce fut dans le courant de février que nous eûmes la plus basse température que nous ayons éprouvée — 58° Fahrenheit. Du reste, la température était extrêmement variable pendant la journée.

Les mois de mars et d'avril se passèrent sans incidents bien remarquables. Nous fûmes cependant surpris de ne ressentir en mars aucune de ces rafales de vent, entremêlées de neige, qui sont si fréquentes à cette époque sous d'autres latitudes.

En avril, le naturaliste de l'expédition prit un moineau et une alouette des côtes. Nous nous attendions à voir des bandes d'oies et d'autres sauvagines à l'époque du passage du printemps, mais nous fûmes déçus dans cette espérance. Aucun de ces oiseaux ne se montra ; seul, un malheureux eider mâle vint tomber, épuisé, auprès du navire, où il fut pris.

« Le 1er mai, dit M. Newcomb, j'aperçus le premier goëland que nous vîmes cette année-là ; c'était une mouette tachetée, qui vint passer à quelque distance du vaisseau. Un peu plus tard je tuai plusieurs pingouins et quelques guillemots. J'en vis un plus grand nombre d'autres qui, tous, se dirigeaient vers l'ouest, ce qui me fit soupçonner l'existence d'une terre dans cette direction, où ces oiseaux allaient nicher. »

A cette époque, nous faisions de longues excursions sur la glace pendant lesquelles nous trouvions souvent quantité de coquilles de moules, et de la boue, ce qui indiquait évidemment que le banc de glace qui nous entraînait avait été en contact avec la terre, ou quelque basfond. Souvent aussi les chasseurs rapportaient de petits morceaux de bois ; l'un d'eux revint même un jour avec une tête de morue ; il avait aussi trouvé une substance ayant beaucoup d'analogie avec le blanc de baleine.

Le 3 mai, un vent frais se mit à souffler du sud-est, et le navire fut entraîné, d'un mouvement uniforme et rapide, vers le nord-ouest.

M. Collins nous prédit alors, et nous répéta à plusieurs reprises, que si les vents de cette direction continuaient à souffler jusqu'au commencement de juin, nous aurions, dans le courant de ce dernier mois, des vents du nord-ouest qui viendraient rétablir l'équilibre. Cette prédiction se confirma complètement, car, pendant le mois de juin, nous fîmes en sens inverse le chemin que nous avions parcouru en mai.

Il faisait assez jour au milieu de mai, à minuit, dans notre cabine, pour qu'on pût lire sans le secours des lampes.

Nous commençâmes les draguages le 1ᵉʳ juin, et nous ramenâmes, ce jour-là, du fond de l'eau, des astéries et un petit mollusque bivalve.

Le 4 juillet, jour anniversaire de la déclaration d'indépendance, *la Jeannette* prit de nouveau un air de fête, et tous ses mâts furent pavoisés comme le 22 février.

La neige avait fini de disparaître vers le milieu de juin, laissant de larges flaques d'eau à la surface de la plaine de glace qui nous entourait. Celle-ci avait alors une teinte bleu-verdâtre, et était devenue de la dureté du cristal. Aussi l'intervalle qui sépare la date du 15 juin de celle du 15 juillet était regardé, par beaucoup d'entre nous, comme le plus propice pour les excursions. Néanmoins ce point était fort controversé et des discussions interminables s'élevèrent à ce sujet entre les gens les plus experts en la matière, parmi lesquels il faut citer notre pilote de glace, M. Dunbar, qui avait fait de nombreux voyages dans les parages de la baie de Baffin.

Quoi qu'il en soit, nous eûmes, pendant la plus grande partie de l'été, un temps gris et brumeux. Heureusement nous n'avions pas le moindre souffle de vent, mais souvent l'humidité, le brouillard et le froid étaient tels que nous étions glacés jusqu'aux os. On eût dit que la glace, en se fondant, absorbait toute la chaleur du soleil. Nous ne pouvions, néanmoins, nous résoudre à faire du feu comme en hiver, dans la crainte de faire une trop large brèche à notre provision de charbon.

La glace était alors divisée par un nombre considérable de crevasses qui rayonnaient autour du navire ; mais aucune d'elles n'avait une direction assez définie, pour nous offrir quelque chance de trouver un passage.

En outre, *la Jeannette* était si solidement encastrée dans son glaçon, qu'une cargaison entière de matières explosibles n'eût produit aucun

effet appréciable pour la dégager. Cependant notre premier lieutenant, M. Chipp, qui avait été attaché au département des torpilles à
l'arsenal maritime, avait préparé plusieurs de ces engins pour s'en
servir si une occasion favorable pour délivrer le vaisseau s'était pré-
sentée. Malheureusement cette occasion ne se présenta jamais.

Pendant tout l'été, nous n'eûmes qu'une seule période de beau temps :
ce fut au mois de juillet; pendant une quinzaine de jours, le ciel resta
pur. La température était alors agréable, le thermomètre marquait
quelquefois 40′ (Fahr.), et nous trouvions qu'il faisait chaud. Les chiens
recherchaient l'ombre du navire pour se coucher à l'abri des rayons
du soleil.

Le 25 juillet, l'Indien Anequin tua un phoque barbu, le seul dont
nous ayons pu nous emparer pendant toute la durée de l'expédition ;
c'était un superbe spécimen de l'espèce ; sa peau nous fournit d'excellentes semelles pour nos mocassins, et sa chair une nourriture abondante et d'assez bon goût. On trouva dans son estomac des vers qui
avaient beaucoup d'analogie avec l'*Ascaris lombroïdes* de l'homme. Nos
collections d'histoire naturelle s'enrichirent aussi de quelques oiseaux
rares, tués par M. Collins et le lieutenant Chipp. On tua, en outre, un
nombre assez considérable d'autres oiseaux, particulièrement des phalaropes et des guillemots, lequels étaient toujours les bienvenus sur
notre table. D'ailleurs, pendant toute cette année-là, nous tuâmes encore suffisamment de gibier pour notre consommation et pour fournir
des vêtements de peau de phoque à tous les gens de l'équipage ; mais
pour cela il fallut que nos chasseurs parcourussent de vastes espaces,
car le gibier est fort rare dans les parages où nous nous trouvions,
comme dans toute cette région. Aussi que de fois n'eus-je pas l'occasion d'entendre critiquer les assertions de l'auteur du *The Threshold of
the Unknown Regions*, qui dépeint la partie de l'Océan Arctique au
nord de la Sibérie, comme regorgeant de gibier, et entrecoupée de
nombreuses *Polynias* navigables.

L'espèce de phoque que nous rencontrions le plus communément
était celle dénommée par Lamotte *Flock-Rat*, — le rat des glaces. —
C'est un animal d'une soixantaine de livres, donnant environ trente livres de chair nette. Celle-ci n'était rien moins qu'agréable au goût, et il
fallait être véritablement philosophe pour se résoudre à la manger

Cependant, rôtie et froide, elle est préférable. Sa peau servait aux matelots pour faire des bottes ou des pantalons. Il semble assez extraordinaire qu'on ait trouvé des débris fossiles de cette espèce dans les montagnes d'Écosse, comme l'affirme Lamotte.

Les walrus ou morses étaient beaucoup plus rares, et nous n'en pûmes tuer que six, car l'eau était trop profonde pour ces cétacés qui ne se hasardent guère sur des fonds de plus de quinze brasses. Ceux qui tombèrent en notre pouvoir fournirent une excellente nourriture pour nos chiens, et notre cuisinier chinois avait aussi un faible pour les sauces aux walrus.

« Quelques-uns de ces amphibies, dit M. Newcomb, présentaient cette particularité que l'une de leurs défenses, celle du côté gauche, est plus grosse et plus longue que celle du côté droit. En outre, les dents de la mâchoire supérieure étaient beaucoup plus usées que celles d'en bas. Je remarquai un de ces animaux dont la mâchoire inférieure était aussi beaucoup plus développée d'un côté. Jusqu'ici on a considéré, je crois, comme douteux que le walrus soit carnivore. Sans entrer dans aucune discussion à ce sujet, je dirai cependant que j'ai trouvé dans l'estomac d'un de ces animaux, tué par l'Indien Alexis, des morceaux de la peau d'un jeune phoque barbu. »

Parmi les espèces de gibier qui fournirent le plus de viande fraîche à l'équipage prisonnier, pendant la première année de sa détention, il faut citer l'ours polaire. Dans cette année-là, en effet, les gens de *la Jeannette* en tuèrent un plus grand nombre que pendant le reste du temps qu'ils demeurèrent dans l'Arctique. « Mais, dit le lieutenant Danenhower, la chair de cet animal, comme celle du phoque, ne constitue pas, quoi qu'on en dise, un mets exquis, et il faut être véritablement privé de toute autre espèce de chair fraîche pour se résoudre à en manger. Ce fut principalement au printemps que nos chasseurs furent heureux à la poursuite de ces animaux. En été, il était extrêmement difficile de s'en emparer, car dès qu'ils nous voyaient, lors même qu'ils étaient blessés, ils battaient immédiatement en retraite, et trouvaient toujours facilement un refuge dans les nombreuses crevasses qui sillonnaient la croûte de glace. Ils s'y jetaient à la nage et mettaient une barrière entre eux et ceux qui les poursuivaient.

« Pendant les temps brumeux et humides, ces animaux étaient beau-

coup plus audacieux et s'approchaient à une assez faible distance du
navire. Un jour même, une ourse, avec ses deux petits, s'aventura jusqu'à quatre cents mètres de celui-ci, du côté de tribord. Heureusement, les chiens, qui étaient logés du côté de babord, ne pouvaient l'é-
venter ; de sorte qu'une troupe de tireurs put s'organiser avec calme
sur la poupe. Pendant ce temps-là, je surveillais les trois animaux par
un sabord, d'où il m'était plus facile de les voir que du pont, où le
brouillard m'eût obstrué la vue. C'était un joli coup d'œil que cette
mère et ses deux petits s'avançant lentement et avec précaution, quoique, dans leur démarche, tout annonçât plutôt l'étonnement que la
crainte. Enfin, quand tout fut prêt, j'entendis le capitaine dire :

« — Croyez-vous qu'ils soient arrivés à deux cent cinquante mètres ?

« Sans doute la réponse fut affirmative, car, immédiatement après,
j'entendis de nouveau le capitaine ajouter :

« — Visez à deux cent cinquante mètres, et attention au commandement... feu !

« Une décharge de six coups de fusil succéda à ce commandement. Les ours chancelèrent et firent plusieurs tours sur eux-mêmes ;
et déjà je les voyais orner notre garde-manger ; mais j'eus la surprise
de les voir prendre leur course et s'enfuir au galop. Naturellement,
l'alerte donnée, les chiens se mirent à leur poursuite ; toutefois, les
ours avaient trop d'avance ; ils parvinrent à une crevasse où ils se
jetèrent à la nage et s'échappèrent. Cependant les gouttes de sang
qu'on trouva sur la glace prouvaient assez que toutes les balles n'a-
vaient pas été perdues. Au reste, l'ourse était tombée plusieurs fois.

« Il était curieux de la voir pendant sa fuite chasser ses deux oursons devant elle et manifester son impatience quand ils n'allaient pas
assez vite.

« En outre des animaux que je viens de citer, nous avions encore
dans la mer une autre source pour alimenter notre cuisine. Il est vrai,
les parages où nous nous trouvions étaient peu poissonneux ; mais, pendant la courte saison d'été de ces régions, nous prîmes assez fréquemment une espèce de morue longue seulement de six pouces.

« L'été fut naturellement l'époque des excursions, soit sur la glace,
soit en canot. Le capitaine affectionnait surtout ce genre de diver-
tissement qui, un jour, faillit lui être funeste. Il était parti seul,

dans le *Dingy*, sans emporter aucune arme, et suivait tranquillement les méandres formés par les crevasses de la glace, lorsque, tout à coup, il se trouva nez à nez avec un ours qu'il n'avait point aperçu au milieu du brouillard. Celui-ci était assis majestueusement sur le bord d'un glaçon et suivait tous ses mouvements. Naturellement le lieutenant de Long, en apercevant son vis-à-vis, s'empressa de changer de direction et de battre en retraite.

« Dans l'après-midi du 3 août, nous fûmes témoins d'un phénomène curieux ; le navire fut subitement enveloppé d'un brouillard noirâtre ayant une forte odeur de fumée. D'où provenait ce brouillard ? C'est là une question que je ne chercherai point à élucider ; je me bornerai donc à signaler le fait, laissant à d'autres le soin de l'expliquer.

« La migration annuelle des oiseaux commença les premiers jours de septembre. Ce furent principalement des phalaropes que nous vîmes à cette époque. Ordinairement ils étaient par bandes de six ou huit, mais ne s'arrêtaient que rarement dans notre voisinage. Presque toutes ces bandes allaient du nord-est au sud-ouest.

« Notre première année de détention touchait à sa fin, et l'expérience que nous venions de faire dans les parages où nous nous trouvions nous avait amenés à conclure que le mouvement général des glaces était dû principalement à la force des vents dont la résultante suivait une ligne allant du sud-est au nord-ouest. Nous étions même arrivés à émettre l'opinion que la région polaire était recouverte d'une immense calotte de glace animée d'un mouvement de rotation lent et général de gauche à droite autour d'un axe passant par le pôle et sur les bords de laquelle les glaces flottantes suivaient une direction qui variait avec les segments. Dans cette hypothèse, la Terre de Wrangell devait contrarier constamment le mouvement des glaces des segments nord et est, de sorte qu'il en résultait une lutte constante entre cette île et la solide phalange du nord-est.

« En outre, les millions d'hectares de glace qui, chaque année, comme on le sait, se pressent dans le canal Robeson, ou passent entre le Groënland et l'Islande, devaient se détacher, en vertu de la force centrifuge, de cette calotte de glace, qu'une des branches du Gulf-Stream vient attaquer sur les bords du Spitzberg en faisant ressentir son influence jusqu'au cap nord de l'Asie. Le mouvement général de cette

Au moment où le canot s'éloigna, trois hurrahs furent poussés !...

calotte doit être très lent, tandis que la vitesse des mouvements secondaires dépendait naturellement de la profondeur des eaux de l'Océan et du voisinage des terres. Près de l'ouverture de leurs déversoirs naturels, ces derniers devaient être très rapides.

« En outre de cette théorie du mouvement des glaces, j'avais encore une ample matière offerte à mes méditations. En effet, Melville, ayant analysé toutes les données qu'on pouvait tirer des rapports faits au bureau d'hydrographie et des ouvrages relatifs à l'Océan Arctique, marqua sur une carte circumpolaire les différents courants signalés par les navigateurs, aussi bien que ceux dont l'existence avait été mise en avant dans les théories soutenues par les grands géographes. Ces données furent pour nous un objet d'études constantes à la suite desquelles nous arrivâmes tous les deux à la conviction que, si le navire pouvait résister assez longtemps à la pression des glaces, il serait entraîné entre le Spitzberg et l'île de l'Ours, et débarquerait dans l'Océan Atlantique. Sans doute il lui faudrait remonter à une très haute latitude, dont le degré dépendrait toutefois de l'influence exercée par la Terre de François-Joseph sur le mouvement des glaces. Si celles-ci étaient entraînées au sud-est de cette terre, *la Jeannette* devrait y rencontrer un mouvement secondaire très rapide, dans la direction du sud-ouest, à cause de la barrière opposée aux glaces par cette terre ; si, au contraire, elles étaient entraînées au nord, la banquise aurait à incliner sa marche vers le pôle, et dans ce cas on atteindrait une très haute latitude, pourvu qu'il n'existât pas de continent polaire.

« Nous avions aussi envisagé l'hypothèse où nous serions entraînés le long de la côte occidentale de la Terre de Wrangel. Dans ce cas, nous entrevoyions la possibilité de nous dégager nous-mêmes.

« Suivant mon opinion, si nous étions entrés dans les glaces à deux cents milles plus à l'est, nous eussions été portés sur les côtes de la Terre du Prince-Patrick ; c'est, en effet, dans cette direction que Collinson trouva la plus grande profondeur. Il lui arriva même de ne pas trouver de fond avec une sonde de cent trente-trois brasses.

« La moindre profondeur que nous ayons rencontrée sur tout le parcours accompli pendant notre première année de dérive fut celle de dix-sept brasses, tandis que la plus grande ne dépassa pas soixante. Celle que nous avons rencontrée le plus fréquemment était celle de trente brasses avec un fond d'une uniformité extraordinaire, composé de boue bleuâtre, quelquefois d'argile, et de fragments d'une substance à laquelle nous attribuâmes une origine météorique. Ces fragments rappelaient, pour la forme et la couleur, de minces tranches de pommes de terre frites.

« Au commencement de septembre 1880, nous nous croyions presque certains d'être encore entraînés dans la direction du nord-ouest pendant tout le cours de l'année suivante. M. Dunbar nous avait appris, en effet, que les débris des baleiniers, détruits au nord du détroit de Behring, avaient été portés sur l'île Herald ; nous savions que le navire *Gratitude* avait été entraîné de ce côté : c'était donc là des indices de l'existence d'un courant dans cette direction. Il est vrai que nous n'en avions point d'autres preuves, à moins d'attribuer aux bancs et au bas-fonds qui existent dans le voisinage de l'île Herald la même origine qu'au grand banc de Terre-Neuve, lequel, comme on le sait, est formé de matières terreuses apportées par les glaces.

« Toutefois, nous ignorions l'influence que pouvaient exercer sur les courants de cette région le cap nord et les côtes qui l'avoisinent ; or, l'angle formé par ce cap peut en avoir une considérable.

« A ce moment, le navire était solidement encastré dans une nappe de glace d'environ huit pieds d'épaisseur ; d'énormes blocs s'étaient glissés sous la quille et la tenaient soulevée d'un degré environ à l'une de ses extrémités ; d'un autre côté, le navire tout entier était incliné à tribord de deux degrés environ ; mais il était si solidement maintenu dans cette position par son gigantesque étau, que chaque coup de marteau donné par le forgeron sur son enclume faisait vibrer tous les agrès. Il est vrai, ceux-ci étaient assez mal tendus, car au commencement de l'hiver précédent on avait eu soin de mollir toutes les manœuvres, et, sous l'action du froid, le fil de fer dont celles-ci étaient composées avait subi une contraction énorme. En outre, les glaçons s'étaient amoncelés autour du navire, où ils constituaient de véritables monticules ; de sorte qu'autour de nous régnait une barrière presque infranchissable, dont l'imagination aurait peine à se former une idée tant était grande la confusion de tous ces blocs superposés. On eût dit l'emblème du chaos.

« Un peu plus tard, les glaçons se ressoudèrent sous l'influence du

froid, et les excursions devinrent plus faciles, car il tomba relativement peu de neige, et quand il en tombait, elle était immédiatement
balayée par le vent. Mais, chose curieuse, cette neige, en passant sur
la glace, acquérait un tel degré de salure qu'il était impossible de s'en
servir pour la cuisine.

« Le temps était venu de préparer les quartiers d'hiver. Il fallait
s'apprêter à passer une seconde fois cette longue nuit de trois mois
que l'expérience de l'année précédente nous avait appris à considérer
comme la plus terrible de nos épreuves. Nous l'envisagions froide-
ment, mais non sans inquiétude. Nous savions, en effet, que, pendant
cette longue période de ténèbres, nous pouvions à tout instant être
jetés sur la glace et nous trouver sans asile, exposés aux rigueurs de
l'Océan Arctique. Le moral de tout le monde était excellent, mais,
pendant l'hiver précédent, nous avions pu remarquer une certaine
surexcitation d'esprit, qui ne laissait pas de nous préoccuper. Enfin,
nous savions que le capitaine était un partisan déclaré des excursions
d'automne; il avait manifesté, en outre, à plusieurs reprises, la ferme
résolution de ne pas abandonner son navire tant qu'il resterait une
livre de provisions à bord. Pour tous, c'était donc encore une année
entière qu'il nous faudrait passer au milieu des glaces.

« Telles étaient les couleurs assez sombres sous lesquelles l'avenir se
présentait à nous, lorsque nous commençâmes, pour la seconde fois,
nos préparatifs d'hivernage. »

CHAPITRE SEPTIÈME

Seconde année dans les glaces.

Le navire fut établi dans ses quartiers d'hiver dès le mois de septembre. Des remblais de neige furent élevés tout autour, et le quartier des matelots fut réinstallé sur ce pont que la tente couvrit dans toute sa longueur. On y comprit même le faux-pont. Économie et rationnement furent à l'ordre du jour pour les vivres et les vêtements aussi bien que pour le charbon. Toutefois, le règlement d'hiver, pour les repas, les heures d'exercice, etc., ne fut appliqué que le 1ᵉʳ novembre.

Malgré ce que nous venons de dire, l'été de 1881 avait été relativement calme, mais en octobre les glaces reprirent leur mouvement, et vers le milieu du mois la nappe se fendit de nouveau en une infinité de morceaux qui, s'empilant les uns sur les autres, formèrent des monticules dont les étreintes eussent été funestes pour tout navire qui se fût trouvé pris entre eux. Le thermomètre tomba à 46° vers le 15. Lorsqu'on marchait sur la neige, qui avait recommencé à tomber, elle résonnait sous les pieds, rendant un son métallique capable de couvrir celui de la voix.

« Lorsque la glace, dit M. Newcomb, venait de se rompre près de nous, vous entendiez un bruit sourd et prolongé, puis vous ressentiez une sorte de trépidation qui vous avertissait que quelque chose se passait sous vos pieds ; puis soudain la glace s'enfonçait avec le bruit d'un coup de canon. Bien que prévenu, ce bruit ne laissait jamais que de vous faire tressaillir. Mais le glaçon vous entraînait, et il n'était que temps pour vous de chercher asile sur un autre qui, souvent, vous réservait la même surprise. Maintes fois j'ai été acteur dans cette scène qui vous charme et vous attire. »

Novembre et décembre furent aussi extrêmement froids, bien que dans le premier la température subît de grandes variations , tombant à — 33° dans la première semaine pour se relever à + 8° vers la fin Au reste toutes les fois que la glace venait à se rompre, il se produisait un relèvement de la température produit par dégagement de chaleur qui se dégageait de la crevasse. Les plus basses températures coïncidaient toujours avec le temps clair. On observa plusieurs météores dans le courant de ce mois. Ces phénomènes avaient surtout de l'intérêt pour M. Collins, qui avait toujours quelque chose d'intéressant à nous dire à leur sujet, et cela avec ce charme de langage qui lui était propre.

Pendant le mois de décembre, le navire ressentit de nombreuses commotions et la pression des glaces devint terrible.

Le soleil nous était apparu par réfraction, pour la dernière fois, le 10 novembre ; le 11 il avait disparu.

Heureusement, pendant ces deux mois, nous n'eûmes à supporter aucune tempête violente.

Pendant le premier hiver, les observations météorologiques avaient été faites d'heure en heure. M. Collins y apportait un soin extrême, et ne perdait jamais une occasion de recueillir quelque donnée nouvelle, intéressante pour la science. Au reste , il était aidé dans ce travail par chacun des officiers, qui venait à son tour lui prêter son concours.

Les observations astronomiques furent d'abord confiées au lieutenant Danenhower ; mais lorsqu'il tomba malade, le capitaine et le lieutenant Chipp le remplacèrent. Ce dernier, qui était un électricien accompli, reprit, en outre, le programme donné par l'Institut smithsonien aux marins du *Polaris*, et s'attacha à étudier tous les phénomènes électriques, principalement les variations du galvanomètre pendant les aurores boréales. Il recueillit ainsi plus de deux mille observations, qu'il se proposait de soumettre, à son retour, à un spécialiste, afin de faire rectifier ses erreurs d'appréciation. Il remarqua que l'écart putatif de l'aiguille était toujours en raison directe de l'intensité d'éclat des aurores.

Il installa aussi des fils téléphoniques en dehors du navire, mais ceux-ci ne lui causèrent guère que des ennuis, car, à chaque instant, ils étaient brisés par le vent ou par le mouvement des glaces. Les téléphones du navire fonctionnaient, au contraire, d'une façon très régulière. Parmi ces observations astronomiques, il en fit sur les éclipses des satellites de Jupiter, qui lui fournirent d'excellentes données pour corriger les erreurs de nos chronomètres ; pour ce genre d'observation, il employait un télescope marin perfectionné, qu'il avait monté sur un baril. Il employa aussi, par la suite, un télescope de transit, monté de la même façon. Ces observations étaient bien préférables aux observations lunaires pour régler nos chronomètres.

Comme l'année précédente, le jour de Noël fut un jour de réjouissance pendant lequel les hommes de l'équipage nous donnèrent une charmante soirée, dans la cabane du pont. Bouquets et bouquetières, rien n'y manquait. « Les bouquets, dont un se trouve en ce moment sous mes yeux, dit M. Newcomb, à qui nous empruntons tout le récit de cette fête, étaient faits avec du papier vert et du papier violet, et le matelot Johnson vint nous les offrir en adressant à chacun un de ses plus gracieux sourires. Pauvre camarade ! il est aujourd'hui disparu. C'était un brave garçon et un matelot d'élite. De tous ceux qui, cette nuit-là, prirent part à la représentation comme acteurs, neuf sont parmi les manquants.

« Voici le programme de cette représentation :

MINSTRELS DE *LA JEANNETTE*

PROGRAMME

Première Partie.

Ouverture exécutée par la troupe tout entière.

The Slave...	SWEETMAN.
Nelly Gray...	WILSON.
Wath should make you sad?.............................	G.-W. Boyd.
The spanish cavalier.......................................	E. STAR.
Our Boys...	H. WARREN.

Deuxième Partie.

Le grand Ah Sam et Long Sing donneront une de leurs étonnantes représentations tragiques.

Solo d'accordéon, par le célèbre M. Dressler.

Chants sérieux-comiques, par M. Wilson.

Rentrée d'Alexis et d'Anequin.

Solo de violon, Knack.

La lanterne magique, Sweetman.

Pour finir, la pièce populaire des DEUX FRÈRES SIAMOIS.

PERSONNAGES :

Le professeur.. M. Boyd.

Agent, amoureux de la fille du professeur................. H.-W. Leach.

La fille du professeur .... W. Shawell.

Les deux frères siamois.................... P.-L. Johnson et H. Warren.

FINAL.

The Star Spangled Banner, par la troupe tout entière.
La veille de Noël 1880.

« Le vendredi soir, 31 décembre, nous eûmes une nouvelle repré·sentation, la dernière donnée par les hommes de l'équipage, à l'ouverture de laquelle M. Collins lut un long prologue, aux applaudissements de toute l'assemblée. »

Le mois de janvier fut remarquable à cause de ses variations de température ; au reste, il fut plus doux que les deux précédents. Vers le 15, le vent se fixa au sud-est et nous fit dériver vers le nord-ouest. La profondeur de la mer augmentait graduellement à mesure que nous avancions dans cette direction, tandis qu'elle diminuait dans toutes les autres. Dans sa marche forcée, le navire suivait donc une espèce de chenal. Celui-ci reçut le nom de canal de Melville, car notre ingénieur fut le premier à signaler son existence. Chaque matin, le lieutenant Chipp faisait des sondages qui, au bout d'un certain laps de temps, nous permirent de juger, à l'estime, de notre direction, avec une précision telle que nos supputations se trouvaient correspondre exactement avec les calculs basés sur les observations. Pour mieux préciser la vitesse du mouvement qui nous emportait, le lieutenant avait établi une échelle graduée d'après l'espace parcouru dans la journée : un mouvement lent correspondait à trois milles ; un mouvement modéré, à six ; un mouvement rapide, à douze. Avant de faire une observation, M. Chipp tenait toujours compte de la direction et de la rapidité du courant ainsi que de la position du navire. D'ailleurs, son jugement était excellent.

Février fut le mois le plus froid cette année-là. La moyenne de température établie pour les trois mois précédents ne fut que de six degrés plus basse que celle des trois mois correspondants de l'année 1880. Nos sondages continuaient à être de trente-trois brasses. Cependant un matin M. Dunbar signala quarante-quatre brasses. Cet endroit fut désigné sous le nom de trou Dunbar. Au reste, nous devions y revenir un peu plus tard.

Ce fut le 15 février que nous revîmes le soleil pour la première fois, et son apparition fut saluée par plusieurs salves de *cheers*. Nous dérivions alors rapidement vers le nord-ouest, et la neige s'était tellement accumulée autour du navire qu'à cinquante ou soixante mètres on ne voyait plus que la cheminée et les épars. Le glaçon au milieu duquel nous étions emprisonnés avait considérablement perdu de son étendue ; on eût dit que *la Jeannette* était dans son dernier dock. Mais à ceux qui prétendent qu'un navire court peu de dangers dans l'Océan Arctique, on pourrait répondre : « On voit que vous n'y êtes jamais allé, car un navire pris dans les glaces est comme celui qui se trouve sous un feu roulant. »

Le commencement du printemps n'offrit aucun incident digne d'être noté. Ce ne fut que le 6 avril que nous vîmes le premier guillemot de l'année ; néanmoins, pendant ce mois, nous aperçûmes un plus grand nombre d'oiseaux que nous n'en avions remarqué l'année précédente à pareille époque. Nous distinguâmes même parmi eux quelques espèces nouvelles. Cependant les êtres animés étaient rares et tous les hommes durent partir à la chasse quand le docteur demanda des vivres frais pour l'Indien Alexis. Celui-ci était, paraît-il, menacé du scorbut, et souffrait d'abcès qu'il avait aux jambes. Du reste, la santé générale de l'équipage faiblissait à vue d'œil. A la visite réglementaire du premier mai, le docteur Ambler dut porter six ou sept hommes sur la liste des malades et les mettre au régime du whisky et de la quinine. La saison était bonne, cependant, et nous n'avions éprouvé aucune des tempêtes si fréquentes au printemps. Toutefois, quand je dis que la saison était bonne, il faut entendre aussi bonne qu'elle pouvait l'être dans l'Océan Arctique.

Enfin, le 18 mai, le vieux pilote Dunbar qui, depuis le commencement du mois, se tenait dans les hunes, cherchant avec opiniâtreté à
découvrir la terre, parvint à en découvrir une au sud-ouest. La joie
causée à bord par cette découverte fut indescriptible, car nous n'avions
vu aucune terre depuis de longs mois, et, depuis deux ans, le pied d'aucun de nous n'en avait foulé le sol. « Bien que le voisinage de cette
terre dût rendre notre position plus critique encore, dit M. Newcomb,
à cause de la rupture des glaces qui, à chaque instant, pouvait être
fatale au navire, je ne pus cependant me défendre d'un certain sentiment de sécurité, comme si sa proximité seule suffisait à assurer
notre sûreté. »

Ce qui va suivre est extrait du livre de loch tenu jour par jour, à
bord de *la Jeannette*, par le capitaine de Long. Nous pourrons ainsi
combler une lacune qui existe dans la narration du lieutenant Danenhower à qui l'état de ses yeux ne permettait pas de suivre le cours
rapide des événements survenus jusqu'à la date fatale du 12 juin, jour
où *la Jeannette* sombra.

Avant de citer ces extraits, M. Jackson nous fait remarquer que le
capitaine de Long, après avoir franchi le 180° méridien, a négligé
d'avancer les dates d'un jour, comme il aurait dû le faire, dans la per-
suasion où il était que, tôt ou tard, il serait, comme les navigateurs qui
l'ont précédé dans ces latitudes, forcé de repasser ce méridien et
entraîné dans la direction du nord-est. « C'est pourquoi, dit M. Jackson,
je donnerai les dates réelles afin de marquer la position géographique
de *la Jeannette*. En outre, ajoute-t-il, j'emprunterai au livre de loch,
non seulement le rapport officiel sur la découverte des îles, mais je le
citerai jusqu'à la dernière page où se trouve une note écrite au crayon,
de la main du lieutenant de Long. »

EXTRAITS DU LIVRE DE LOCH

Loch du steamer arctique américain *la Jeannette*, tel qu'il a été tenu
pendant que ce navire était emprisonné au milieu des glaces, et s'en
allait à la dérive jusqu'à cinq cents milles au nord-ouest de l'île Herald,
dans l'Océan Arctique.

Mardi, 17 mai 1881, midi. — Latitude par observation directe :

60° 43′ 20″ nord, 161° 53′ 45″ est, par observation chronométrique faite dans l'après-midi ; sonde : 43 brasses ; fond vaseux. La ligne à plomb indique un faible courant au nord-ouest. Temps sombre et gris dans la matinée ; clair et agréable dans l'après-midi. A sept heures du soir, le pilote Dunbar signale du haut du mât une terre portant au sud 78° 45′ ouest (magnétique) ou 83° 15′ ouest (vrai). Cette terre semble être une île, et la partie qui est visible pour nous a la forme indiquée dans les gravures jointes au présent livre.

Le rideau de brouillard qui en couvre une partie et s'étend au nord empêche d'en voir toute l'étendue. Cette île est également visible du pont ; mais il est impossible d'en estimer la distance.

Aucune terre n'étant marquée sur nos cartes dans ces parages, nous supposons qu'il nous est permis de la considérer comme une nouvelle terre. Quoi qu'il en soit, c'est la première que nous voyons depuis le 24 mars, jour où nous avons aperçu pour la dernière fois la côte de la Terre de Wrangell.

Mercredi, 18 mai 1881. — 76° 43′ 38″ latitude nord ; 161° 42′ 30″ longitude est.

La terre découverte hier est restée en vue pendant toute la journée, d'une façon bien plus distincte. Nous pouvons aujourd'hui en déterminer la forme avec une grande exactitude.

Les nuages d'hier, ou le banc de brouillard, pour me servir de l'expression employée par les matelots pour les désigner, étant disparus de la partie supérieure de l'île, nous pouvons y distinguer des pointes rocheuses dont les flancs sont couverts de neige qui s'étendent derrière, dans la direction de l'ouest, et se terminent en une masse conique qui simule le sommet d'un volcan.

Jeudi, 19 mai 1881. — 76° 44′ 50″ latitude nord ; 161° 30′ 45″ longitude est.

Des matelots chargés de faire un trou dans la glace du côté de babord sont arrivés à dix pieds deux pouces de profondeur sans atteindre la face inférieure de la croûte glacée. Ayant recommencé un autre trou, ils l'ont poussé jusqu'à quatre pieds ; puis, se servant d'une vrille, ils ont atteint deux pieds deux pouces plus bas, soit, en tout, quatorze pieds deux pouces, sans arriver à la surface liquide. L'eau suintant à travers la glace et s'amassant au fond du trou, ils n'ont pas cherché à pénétrer plus avant. Toutefois, il y a lieu de supposer que la nappe de glace avait plus d'une épaisseur en cet endroit, et que des glaçons s'y trouvaient superposés ; d'ailleurs, le suintement de l'eau semble corroborer cette opinion.

La nappe de glace s'est entr'ouverte à cinq cents mètres environ, à l'est du navire, mais s'est refermée en partie vers dix heures du soir. Au moment où les bords de la glace se sont rejoints, le navire a ressenti plusieurs secousses assez légères.

Nous avons eu l'île complètement en vue pendant toute la journée. Vers six heures du soir, nous avons, à plusieurs reprises, entrevu, mais d'une façon distincte, une terre élevée à l'ouest de la première, avec laquelle elle semblait reliée par une pente neigeuse.

Le centre de la terre, que nous avons reconnu être une île, porte maintenant à l'ouest (vrai) ; mais comme aujourd'hui nous n'avons pu faire une observation, il nous est impossible de déterminer sa position ni sa distance par rapport à nous.

Samedi, 22 mai. — 76°52′22″ latitude nord ; 164°7′45″ longitude est. — Le point de l'île qui, le 16, portait nord 82°15′ ouest (vrai), gît aujourd'hui sud 78°30′ ouest (vrai), d'où on peut conclure que cette terre se trouve de 24 à 35 milles de nous. La position du point observé est, par conséquent, 76°47′20″ latitude nord et 159°10′45″ longitude est.

D'après nos observations, faites à l'aide du sextant, il se trouve que l'île, telle que nous la voyons aujourd'hui, sous-tend un angle de 2°10′.

Du 21 au 23 mai, le livre de loch ne fait aucune mention de l'île.

Mercredi, 25 mai. — 70°16′3″ latitude nord ; 159°33′30″ longitude est. — Ce matin, à huit heures, nous avons observé de nombreuses crevasses qui s'étendent à perte de vue entre les glaçons ; les unes communiquent et s'embranchent les unes avec les autres, tandis que d'autres sont simples ; mais leur direction générale est nord-ouest. En traînant, de temps en temps, les canots sur la glace, on aurait pu s'éloigner de plusieurs milles du navire ; mais aucune de ces solutions de continuité n'était suffisamment large pour livrer passage à ce dernier.

Nous ne nous étions pas trompés en signalant l'existence d'une terre à l'ouest ; celle-ci existe en réalité au point indiqué.

Comme pour la première, nous nous croyons fondés à la considérer comme une nouvelle terre. C'est une île également, mais dont on ne peut encore déterminer l'étendue ni l'éloignement.

Voici les relèvements que nous en avons pris :

Mât du navire (ship s. head), sud 14° ouest (vrai).

Extrémité orientale de l'île découverte le 17 courant, sud 17° ouest (vrai).

Point le plus rapproché de l'île aperçue aujourd'hui, sud 69° 30′ ouest (vrai),

Le sextant nous a donné les angles suivants :

La première île sous-tend un angle de 2° 42′ ; son altitude est de 0° 19′.

L'intervalle qui sépare ces deux île couvre un angle de 49° 35′.

Mardi, 31 mai. — Pas d'observations. — L'équipage est occupé à creuser une tranchée autour du navire, et, à partir de quatre heures du soir, s'est mis à monter des vivres et à faire tous les préparatifs pour une expédition en traîneau, qui doit quitter le navire demain matin.

Mercredi, 1ᵉʳ juin. — Pas d'observations. — A neuf heures du matin, un parti, composé de l'aide-ingénieur Melville, de M. Dunbar, des matelots W. F. C. Finderman et H. H. Erickson, du chauffeur de première classe Bartlett et de Valter Shawel, s'est mis en route pour essayer d'aborder sur l'île que nous avons découverte le 25, qui se trouve actuellement au sud-ouest, un demi-ouest (vrai), à une distance approximative de douze milles. Ce parti emporte avec lui le *Dingy*, solidement attaché sur un traîneau attelé de quinze chiens, avec des vivres pour sept jours, des havre-sacs, des sacs pour dormir et enfin des armes.

Au départ des explorateurs, tout l'équipage était assemblé sur la glace. Le traîneau s'est mis en marche au milieu d'une triple salve de « Cheers ». A six heures du soir, on pouvait encore apercevoir la petite troupe à cinq milles du navire.

Jeudi, 2 juin. — 77° 16′ 14′ latitude nord. — On voit encore les voyageurs du haut des mâts ; ils semblent arrivés à moitié chemin de l'île.

Samedi, 4 juin. — 77° 12′ 55″ latitude nord; 158° 11′ 45′ longitude est. — L'apparence crevassée de la glace à l'avant du navire semble indiquer que celui-ci tend à se relever de son ber. Pour faciliter son exhaussement et pour le soulager de la pression exercée sur la quille et sous l'hélice, l'équipage a passé toute la journée à creuser la glace sous les voûtes d'arcasses et dans le voisinage du propulseur.

La glace avait la dureté du cristal de roche et adhérait si fortement contre les parois du navire, qu'elle portait, imprimée en creux, l'empreinte des plus petites inégalités du bois. Le grain de celui-ci et les fils de l'étoupe y étaient visibles sur les parties du glaçon dont la coque avait pu se détacher dans son mouvement ascensionnel.

Les relèvements de l'île que nos explorateurs sont allés visiter fournissent les indications suivantes : extrémité sud S. 52° ouest vrai ; extrémité septentrionale sud 51° ouest vrai.

Dimanche, 5 juin. — Pas d'observations. — A 11 heures du matin, un feu a été allumé sur l'avant. On y a jeté force goudron et étoupes, afin d'obtenir une fumée épaisse et noire. C'était le signal convenu avec Melville pour lui indiquer notre position. A 4 heures, une brume épaisse s'étant élevée, nous avons tiré un premier coup de canon avec une pièce ordinaire ; un second lui a succédé, mais avec le canon destiné à la pêche de la baleine. Pendant ce temps-là, nos charpentiers travaillaient activement à réparer la chaloupe à vapeur.

Lundi, 6 juin. — Pas d'observations. — L'équipage est assemblé pour la revue et la lecture du règlement. L'officier commandant passe ensuite l'inspection du navire. A 1 heure, célébration du service divin dans la cabine. A 6 heures, Melville et sa troupe sont en vue ; ils reviennent vers le navire. Aussitôt, la garde de tribord reçoit l'ordre de se porter au-devant d'eux. A 9 heures, Ninderman, Erickson et Bartlett arrivent le long des flancs du navire, ramenant le pilote Dunbar, qui a été frappé de cécité complète par la réverbération de la lumière sur la glace. Le traîneau les accompagne. Melville et Shawell arrivent à leur tour à 10 heures 20.

Arrivés à cette date, nous quitterons pour un instant le livre de loch, afin de conserver, autant qu'il nous est possible, aux événements, leur ordre chronologique, et de donner quelques détails plus circonstanciés sur les deux îles que venait de découvrir l'équipage de *la Jeannette*.

On ne chercha point à aborder sur la première, mais néanmoins sa position astronomique put et fut sans doute déterminée d'une façon exacte, grâce aux données dont se servit le capitaine de Long. Pour faire cette détermination, il eut recours à la triangulation, opérant sur une base établie par observation sur une longue ligne, comprenant le chemin parcouru pendant plusieurs jours d'une marche rapide. Il avait fixé les extrémités de cette ligne de base au moyen de l'horizon artificiel et du sextant.

« Au moment de la découverte de cette île, dit le lieutenant Danenhower, j'étais confiné dans ma cabine, mais toutes les nouvelles m'étaient apportées par Dunbar, Melville, Chipp, qui entraient dans des détails tellement circonstanciés que je pouvais presque me représenter cette terre aussi fidèlement que si je l'avais vue. C'est ainsi que j'appris qu'elle était rocheuse et de peu d'étendue, qu'au prime abord elle avait paru très élevée dans sa partie méridionale, et s'en allant en pente douce vers le nord; mais que, les jours suivants, on avait observé des montagnes derrière cette déclivité, et l'on avait été porté à lui accorder une surface plus grande qu'on ne l'avait supposé. On prit des profils de cette île, des diverses positions où l'on se trouva par rapport à elle; mais c'eût été un acte de folle témérité d'y tenter une descente, car le navire était à ce moment entraîné avec rapidité dans la direction du nord-ouest. En outre, la nappe de glace qui nous retenait prisonniers changeait d'aspect à chaque instant.

« La deuxième île découverte quelques jours plus tard semblait plus vaste, et on eût dit que le courant qui emportait le navire était ralenti par son extrémité septentrionale. A cette époque, le lieutenant Chipp, le Dʳ Newcomb et plusieurs matelots étaient malades et couchés à la suite d'indispositions qu'on sut plus tard avoir été causées par des sels de plomb contenus dans certaines de nos conserves. Pour moi, j'étais toujours dans le même état.

« C'est pour cette raison que Melville eut la bonne fortune de visiter le premier l'île qui a reçu le nom d'île Henrietta, et d'y planter le drapeau américain, mission dont il s'acquitta, d'ailleurs, avec beaucoup de bonheur. Au moment du départ, le capitaine évaluait approximativement à douze milles la distance entre le navire et la côte, mais le mauvais temps l'avait empêché de la mesurer. Ce trajet fut aussi pénible qu'on

Semelle ou ancre de guide-rope employée par Melville.

peut l'imaginer; Melville et ses compagnons eurent à faire l'escalade
d'énormes monticules de blocs de glace, toujours en mouvement, pour
laquelle les chiens du traîneau leur étaient non seulement inutiles, mais
nuisibles. Aussi, en arrivant à terre, étaient-ils épuisés de fatigue, ce qui
décida Melville à donner l'ordre à sa troupe de s'arrêter après une
courte excursion, et de se coucher pour dormir. Son intention était de
se reposer jusqu'à dix heures le lendemain matin; mais, surexcité
sans doute par l'inquiétude, il se réveilla; sa montre marquait sept
heures, — sept heures du soir vraisemblablement. — Sans plus tarder,
il éveilla ses compagnons. Ceux-ci admirent de confiance qu'ils
avaient passé douze heures dans leurs sacs, quoiqu'à la vérité le
temps leur avait semblé bien court. On se remit donc en marche pour
visiter l'île dans laquelle on remarqua deux montagnes, qui reçurent,
l'une le nom de mont Sylvie, du nom de la fille du capitaine, et l'autre celui du mont Chipp, en l'honneur de notre premier lieutenant.
Divers autres points furent encore baptisés, ainsi deux promontoires
furent dédiés à M. Bennett, une pointe basse reçut le nom de pointe
Dunbar, et enfin un cap élevé d'environ 1.200 mètres, et complètement dénudé, rappellera aux générations futures l'infirmité dont est
affligé M. Melville, duquel il a reçu le nom. Toutes ces dénomina-
tions ont été choisies par les matelots, et, dans la suite, elles ont été
scrupuleusement respectées.

« Avant de quitter l'île Henrietta, Melville construisit un cairn sous
lequel il déposa une boîte de cuivre contenant quelques numéros du
Herald apportés de New-York par M. Collins, et un cylindre du même
métal renfermant les documents d'usage, plus une lettre du capitaine,
dans laquelle celui-ci manifestait sa résolution de rester sur *la Jeannette* jusqu'au dernier moment, et exprimait l'espoir d'arriver à de
hautes latitudes.

« Pendant le trajet du navire à la côte, Dunbar s'était tenu constamment en avant des autres pour explorer la glace et chercher
le meilleur chemin; mais il s'était tellement fatigué les yeux à cet
exercice pénible, que ceux-ci lui refusèrent tout service; il fut même
frappé d'une cécité complète. Cet accident affecta tellement ce vieux
loup de mer, à qui les forces physiques n'avaient jamais fait défaut,
que, dans son découragement, il supplia Melville de l'abandonner, ce

que celui-ci, naturellement, se garda de faire. Le reste de la petite troupe supporta sans se plaindre les fatigues de cette excursion. D'ailleurs, je dois dire que ces hommes étaient l'élite de l'équipage.

« Pendant l'absence de Melville, la terre nous parut un moment si rapprochée de nous, que Markham Lee me dit : « Mais je veux y aller « et en revenir avant dîner. » Ce jour-là, je montai sur le pont et pus juger, de mes propres yeux, que l'île se trouvait encore à vingt ou trente milles ; aussi je conseillai à Lee de renoncer à son projet. Melville, que je consultai après son retour sur la distance qu'il avait parcourue, me déclara qu'il ne pouvait l'évaluer à dix milles près ; mais cependant qu'elle devait varier entre dix-huit milles au minimum et vingt-huit au maximum. Au reste, la route qu'il avait suivie en revenant était tout autre que celle qu'il avait parcourue en allant, car *la Jeannette*, toujours emportée par les glaces, s'était rapprochée de l'île. J'obtins encore de sa bouche quelques détails sur la configuration de celle-ci et sur ses productions :

« L'île Henrietta, me dit-il, est élevée et rocheuse, et certains points peuvent atteindre 2 à 3.000 mètres d'altitude. Elle est couverte, dans toute son étendue, d'une couche de neige et de glace qui atteint, dans certains endroits, de cinquante à cent pieds d'épaisseur. Elle possède, en outre, trois glaciers, dont deux petits à l'est, et un très vaste au nord, qui s'étend jusqu'au point où nous avons débarqué, d'où il offre à l'œil un spectacle majestueux et grandiose. Près de la côte, sous le le cap de Melville, la mer présente dix-huit brasses de profondeur, et la éôte est taillée à pic. En fait d'animaux, nous n'avons pas aperçu un seul mammifère, phoque ou autre, et nous n'avons pas rencontré la moindre trace d'ours. Les oiseaux y sont principalement représentés par une multitude de pingouins et de guillemots, qui trouvent un asile sûr pour leurs nids sur les promontoires de Bennett. Shawell y tua plusieurs individus de la dernière espèce, et Bartlett y découvrit une multitude de nids et d'œufs, mais tous placés dans des endroits inaccessibles. Quant au règne végétal, le nombre des espèces que nous y avons rencontrées se réduit à cinq : deux petites mousses, deux beaux lichens et une graminée. On ne trouve pas même de bois flotté sur la côte. »

M. Newcomb nous rapporte que, pendant les quelques jours passés dans le voisinage de l'île Henrietta, il avait observé que le nombre des guillemots s'était accru dans une notable proportion. Ces oiseaux, poussés sans doute par la curiosité, venaient tournoyer autour du navire. « Je remarquai, dit-il, que chaque matin ils se dirigeaient vers le nord-est, d'où ils revenaient le soir. Supposant qu'ils y allaient pour chercher leur nourriture, je voulus m'en convaincre, et quelques jours après j'eus l'occasion de vérifier le fait, car, en ayant tué quelques-uns, je trouvai leur estomac rempli de débris de crustacés et de morceaux d'un petit poisson (*G. Gracilis*). Dans une circonstance, je vis même un guillemot plonger dans les flots laissés à découvert par une crevasse de la glace, et revenir à la surface avec un de ces poissons dans son bec ; il se mit aussitôt en devoir de le tuer en le frappant contre la surface de l'eau ; mais je ne sais s'il l'avala tout d'un coup, car, effrayé de ma présence, il s'envola presque aussitôt. Le jour du départ de Melville pour l'île Henrietta, je tuai aussi un bruant (*P. Nivalis*) adulte. J'avais déjà remarqué cette espèce, mais sans pouvoir me la procurer. »

Après le retour des explorateurs, la glace qui nous environnait se rompit dans toutes les directions. Les crevasses qui se formèrent alors et la proximité de la terre rendirent nos chasses plus fructueuses, et je fus très heureux dans quelques-unes de mes excursions. Ce fut, à un autre point de vue, une heureuse circonstance, car nous pûmes nous procurer des vivres frais, dont nous avions grand besoin.

CHAPITRE HUITIÈME

Perte de « la Jeannette ».

La Jeannette se trouve libre au milieu des glaces. — Moment d'espoir. — Les glaces se rapprochent. — Horrible pression. — *La Jeannette* s'incline sous la pression. — Plus d'espoir de la relever. — On l'abandonne définitivement. — Le capitaine reste seul près d'elle. — Elle sombre. — Fragment du journal de de Long. — Position de *la Jeannette* la veille de la catastrophe. — Premières étreintes. — *La Jeannette* menace de se séparer en deux sous l'effort d'une nouvelle poussée. — Moment de répit. — La pression redouble. — L'eau pénètre à travers la soute à charbon de tribord. — L'eau gagne le faux-pont. — Le navire est abandonné. — Etat des provisions sauvées. — La première nuit sur la glace. — Préparatifs de la retraite. — Ordre du jour. — Ordre de marche. — Le départ est fixé au samedi 18 juin.

Comme la glace contournait avec une grande rapidité la pointe de l'île Henrietta, le retour de Melville et des siens fut salué avec joie, car on n'était pas sans inquiétude pour eux. Pendant ce temps-là, MM. Collins et Newcomb étaient occupés à prendre des vues de la terre à l'ouest des promontoires Bennett, à mesure qu'elle se présentait sous un nouvel aspect, car le navire s'en éloignait rapidement. Mais revenons au livre de loch du capitaine de Long :

Mardi, 7 juin 1881. — 77° 11′ 10″ latitude nord. Pas d'observations de longitude.

En prévision de la rupture définitive de notre glaçon et dans la crainte de nous voir lancés dans le chaos de glace qui nous environnait de toute part, notre chaloupe à vapeur, nos kayaks et nos oomaks ont été hissés à bord, où nous avons aussi rapporté tous les objets restés autour du navire, que nous n'aurions pu enlever assez vite dans un moment de crise.

Mercredi, 8 juin. — Pas d'observations.

Le brouillard a été si intense ce matin jusqu'à 10 heures, qu'il nous a été impossible de déterminer notre position par rapport à l'île Henrietta ; mais une éclaircie s'étant produite, nous l'avons aperçue juste en face de nous, à quatre milles de distance. Comme je l'ai dit hier, nous étions entraînés juste dans le travers de la pointe septentrionale de l'île.

Les larges crevasses que nous voyons autour de nous se sont refermées, et la glace ne représente plus à nos yeux, de l'ouest au nord-ouest, qu'une immense surface interrompue çà et là par de gros monticules de glaçons, mais sans une flaque d'eau libre.

Au sud-ouest on découvre au contraire un espace libre. Quelques crevasses allant dans cette direction ne sont pas encore refermées. Au delà de la pointe de l'île Henrietta, qui lui barrait le passage, la nappe de glace s'est reformée, et reprend sa marche accoutumée dans la direction du nord-ouest.

Vendredi, 10 juin. — 77° 14′ 20″ latitude nord, 156° 7′ 30″ longitude est. Arrière 13° 30′ ouest (vrai).

A 11 heures du soir, le navire a reçu plusieurs chocs violents ; à 11 heures 1/2 la glace s'est rompue à 80 mètres du navire dans la direction de l'ouest, laissant une ouverture d'une dizaine de pieds de largeur. Plusieurs nouvelles secousses se sont fait sentir, et la quille s'est trouvée élevée d'un pouce. A minuit, un mouvement très accentué des glaces s'est produit : c'est un signe précurseur de la débâcle.

Samedi 11 juin. — 77° 13′ 45″ latitude nord, 155° 46′ 30″ longitude est.

A minuit 10 minutes, la glace s'est entr'ouverte subitement le long des flancs du navire, et celui-ci s'est trouvé à flot. Tout l'équipage a été appelé sur le pont et s'est empressé de sauver les quelques objets restés sur la glace. *La Jeannette* a repris à peu près sa contenance habituelle : son tirant d'eau restant de 8 pieds 11 pouces à l'avant et de 12 pieds 5 pouces à l'arrière. Cependant on peut remarquer un énorme bloc de glace resté attaché sous la quille. A la première alerte le sabord du fronteau de l'avant a été fermé, mais on remarque que l'eau diminue dans le navire, un simple filet d'eau qui s'infiltre à l'arrière est la seule trace qui reste de la voie d'eau.

Autour de nous existent de vastes nappes d'eau et la glace semble très divisée. On a remonté le gouvernail pour le cas où nous pourrions changer de place. Cette opération nous a donné quelque travail, car il fallait enlever la glace accumulée autour des tourillons ; mais enfin elle a réussi et nous sommes prêts à nous mouvoir.

Autant qu'on en peut juger, l'arrière du navire n'a aucune avarie sous les voûtes d'arcasses. Une ligne de bossoir et une ligne de quart ont été jetés, aussitôt qu'on a pu le faire, pour amarrer le navire aux glaces qui se trouvent encore à tribord et le maintenir autant que possible dans son ber. En inspectant la coque le long de l'arrière du côté de babord, on a remarqué qu'une des estropes en fer a été brisée, mais c'est la seule avarie que nous ayons observée ; j'en conclus que l'énorme masse de glace qui pesait sur l'arrière avait écarté l'extrémité des planches du gabord, mais que celles-ci avaient repris d'elles-mêmes leur position dès qu'elles avaient été libres, aveuglant ainsi la voie d'eau, dont il ne restait presque pas de traces. Le niveau de l'eau se trouvant actuellement au-dessous de la ligne de flottaison, on ne peut prévoir aucune difficulté pour maintenir le navire à flot et le conduire dans quelque port anssitôt qu'il sera sorti de la banquise.

La sonde donne trente-trois brasses, fond de vase, et révèle un courant rapide dans la direction du nord-ouest.

George W. DE LONG,

Lieutenant de la marine des États-Unis, commandant.

Ici se terminent les notes inscrites sur le livre de loch par le commandant de Long. Au reste, l'heure du dénoûment approchait. Nous allons donc reprendre notre récit sur les renseignements fournis par le lieutenant Danenhower, jusqu'à ce que nous puissions le faire dans le journal de de Long lui-même.

Nous arrivions au moment solennel où *la Jeannette*, délivrée des étreintes de son étau cyclopéen, allait se trouver abandonnée à elle-même dans un milieu cent fois plus périlleux encore que son berceau de glace. Impossible à elle, en effet, de se frayer un passage à travers cette multitude de glaçons que nous voyions passer près de nous, se heurter et voler en éclats. Si sa mauvaise fortune eût voulu qu'elle se trouvât prise entre deux de ces énormes blocs de glace au moment de leur rencontre, elle eût été brisée, comme un joujou de verre, dans une collision entre deux trains.

Ce fut le 11 au matin qu'elle se trouva subitement délivrée ; je la sentis vibrer tout entière, comme si elle eût glissé sur le flanc d'une

montagne, et sur le patin qui avait servi à la mettre à flot. Au bruit
insolite qui se produisit alors, je sentis un frisson parcourir tout mon
être ; mais, au bout de quelques secondes, reprenant possession de
moi-même, je sautai à bas de mon cadre et m'habillai pour monter
sur le pont. En arrivant, je vis que *la Jeannette* flottait tranquillement
à la surface des flots bleus. Elle était donc enfin débarrassée de ses
entraves, après vingt et un mois de détention. Un fait important à
constater, c'est que, pendant ce laps de temps, nous avions parcouru
une aire immense de l'Océan, où nous décrivions quelquefois des cercles presque parfaits. Il nous était donc permis d'affirmer qu'il n'existe
aucune terre sur toute la surface de cette aire. Nous avions, en outre,
fait des sondages répétés pour déterminer la profondeur et la nature
du fond de l'Océan. Les courants avaient aussi été l'objet de nos
études constantes, nous n'avions pas non plus oublié les êtres vivants
qui habitent ces régions. Les eaux elles-mêmes furent analysées
par nous. Maints autres points intéressants avaient été l'objet de nos
recherches. Enfin, comme couronnement, nous pouvions porter à
notre actif la découverte de deux îles. C'est donc avec plaisir et orgueil
que nous envisagions ces résultats, que nous pouvions nous dire que
notre voyage n'aurait pas été complètement infructueux. Nous étions
assurés, en effet, de pouvoir contribuer, dans une large mesure, à faire
connaître cette région jusqu'alors inconnue de l'Océan Arctique, et si
jamais nous parvenions à sortir sains et saufs de l'entreprise, notre
voyage devait être un véritable succès. Au reste, à mon avis, le capitaine
de Long n'était entré si hardiment dans les glaces, qu'avec l'intention
bien arrêtée d'essayer d'arriver au pôle par la route la plus périlleuse
qu'on se soit jamais proposée. D'ailleurs, il reconnut qu'il avait tenté
sciemment l'aventure la plus hardie et la plus grandiose dont il ait
jamais été parlé.

Mais revenons à *la Jeannette ;* elle se balançait mollement à la surface des flots ; elle était cependant encore dans l'impossibilité de faire
aucune évolution et n'avait guère que l'espace où baigner ses flancs. Un
champ immense de glaçons, pressés les uns contre les autres, la blo-
quait, en effet, de tous côtés. Comme la glace était restée à bâbord,
on ramena *la Jeannette* dans son ancienne baie, où elle fut amarrée
avec des ancres de glace, jetées du bossoir et de l'arrière, en attendant

l'occasion pour s'échapper. Le gouvernail avait été remis en place, et l'hélice visitée ; celle-ci étant en parfait état, tout se trouvait donc prêt pour partir au premier signal.

C'est aussi ce jour-là que nous vîmes l'île Henrietta pour la dernière fois. Elle se trouvait alors au sud-est. Pendant toute la journée, les glaces furent relativement tranquilles ; mais le 12, elles se rapprochèrent et le navire eut à supporter des étreintes terribles.

A cette époque, il m'était permis de monter trois fois par jour sur le pont, et pendant une heure d'y prendre un peu d'exercice. Le 12, j'y montai donc vers une heure de l'après-midi pour assister au départ de nos chasseurs. La journée était superbe, le temps était clair et une faible brise soufflait du nord-est. Sur quelques points de l'horizon s'élevaient de légères brumes qui me rappelaient celles de l'Océan Pacifique où règnent les vents alizés. La troupe des chasseurs était donc nombreuse. Tous allaient à la recherche des phoques et des guillemots, seul gibier de ces régions. L'heure de ma promenade écoulée, je restai encore quelques instants sur l'arrière du navire pour observer la glace qui venait de se mettre en mouvement du côté de tribord et s'avançait lentement vers nous. J'étais comme fasciné par l'approche du danger. Le capitaine, qui était sur le pont, fit aussitôt hisser le signal de rappel pour les chasseurs : c'était un énorme cylindre peint en noir. Ceux-ci arrivèrent un à un, et les deux derniers furent Bartlett et Anequin, qui arrivèrent traînant un phoque derrière eux. La glace touchait déjà les flancs du navire du côté de babord et faisait incliner celui-ci de 12° du côté de tribord, lorsque les deux chasseurs me passèrent leurs fusils et grimpèrent sur le pont à l'aide d'un bout de câble que je leur avais jeté. Peu après, la pression diminuant, le navire se redressa. Chacun était à son poste, prêt à tout événement. Mais entre cinq et six heures, la pression recommença ; les glaces soulevèrent l'avant du navire, tandis que la poupe s'enfonçait. Celui-ci se releva de nouveau à tribord ; la pression était alors épouvantable. Les gémissements de toute sa membrure, les soubresauts que lui imprimaient chaque étreinte nouvelle, les sourds grondements qui s'échappaient de partout, les craquements des assemblages du pont et les vibrations de tous les agrès, indiquaient assez la terrible position dans laquelle se trouvait *la Jeannette*. Pour tous, elle ne pouvait plus échapper à ce dilemme, ou s'élever sous l'effort de la pression et tomber sur le flanc, ou périr écrasée.

Cependant, je dois dire que le tirant d'eau de *la Jeannette* ayant considérablement diminué depuis notre entrée dans les glaces, nous nous étions flattés qu'elle se relèverait sous la pression qui ne pouvait plus s'exercer que sur les parties arrondies de la carène.

« Je n'oublierai jamais, dit M. Newcomb, la manière dont, à ce mo_ment, les échelles de la passerelle se déplacèrent et se mirent à danser sur le pont comme les baguettes sur la peau d'un tambour. Au milieu de cette scène sauvage, un déchirement épouvantable se fit entendre, et le machiniste Lee se précipita sur le pont en criant : « La glace pénétre dans la soute au charbon. » La vaillante *Jeannette* était vaincue! Elle avait supporté bravement la lutte, ainsi que l'attestaient ses flancs dégradés; mais cette dernière étreinte avait été trop forte pour elle.

« Après ce cri suprême d'angoisse, plus d'autre bruit que celui des eaux envahissant la cale, cent fois plus sinistre encore. *La Jeannette* avait été frappée dans ses œuvres vives, et maintenant elle s'enfonçait rapidement. Les hommes travaillaient avec ardeur ; chacun faisait son devoir. Au reste, notre existence était alors dans la balance. Le matelot Star, ce brave camarade, descendit au fond du navire, et là, avec de l'eau jusqu'à la ceinture, passa des provisions à ses compagnons, jusqu'au moment où le capitaine lui ordonna de remonter. Où est-il maintenant, ce brave compagnon? *La Jeannette* en portait beaucoup, de ces vaillants marins, car tous les membres de l'équipage étaient d'excellents matelots; mais le silence et l'oubli, comme les vagues de l'Océan, ont passé sur eux, et personne ne pourra jamais nous raconter le triste dénoûment de leur lamentable histoire. » Des hommes furent aussitôt postés auprès des embarcations, prêts à les descendre sur la glace au premier signal. Je dois dire que, depuis le commencement du voyage, les tentes et les canots, avec leurs traîneaux, avaient été constamment maintenus en état de service. Quelques provisions furent aussi débarquées en prévision de ce qui pouvait arriver.

Pendant deux heures et demie environ, la situation ne changea presque pas. La pression diminuant par intervalle, le navire se relevait pour s'incliner le moment d'après. Enfin, une dernière poussée

survint, qui le fit s'incliner à plus de vingt-trois degrés. Tout espoir
était perdu. Aucun effort n'aurait pu le relever. Dans cette situation,
la pression s'exerçait à tribord sur les billons qui étaient la partie
faible de la membrure, tandis qu'à babord elle s'appliquait au-dessous de la circonférence du flanc. A partir de ce moment, on ne s'occupa plus guère que de descendre des provisions et des vêtements sur
la glace, pour parer à toute catastrophe soudaine.

Une des gardes alla souper à cinq heures et demie ; à six heures, on
servit le pain et le thé aux officiers. J'étais alors porté sur la liste des
malades, et j'avais les yeux bandés ; néanmoins, j'allai trouver le docteur, pour lui dire que je pouvais rassembler les cartes, les instruments, en un mot, me rendre utile à quelque chose. Il me répondit
qu'il allait en référer au capitaine.

Chaque officier avait son sac dans la cabine, et presque tous étaient
d'avis qu'il était temps de le monter sur le pont. Cependant, nous ne
voulions pas le faire avant d'en avoir reçu l'ordre, craignant d'attirer
l'attention des gens de l'équipage, qui étaient occupés à préparer les
provisions et les canots. Pendant que je prenais le thé, je vis Dunbar
arriver dans la cabine avec son sac. Sentant qu'il était temps d'aller
aussi chercher le mien, je me dirigeai vers l'échelle, au sommet de
laquelle je rencontrai le docteur, qui me dit : « Dan, l'ordre est donné
d'emporter les sacs. » Il paraît qu'il était descendu au fond du navire,
où il avait trouvé le magasin déjà envahi par l'eau, et qu'il était allé en
prévenir le capitaine, lequel avait alors donné l'ordre d'abandonner le
navire.

Le drapeau fut alors hissé au sommet du mât de misaine. Pendant tout ce temps, le capitaine était resté sur le pont, dirigeant
les travaux. Le lieutenant Chipp était encore malade et couché sur son
cadre.

En revenant, je jetai mon sac par-dessus le bastingage, et redes-
cendis pour chercher des vêtements, mais l'eau montait déjà au milieu
de l'échelle du magasin. Je me convainquis alors que le navire emplissait rapidement. Le docteur et moi, nous descendîmes aussitôt chercher les vêtements de Chipp.

Le capitaine me donna ensuite l'ordre de me charger des médicaments, mais surtout de veiller sur les liqueurs.

A ce moment, le navire ressemblait exactement à un tonneau défoncé, et n'était plus soutenu que par la pression de la glace; mais cette dernière pouvait s'écarter à chaque instant et le laisser aller à fond.

Lorsque l'ordre fut donné d'abandonner définitivement *la Jeannette*, elle était déjà remplie d'eau, et, en outre, inclinée à tribord d'au moins vingt-trois degrés; et nous ne l'avons quittée qu'au moment où l'eau commençait à envahir le faux-pont; aussi, j'espère que notre ami le *Standard*, de Londres, ne pensera plus que nous l'avons abandonnée et laissé aller à la dérive, au milieu de l'Océan Arctique, comme il l'a publié dans un de ses numéros.

Nous avions déposé une quantité considérable de vivres et de provisions de toutes espèces, à une centaine de yards du navire; mais Dunbar, avec sa prévoyance habituelle, nous conseilla de les transporter sur un glaçon adjacent, qui lui paraissait offrir plus de sécurité. Cette besogne nous occupa jusqu'à onze heures du soir. Nous avions emmené aussi avec nous trois embarcations : le canot n° 1, le canot n° 2 et la baleinière.

Aussitôt que le docteur Ambler eut donné au lieutenant Chipp les soins que réclamait son état, il vint me relever de ma faction près des médicaments et des liqueurs, et j'allai m'adjoindre à la troupe désignée pour la baleinière, dont j'avais d'abord reçu le commandement. Le capitaine nous donna l'ordre d'établir nos campements et de préparer le café. Notre tente fut aussitôt plantée contre la baleinière, et je m'occupai des préparatifs de la retraite.

Pendant que nos hommes préparaient le café, je m'approchai du navire pour le considérer une dernière fois. Le capitaine, le maître d'équipage Cole et le charpentier Sweetman en examinaient la partie de la carcasse alors sortie de l'eau. Je remarquai que le flanc du navire, entre le grand mât et la cheminée, avait cédé sous la pression de la glace.

La seconde baleinière était encore suspendue aux daviers, et le canot à vapeur gisait sur la glace, à côté du navire. Cole et Sweetman demandèrent au capitaine l'autorisation de descendre la première, mais celui-ci leur refusa, car il regardait les trois embarcations que nous avions déjà comme suffisantes, et plus tard, pendant que nous opérions notre retraite sur la glace, tous les hommes s'estimaient heureux d'avoir le canot de Chipp, qui, étant plus court, était plus maniable. Il pouvait, au reste, porter huit hommes. Je conseillai alors aux deux matelots de se retirer avec moi, supposant que le capitaine souhaitait de se trouver seul auprès de *la Jeannette* au moment où celle-ci disparaîtrait.

Nous reprîmes donc ensemble le chemin du campement, franchissant les nombreuses crevasses qui nous barraient le passage, et sautant d'un glaçon à l'autre. Une garde fut établie, et nous reçûmes l'ordre de nous coucher, ce que nous fîmes presque tous immédiatement. Mais nous étions à peine enfoncés dans nos sacs, qu'un grand cri partit de la tente du capitaine : la glace venait de se rompre juste sous cette tente, et Erickson serait infailliblement tombé dans la crevasse, sans le tapis de caoutchouc étendu sous les dormeurs ; le poids de ceux-ci avait retenu les extrémités de ce tapis, l'empêchant de s'affaisser sous Erickson, et de laisser celui-ci tomber dans la fente. L'ordre fut aussitôt donné de transporter les bagages sur un autre glaçon, que Dunbar alla choisir. Ce glaçon se trouvait à trois cents mètres environ du navire. A ce moment, ce dernier était tellement incliné que le bout de ses vergues touchait la glace. Il nous fallut deux heures pour transporter tout ce que nous possédions, et traîner nos embarcations à notre nouveau lieu de campement, et il était 1 heure 30 minutes du matin quand nous nous couchâmes pour la seconde fois.

Vers quatre heures du matin, je fus réveillé par le matelot Kuehne qui appelait le chauffeur Bartlett, lequel devait le relever de faction ; il lui criait que *la Jeannette* s'enfonçait ; au même instant un craquement épouvantable se fit entendre, et Bartlett n'eut que le temps de sortir de la tente ; lorsqu'il fut dehors, le sommet des mâts du navire était seul visible, le reste était déjà englouti. Nous sortîmes tous de nos tentes, et nous nous rendîmes alors sur le lieu du sinistre, mais il ne restait plus que quelques épaves à la place qu'avait occupée *la Jeannette* : c'étaient un siège de cabine et quelques pièces de bois. Ainsi, deux d'entre nous seulement avaient assisté à cette scène. Ils nous dirent que la glace s'était d'abord refermée brusquement sur l'épave, puis s'était entr'ouverte de nouveau, qu'alors les vergues, se trouvant de travers, avaient cédé sous le poids, et avaient disparu avec le reste. Telle fut la triste fin de cette bonne et vieille amie *la Jeannette*, qui, pendant de longs mois, avait lutté si vaillemment et résisté aux étreintes du monstre arctique. Le hurlement plaintif d'un chien fut son unique *requiem*.

C'est le lundi 13 juin, vers quatre heures du matin, qu'eut lieu ce douloureux épisode de notre voyage.

« Quelque chétive qu'elle fût en comparaison de l'immense plaine de glace dans laquelle elle se trouvait emprisonnée, la disparition de *la Jeannette*, dit M. Newcomb, produisit un grand changement dans la scène. Quand elle était là, ses alentours avaient toujours quelque chose

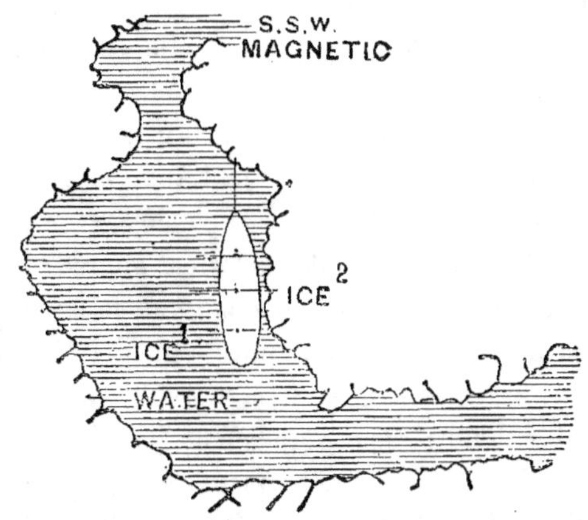

DERNIÈRE POSITION DE *LA JEANNETTE*
S. S. W. signifie sud-sud-ouest magnétique.
1. Glace fondue. — 2. Glace.

de vivant et d'animé, qui reposait l'œil ; maintenant, plus qu'une éten- due immense et lugubre où le regard se perd. Maintes fois j'avais assisté à des conflits entre glaçons bien plus violents que celui où *la Jeannette* fut écrasée ; mais quel navire leur aurait résisté ? Celui qui l'eût fait est encore à construire.

« Le lendemain matin, notre campement présentait l'aspect d'une famille jeté sur la rue, sans asile ; et, en fait, notre condition était identique. Heureusement le meilleur esprit régnait parmi nous. Cependant, je fus victime d'un petit larcin : un matelot déroba un de mes oiseaux empaillés, pour le porter au cuisinier de la tente du capitaine, et il ne s'aperçut de sa méprise qu'en essayant de le plumer. C'était trouver son châtiment dans le corps même du délit. »

Pour compléter le récit de cette catastrophe, ainsi que pour rapporter en détail les événements qui vont suivre, nous ne croyons pouvoir mieux faire que de reproduire le journal de de Long lui-même.

Samedi, 11 juin (date vraie : dimanche, 12 juin). — A sept heures et demie ce matin, les glaces ont commencé à se rapprocher du côté de babord, mais ne sont avancées que d'un pied ou deux. Un étroit canal existant encore de ce côté, j'y ai fait amener des blocs de glace, qui nous protégeront au besoin contre la première étreinte. Celle-ci ne s'est pas fait attendre : à dix heures la nappe de glace, reprenant son mouvement, est venue se heurter contre cette espèce de matelas et s'est arrêtée. Tout semble rentré dans le calme.

Le diagramme qu'on trouvera ci-contre (p. 119) peut donner une idée de la position du navire relativement aux glaces environnantes.

Jusqu'à quatre heures du soir, rien de nouveau ne s'est produit; mais, à ce moment, les glaces ont repris leur mouvement du côté de babord, et cette fois avec une telle violence, que le navire s'est trouvé poussé contre la banquise du côté opposé, où il est resté incliné de seize degrés à tribord. La pression est alors devenue effrayante. La membrure faisait entendre des craquements secs et répétés, et toute la muraille de tribord frissonnait. L'existence du navire étant sérieusement en péril, j'ai fait descendre les embarcations de tribord, et, sur mon ordre, elles ont été traînées assez loin pour être à l'abri du danger. Tout s'est exécuté avec calme et sans la moindre confusion.

Dans son mouvement en avant, la glace, au lieu de presser directement sur le flanc gauche du navire, le prenait en écharpe de l'avant à l'arrière; il en est résulté que le côté de babord s'est trouvé soulevé, tandis que la hanche de tribord a dû plonger, et, s'étant elle-même trouvée heurtée en même temps que l'arrière contre de la glace solide, s'est opposée à l'exhaussement du navire sous l'effort de la pression.

A un moment, Melville, étant descendu dans la chambre de la machine, a pu constater une fente dans le travers du navire, à hauteur des chaudières, d'où il a conclu que celui-ci était si solidement maintenu à l'arrière et à la hanche de tribord qu'il menaçait de se fendre en deux sous l'effort de la pression exercée sur le côté de babord. D'un

CARTE DU DELTA DE LA LÉNA

LÉGENDES

—

A. Où aborda le canot de de Long. — B. Trajet de de Long. — C. Endroit où les trois canots furent séparés par la tempête. — D. Trajet de Melville. — E. Où pénétra la baleinière le 17 septembre. — Route des traîneaux à chiens pour aller à Boulouni. — G. Ninderman et Noros rencontrés par les Tongouses. — H. Boulouni. — I. Chemin parcouru par Noros et Ninderman. — K. Hutte où se reposèrent Noros et Ninderman. — L. Melville trouva des pêcheurs ici. — M. Ici les naturels veulent pportera dans leurs traîneaux à chiens des secours de Boulouni aux dépôts. — S. La troupe de Melville s'arrête plusieurs jours ici. — T. Bancs de sable et inondations en juin. — 7. De Long s'est arrêté ici. — 8. Dépôt, — plaine inondée. — 16. Contrée de rennes.

autre côté, la muraille était évidemment enfoncée à tribord, car l'eau jaillissait de la soute à charbon située de ce côté.

L'ordre fut alors donné de débarquer sur la glace la moitié du pemmican emmagasiné sous la tente du pont, et tout le pain qui se trouvait sur ce dernier. Les traîneaux et les chiens furent aussi conduits en lieu sûr.

A quatre heures et demie, la pression diminua, ce qui nous fit supposer que les deux bancs de glace s'étaient rencontrés sous le navire, et se faisaient équilibre, de sorte que nous crûmes que le danger était passé, et qu'il était temps encore de réparer le mal causé. A ce moment, le navire était incliné de vingt-deux degrés à tribord, et soulevé de quatre minutes six secondes à l'avant. Tout le côté de babord était aussi visible jusqu'à la hauteur de quatre minutes six secondes. Dans la matinée, de très bonne heure, nous avions pu examiner à travers l'eau toute la longueur de l'étrave, du côté de tribord, et nous avions remarqué que le brion était dévié d'un pied environ de ce côté. Ce qui nous amena à conclure que le 19 janvier 1880 la pression s'était exercée de babord à tribord, au lieu de s'exercer en sens contraire, comme nous l'avions alors supposé.

A cinq heures du soir, la pression reprit de nouveau, avec un redoublement de violence, et continua à nous étreindre avec une force si terrible que le navire craquait de toutes parts. Le faux-pont commença à céder, tandis que le côté de tribord paraissait s'incliner encore davantage. Je donnai ordre de débarquer sur la glace toutes les provisions, les vêtements, les objets de literie, les livres et les papiers du navire, et de transporter les malades en lieu sûr. Pendant qu'on exécutait cet ordre, survint une étreinte plus effroyable encore, et le navire commença à emplir rapidement. Il était six heures du soir. A partir de ce moment, tous les efforts furent concentrés sur un seul point : transborder sur la glace le plus possible de provisions de toute nature. Ce travail ne cessa qu'au moment où l'eau atteignit le faux-pont. Tout le côté de tribord de celui-ci était déjà submergé; la lisse était sous l'eau, et celle-ci atteignit les hiloires de la claire-voie. Nous ne pouvions plus douter que la muraille do tribord avait cédé dans le travers dv grand mât. D'un autre côté, le navire restait solidement maintenu par les glaces. Notre pavillon ayant été hissé au mât d'artimon, nous nous préparâmes à quitter le navire. A huit heures du soir, je donnai l'ordre général de l'abandonner.

Dès que nous fûmes tous réunis sur la glace, nous traînâmes nos embarcations et toutes nos provisions sur un point éloigné de toute crevasse de mauvais augure, et nous nous préparâmes à installer notre camp pour la nuit. Je fis alors l'inventaire de tout ce que nous avions sauvé. En voici le relevé :

Quatre mille neuf cent cinquante livres de pemmican (américain).
Mille cent vingt livres de biscuit.
Deux cent soixante gallons d'alcool.
Cent livres de sucre cassé.
Quatre cents livres de sucre extra pour l'équipage.
Cent livres de thé.
Quatre-vingt-douze livres un quart de potage au mouton.
Cent soixante-seize livres de bouillon de mouton.
Cent cinquante livres d'extrait de bœuf de Liebig.
Deux cent cinquante-deux livres de poulet en boîtes.
Cent quarante-quatre livres de canard.
Trente-six livres de froment vert.
Douze livres et demie de pieds de porc.
Trente-deux livres de langue.
Quarante-deux livres d'oignons.
Dix-huit livres de conserves au vinaigre.
Cent vingt livres de chocolat.
Trente-six livres de cacao.
Deux cent cinq livres de tabac.

Quarante-huit livres de veau.
Quarante-quatre livres de mouton.
Cent cinquante livres de fromage.
Deux-cent dix livres de café broyé.
Soixante livres de café en grains.
Un demi-baril de jus de citron.
Deux mille cartouches Remington.
Un gallon de whisky.
Un gallon d'eau-de-vie.
Deux gallons de whisky.
Deux bouteilles de whisky au jus de citron.
Sept bouteilles d'eau-de-vie.
Le premier canot.
Le deuxième canot.
Le dingy de fer.
Le dingy Mac-Clintock.
Les sacs-lits de tentes.
Trente-trois havre-sacs emballés.
Cinq fourneaux de cuisine.
Deux traîneaux pour canot.
Quatre traîneaux Mac-Clintock.
Deux traîneaux de Saint-Michel.
Deux caisses à médicaments avec leur contenu.

Dimanche, 12 juin (date vraie : 13 juin). — A minuit, nous avons été réveillés par la glace qui s'entr'ouvrait juste au milieu de notre camp. Il nous a donc fallu transporter tous nos bagages dans un endroit plus sûr ; nous nous sommes ensuite recouchés en laissant un homme pour veiller. A une heure, le mât d'artimon s'était incliné sur la glace, et le navire s'est trouvé tellement penché, que les basses vergues touchaient la banquise. A trois heures, il était tellement enfoncé, qu'on ne voyait plus que le sommet de la cheminée au-dessus de la glace. A quatre heures, *la Jeannette* disparaissait. Elle s'était d'abord redressée, puis s'était ensuite enfoncée lentement. La flèche du grand mât était tombée la première du côté de tribord ; la flèche de misaine l'avait suivie ; puis le grand mât était tombé à son tour, de sorte qu'au moment où le navire a disparu complètement sous l'eau, le mât de misaine seul restait debout.

A neuf heures du matin, appel des hommes et déjeuner. Nous nous sommes ensuite occupés de rassembler tous les vêtements et d'en préparer la distribution. En outre du contenu des havre-sacs et des vêtements que nous portions, nous nous trouvions encore possesseurs de :

Vingt-huit chemises de laine.

Vingt-quatre caleçons de laine.

Vingt-sept gilets de flanelle.

Vingt-quatre vareuses.

Vingt pantalons.

Huit couvertures en fourrure.

Dix-huit couvertures en laine.

Quand chacun eut reçu les articles dont il avait besoin, beaucoup d'objets restèrent inutiles.

Tout le monde était gai et plein d'entrain, car nous avions abondance de nourriture et de vêtements ; la musique même ne fut pas oubliée, et le soir, Landertack nous égaya avec son harmonica. On me dressa une tente-bureau sur laquelle fut hissé le pavillon de soie. La température resta aux environs de 23° pendant toute la journée. Les hommes allèrent visiter le lieu de la catastrophe, où ils trouvèrent sur la glace une chaise, quelques avirons et des débris de planche. Chipp était mieux, et Danenhower se montrait plein d'entrain A 9 h. 45, nous lûmes le service divin.

Lundi, 13 juin (mardi, 14). — Appel général à sept heures du matin ; déjeuner à huit. A neuf heures, nous nous sommes mis à l'œuvre pour installer les deux canots et la baleinière sur leurs traîneaux. Je suis décidé à ne pas quitter l'endroit où nous sommes avant d'avoir entièrement terminé nos préparatifs, afin de ne pas rencontrer d'entraves à la dernière heure. Nous avons suffisamment de provi-

sions de bouche pour vivre pendant quelque temps sans entamer les
soixante jours de vivres mis en réserve pour la durée de notre retraite
vers le sud. Nos malades vont mieux et ce délai ne peut que leur
être favorable. Sweetman a visité de nouveau l'endroit ou *la Jeannette*
a coulé ; il n'y a trouvé qu'un fanal flottant à la surface de l'eau, le
fond renversé. L'air est extrêmement humide et froid. Tous, à l'exception de Chipp, nous avons joui d'un excellent sommeil pendant la
nuit dernière ; l'intérieur des tentes est chaud et confortable. Pendant
l'après-midi, nos embarcations ont été définitivement montées sur
leurs traîneaux et sont prêtes pour le moment du départ. Nous avons
aussi reculé notre campement vers l'ouest, pour nous éloigner du
bord de la banquise, dont nous étions trop rapprochés en cas d'accident. La tente de Chipp a été placée derrière les autres et du côté du
vent, afin qu'il ne soit pas réveillé par les ronfleurs comme il l'a été la nuit
dernière. Nos trois embarcations ont été rangées en avant des tentes ;
devant elles, nous avons placé les traîneaux qui contiennent nos provisions, puis nous nous sommes mis en devoir de souper. Avant
d'abandonner le navire, nous avions retiré toute la provision d'eau
potable qui se trouvait à bord ; celle-ci a duré jusqu'à dimanche soir,
et maintenant nous sommes obligés de nous servir de celle que nous
fournit la glace en fondant. Nous choisissons de préférence les monticules de glace les plus anciens et les plus élevés, et nous recueillons
les particules qui s'en sont détachées, quand nous en trouvons, pour
les faire fondre au soleil ; mais celui-ci n'a pas assez de force, naturellement, pour en fondre beaucoup. La neige ou plutôt la glace est
agréable au goût, mais le docteur, l'ayant soumise à l'épreuve du
nitrate d'argent, l'a trouvée beaucoup trop salée. Cependant nous ne
pouvons nous abstenir d'en faire usage, et nous essayons d'en combattre les mauvais effets en prenant chaque jour une certaine dose de
jus de citron. En ce moment, nous vivons comme des princes, notre
nourriture est excellente, notre travail peu pénible ; et nous jouirions
tous d'une santé florissante, si quelques-uns ne se ressentaient des
effets d'un empoisonnement par les sels de plomb. La température
était, à huit heures du soir, de 18°, mais l'atmosphère est extrêmement humide.

Mardi, 14 juin (mercredi, 15). — Appel général à 7 heures, suivi du déjeuner. A 9 heures, nous nous mettons à l'ouvrage. Deux hommes de chaque tente sont désignés pour emballer nos soixante jours de vivres, sous la direction de Melville. De son côté, le docteur, avec un aide, prépare le jus de citron. Dunbar s'occupe, avec deux hommes, d'examiner les trois traîneaux Mac-Clintock, pour leur faire les réparations dont ils pourraient avoir besoin et les mettre en état de recevoir leur charge. Le reste de l'équipage continue à faire des chaussures de rechange et à rétrécir les sacs-lits. — Aucune amélioration dans l'état de nos malades, au contraire. Pendant la nuit, Alexis s'est plaint de douleurs d'entrailles et a été pris de vomissements violents. Kuehne souffre toujours beaucoup, et l'un et l'autre restent couchés. Chipp paraît mieux.

Journée claire et agréable. A 10 heures du matin, le thermomètre marquait 20° à l'ombre; température minima de la nuit, 12°. Un léger brouillard transparent, que nous apercevons vers le sud et que le vent emporte avec lui, nous indique des solutions de continuité dans la nappe de glace de ce côté. Le baromètre marque 30° 37', mais j'ai des doutes sur l'exactitude de mon baromètre de poche.

A 2 heures, nous commençâmes à charger nos provisions sur nos cinq traîneaux. Plus de 3.960 livres de pemmican et 200 gallons sont répartis entre ces traîneaux, et, à mesure que les sacs contenant nos rations de la semaine sont prêts, nous les y entassons, afin de finir de les remplir. La ration journalière de chaque homme est : une once de thé, deux onces de café et deux onces de sucre.

D'après une observation faite à 6 heures, ce soir, nous nous trouvons sous le 153° 58' 45" de longitude, soit, depuis le 12, une dérive de treize milles et demi. Jusqu'ici, tout va bien. Chacun est gai et plein d'entrain. Notre camp présente un aspect animé. La figure ci-jointe en fait voir la disposition.

Après le souper, nous nous sommes bornés à mettre de côté deux carabines pour chaque tente, — soit dix en tout. — Ces armes seront réparties comme suit entre les trois canots : les premiers en recevront quatre ; et la baleinière, deux seulement.

Mercredi, 15 juin (jeudi 16). — Atmosphère lourde, épaisse et brumeuse, ce matin ; mais, après 10 heures, le ciel s'est éclairci, et

nous avons eu une belle journée ensoleillée. La nuit a été froide (10°).
J'ai mal dormi, n'ayant pu réussir à amener mon sac-lit jusque sur
mes épaules ; le reste de la troupe a bien dormi. — Chipp est mieux ;
ayant bien dormi, il se sent frais et dispos. Danenhower circule par le
camp avec un œil bandé, s'occupant de maints détails. Alexis a passé

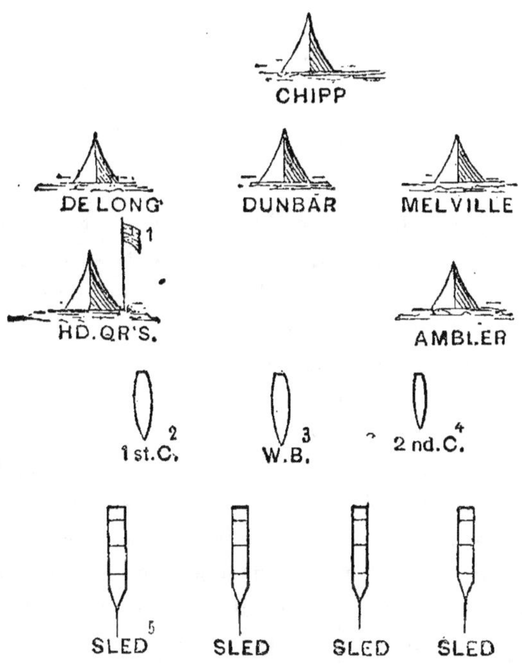

PLAN DU CAMPEMENT SUR LA GLACE. (*Fac-simile du croquis original.*)

1. Tente de l'état-major. — 2. Canot n° 1. — 3. Baleinière (canot n° 3).
4. Canot n° 2. — 5. Traîneaux.

une mauvaise nuit ; ce matin, il était très souffrant. Kuehne reste
toujours caché sous la tente.

Pendant la matinée, nous avons ensaché autant de thé et de café
que nous avons pu, et nous avons réparti les charges entre les cinq
traîneaux. Cette besogne était finie à 11 heures ; alors nous nous

sommes mis à l'œuvre pour attacher et assujettir ces charges. Chaque traîneau porte :

n° 1	n° 2	n° 3	n° 4	n° 5
765 livres de pemmican.	720	720	720	720
40 gallons d'alcool.	40	40	40	40
36 livres d'extrait de Liebig.	36	—	—	18
61 livres de sucre cassé.	—	—	—	61
60 — — extra.	—	—	—	—
4 sacs de biscuit.	4	4	4	4
30 livres de café broyé.	30	—	30	—
90 — de thé.	—	—	60	—
10 — de sucre extra.	—	—	—	—
1659	1318	1252	1342	1325

Il nous reste encore, sur la glace, 30 livres de café brûlé, 30 livres de café broyé, 1 sac de biscuit, pour lesquels il nous faut trouver une place dans les canots. En outre de nos soixante jours de vivres, nous avons encore 315 livres de pemmican, 43 livres de thé, 55 livres de sucre et 37 livres de café. Nous serons donc obligés de laisser derrière nous une grande quantité de provisions, ainsi que nos deux *dingies* et l'un des traîneaux de Saint-Michel. Comme nous ne marcherons nécessairement que fort lentement, je crois que, pendant la première semaine qui suivra notre départ, nous serons encore assez rapprochés pour envoyer, chaque jour, un traîneau à chiens en arrière, chercher nos vivres pour la journée du lendemain. En agissant ainsi, nous éviterons de déranger l'arrimage de nos traîneaux.

Nous avons dîné à une heure ; nous nous sommes remis à la besogne à deux, et tous nos traîneaux sont ficelés. Remarquant que le traîneau n° 2 porte déjà un guidon sur lequel est inscrit le nom de « Lizzie », je fais observer à Ninderman que le nôtre n'en a point encore. Il me répond qu'on est en train de le préparer et qu'il a l'intention de lui donner le nom « de Sylvie ». Naturellement, je n'ai aucune objection à faire à cette dénomination.

Nos observations nous placent par 77° 17′ de latitude nord et 153° 42′ 30″ de longitude est ; c'est-à-dire que nous avons été entraînés, depuis hier, de trois milles et trois quarts de mille, 72° nord. Ce soir, à 6 heures, nous avions une température du 19°, avec vent du nord-est.

Dans le courant de l'après-midi, je publiai l'ordre suivant :

Cutter américain Jeannette.

Au milieu des glaces de l'Océan Arctique, par 77° 17′ de latitude nord et 153° 42′ de longitude est.

15 juin 1881.

Ordre :

Au moment du départ avec les traîneaux pour opérer notre retraite dans la direction du sud, chaque officier et chaque homme de l'équipage n'a droit d'emporter que les habits dont il est vêtu et ceux contenus dans son havre-sac. Chacun peut, avant le départ, revêtir ses vêtements de fourrure, si tel est son bon plaisir ; mais il ne pourra revenir sur cette détermination une fois qu'il l'aura prise. Tout vêtement de surcroît est expressément interdit. Les mocassins de rechange seront seuls tolérés.

Le contenu réglementaire du havre-sac est le suivant .

    Deux paires de demi-couvertures.

    Deux paires de bas.

    Une paire de mocassins.

    Un béret.

    Deux paires de mitaines.

    Un gilet de flanelle.

    Un pantalon.

    Un bonnet.

    Un caleçon.

    Une paire de lunettes de neige.

    Un paquet de tabac.

    Une pipe.

    Deux cartouches.

    Vingt-cinq allumettes en cire.

La savon, les serviettes, le fil et les aiguilles à discrétion, une paire supplémentaire de mocassins (ce qui fera cinq en tout), pourront être enfermés dans les sacs-lits, mais aucun autre objet ne peut y être introduit. Chaque officier devra veiller à ce que ce règlement soit fidèlement observé par tout le monde.

9

Le traîneau n° 1 contiendra les sacs-lits, une tente, les havre-sacs et la batterie de cuisine du 1ᵉʳ canot.

Le traîneau n° 2 contiendra les mêmes objets pour le 2ᵉ canot.

Le traîneau n° 3 contiendra les mêmes objets pour la baleinière.

Le traîneau n° 4 contiendra les mêmes objets pour le 2ᵉ canot.

Le traîneau n° 5 contiendra les mêmes objets pour la baleinière.

Au cas ou nous serions obligés de monter dans nos embarcations :

L'équipe du traîneau n° 1 montera dans le 1ᵉʳ canot.

Celle du traîneau n° 2 montera dans le 2ᵉ canot.

Celle du traîneau n° 3 montera dans la baleinière.

Celle du traîneau n° 4 montera dans le 1ᵉʳ canot.

Le chirurgien, M. Cole et le boulanger prendront place dans la baleinière. Les autres dans le 2ᵉ canot.

Cet ordre du jour pourra être modifié selon les besoins.

George W. DE LONG,

*Lieutenant de la marine des États-Unis,
commandant de l'expédition arctique.*

Nous avons un ciel presque sans nuages, et par suite un soleil brûlant, dont les rayons, reverbérés sur la surface de la glace, rendent notre situation fort pénible. Nous sommes terriblement éprouvés par les rayons du soleil, les lèvres et les joues commencent à nous gercer à tous. Néanmoins nos yeux n'ont pas encore été atteints.

Jeudi, 16 juin (vendredi, 17). — Le capitaine de Long signale de longues traînées de brouillard au sud et au sud-ouest. Ce jour-là, chaque homme est autorisé à prendre une demi-couverture en prévision du froid. A quatre heures et demie, M. Dunbar est envoyé en avant, pour indiquer le chemin à suivre, tandis que le capitaine prépare l'ordre de marche suivant :

ORDRE DE MARCHE

Cutter américain *Jeannette.*

Au milieu des glaces de l'Océan Arctique, par 77°18′ de latitude nord et 153°25′ de longitude est.

15 juin 1881.

Nous nous mettrons en marche vers le sud le vendredi, 17 juin (samedi, 18), à 6 heures du soir, nos marches devant s'exécuter désormais de six heures du soir à six heures du matin. Nous suivrons l'ordre de marche suivant :

1° Tous les hommes se réuniront pour emmener le premier canot, pendant que les chiens seront attelés au traîneau n° 1 ;

2° L'équipe de tribord prendra ensuite le second canot, celle de babord, le traîneau n° 4, et les chiens, le traîneau n° 2 ;

3° Enfin, l'équipe de babord emmènera la baleinière ; celle de tribord, le traîneau n° 3, et les chiens, le traîneau n° 5.

Les trois chiens d'Alexis seront attelés au traîneau de Saint-Michel, tandis que Kuehne, Charles Long Sing et Alexis accompagneront le lieutenant Chipp.

Distribution du temps :

Appel général à 4 heures 30 du soir.

Déjeuner à 5 heures du soir.

Départ à 6 heures du soir.

Halte à 11 heures 30 du soir.

En route à 1 heure du matin.

Dîner à 12 heures.

Halte, suivie de l'installation du camp, à 6 heures.

Distribution de jus de citron et souper à 6 heures 30.

Établissement d'une garde et coucher à 7 heures.

Direction de notre marche : sud par l'est $\frac{1}{4}$ est magnétique.

Aussi longtemps qu'il sera possible, le traîneau de Saint-Michel reviendra en arrière chaque matin pour prendre des provisions laissées ici. Mais aussitôt que nous entamerons celles chargées sur nos traîneaux, la ration journalière sera :

Déjeuner.

4 onces de pemmican.	2 onces de café.
1 once de jambon.	2/3 onces de sucre.
3 livres de biscuit.	

Dîner.

8 onces de pemmican.	1/2 once de thé.
1 once d'extrait de Liebig.	2/3 onces de sucre.

Souper.

4 onces de pemmican.	2/3 onces de sucre.
1 once de langue.	1/2 livre de biscuit.
1/2 once de thé.	

George W. DE LONG,

Lieutenant de la marine des États-Unis,
commandant de l'expédition arctique.

Le capitaine de Long continue : durant l'après-midi, chacun des traîneaux et des embarcations a été pourvu d'un pavillon.

La Jeannette porte mon pavillon de soie. — Le second canot, *Hiram*, porte son nom sur le guidon. — La baleinière, *Rosey*, également. — Le traîneau n° 1 porte un guidon bleu, carré, avec le nom de « *Sylvie* » et la devise « *Nil desperandum* ». — Le traîneau n° 2 a deux pointes avec le nom de *Lizzie*. — Le guidon du n° 3 ne porte aucun nom. — Le n° 4 a un guidon avec une croix de Malte et la devise « *In hoc signo vinces* ». — Enfin le n° 5 porte inscrit sur son guidon « *Maud* », avec la devise « *Comme je trouve* ».

Tous les hommes furent ensuite réunis pour l'inspection et pour entendre la lecture de l'ordre de marche.

Tous les préparatifs étant terminés, le départ fut définitivement fixé au lendemain soir à 6 heures. Le traîneau de Saint-Michel fut ensuite chargé, et les officiers reçurent leurs instructions.

CHAPITRE NEUVIÈME

La retraite.

Le premier jour de la retraite. — Les difficultés commencent dès le début. — Les suites d'un malentendu.— Première crevasse dans la glace.— Un travail pénible.— L'été est la plus mauvaise saison pour voyager sur les glaces de l'Arctique.—Misère des naufragés pendant cette saison. — Quelques-uns d'entre eux se sont chargés d'objets non portés sur la liste réglementaire. — Conséquences de cette infraction. — On traverse, en radeau de glace, les ouvertures qui se sont produites dans la glace. — État des malades. — Notre première bonne journée. — Notre ordre de marche. — Marchant au sud et s'en allant au nord.— Pénible découverte.—Changement de direction. — Pourquoi nous redoutons les crevasses dans la glace. — Danenhower demande avec insistance à prend repart aux travaux de la retraite.— Motifs de mon refus. — Le soleil, le brouillard et la pluie alternativement. — La retraite continue. — Les bons et mauvais jours se succèdent. — Les aiguilles de glace. — Première vue de la terre. — Un ours. — Je vois distinctement la terre.— Quelle est cette terre ? —Espoir de trouver la mer libre. — Plus de semelles de bottes. — M. Collins tue un phoque.—Mieux dîné que chez Delmonico.— Un autre phoque. — Nouveau festin.— Chipp rayé de la liste des malades. — Approche de la terre. — Difficulés pour atteindre le rivage à travers les glaces flottantes. — Changements à vue. — Alternatives de pluie, de brouillard et d'éclaircies. — Le vent fait rage. — Enfin nous mettons le pied à terre. — Prise de possession de l'île Bennet au nom des États-Unis.

Le lendemain, le capitaine de Long prépara une relation du voyage de *la Jeannette*, racontant tout ce qui était arrivé à ce malheureux navire, et mentionnant la découverte des îles Jeannette et Henrietta, etc. Dès que cette relation fut terminée, elle fut enroulée et cousue dans une feuille de caoutchouc noir qu'on plaça dans un bidon vide, lequel était destiné à rester sur la glace près du lieu de la catastrophe,

A 5 heures du soir, continue le journal de de Long, eut lieu un nouvel appel général des hommes qui fut suivi du souper, que désormais nous appellerons déjeuner. Ce repas fut aussi bref que possible. L'ordre de lever le camp fût ensuite donné à 6 heures moins 10 minutes, mais quoique le départ fut fixé à 6 heures précises, il était 6 heures 20 quand on se mit en route. Tous les hommes valides partirent alors avec le premier canot, tandis que les chiens conduits par Anequin faisaient de vains efforts pour les suivre avec le traîneau n° 1. Le canot marcha sans trop de difficulté, mais le poids du traîneau était au-dessus des forces de nos chiens. Nous étant arrêtés un instant, nous revînmes leur prêter la main afin de les tirer d'une ornière profonde où ils étaient tombés ; mais il fallut bientôt se rendre à l'évidence : la besogne était trop lourde pour ces pauvres bêtes. Je détachai donc six hommes du premier canot et je revins avec eux pour prendre le traîneau. Ce malheureux incident fut cause de tous les ennuis qui vinrent nous contrarier pendant la première journée.

La veille, j'avais envoyé M. Dunbar pour indiquer, au moyen de guidons noirs, la route que nous devions suivre pendant notre étape. A son retour, je ne vis que trois de ces guidons et ne supposai pas qu'il pût y en avoir davantage. Melville, expédié en avant pour transporter les vivres de la journée, laissa ceux-ci, comme je le lui avais dit, au troisième guidon ; mais quand arriva le premier canot, Dunbar leur fit remarquer qu'il existait un quatrième guidon, lequel indiquait la fin de l'étape du premier jour. Naturellement, je ne pouvais être partout, sur une longueur d'un mille et demi, de sorte que Melville, ignorant quelle était mon intention, s'en rapporta à ce que lui disait Dunbar et se remit en marche avec le premier canot, laissant les vivres près du troisième guidon.

Pendant ce temps, je faisais avec mes six hommes des efforts surhumains pour faire franchir un quart de mille au traîneau n° 1, au second canot et à la baleinière. Ne voyant pas revenir Melville ni ses hommes, nous commençions à être inquiets, ne sachant à quelle cause attribuer leur retard. A ce moment, nous vîmes Chipp, qui était en avant, s'arrêter tout court devant un obstacle invisible pour nous. Je courus aussitôt vers lui et je me trouvai en face d'une crevasse qui venait de s'ouvrir dans la glace, et nous séparait du reste de nos gens. En outre, pour la traverser, il devenait nécessaire de décharger le reste des bagages que nous avions avec nous pour les transborder au moyen d'un radeau.

Le contre-temps était sérieux. J'envoyai immédiatement chercher le youyou, pendant que j'aidais Chipp et le traîneau des malades à franchir cette crevasse. Chipp fut ensuite chargé de porter aux gens du premier canot l'ordre de revenir. Mais en attendant leur retour le temps se passait, et tout ce que nous eûmes à faire, mes six hommes et moi, aidés par les chiens, fut d'amener le deuxième canot, la baleinière et les traîneaux n° 1 et n° 2 sur le bord de la crevasse, prêts à être embarqués sur le radeau. Melville arriva enfin avec sa troupe vers dix heures du soir. Nous nous mîmes aussitôt en devoir de lancer les deux embarcations en travers de la crevasse ; nous parvînmes à les hisser de l'autre côté. Pour ne pas décharger nos traîneaux, nous cherchâmes un passage ailleurs et, au moyen de grands glaçons qui nous servirent de radeaux, nous arrivâmes, non sans risques, à leur faire traverser la crevasse. Pendant cette opération le patin de droite du traîneau n° 1 vint à fléchir et nous fûmes obligés de nous arrêter court, sinon nous l'eussions brisé complètement. Les traîneaux n° 2 et n° 5 eurent chacun un patin mis hors de service, les tenons des montants s'étant brisés. Ce ne fut qu'à minuit dix que nous fûmes hors de ce mauvais pas et, comme résultat obtenu, nous avions trois traîneaux hors de service, une heure de retard pour notre dîner, nos provisions à un demi-mille plus loin, et notre batterie de cuisine, nos lits, notre premier canot encore un demi-mille plus loin que nos provisions. Cependant, il n'y avait aucun remède à cet état de choses ; aussi, nous attelant de nouveau à nos deux embarcations, nous partîmes en avant, et à une heure et demie nous étions près du troisième guidon où se trouvaient nos provisions.

On nous raconta que, pendant le voyage du premier canot, Landertack avait eu des crampes violentes. Lee également était sujet à ces crampes, dont nous ne pouvions attribuer la cause qu'à l'empoisonnement par les sels de plomb.

Enfin, à 7 heures du matin, nous soupâmes. A 8 heures, une sentinelle fut désignée et chacun de nous se glissa dans son sac, épuisé de fatigue.

Le lendemain, de Long écrivait dans son journal : « Tous les hommes semblent frais et dispos ; et, chose étrange à dire, pas un de nous ne se ressent du pénible travail d'hier. Quant aux malades, Chipp est presque remis sur ses jambes; Alexis, le steward, et Kuehne sont mieux. Notre expérience jusqu'à présent n'est à la vérité pas trop encourageante : ces chemins affreux, cette neige molle et profonde, ces infernales crevasses ont singulièrement augmenté les difficultés que nous avons rencontrées. Ces nécessités de la situation où nous nous trouvons nous ont forcés à surcharger nos traîneaux qui, lors même que nous aurions une route commode sur la glace unie, seraient arrêtés par la neige aussi bien que n'importe quels autres traîneaux. Vingt-huit hommes et vingt-trois chiens qui nous restent sont obligés d'employer toutes leurs forces réunies pour mettre en mouvement un traîneau de 1.600 livres et le faire avancer de quelques pieds seulement à chaque fois; mais quand ce traîneau vient à glisser sur la pente d'un monticule de glace pour aller disparaître au pied dans un amas de neige, il faut alors des efforts herculéens pour l'en tirer. Quoique la température ait varié hier entre 20 et 25° seulement, nous étions en manches de che- mises, et cependant nous transpirions comme par une chaude journée d'été. Il devient évident que nous devons diminuer nos charges et augmenter le nombre de nos voyages. J'avais espéré réduire le nombre de ceux-ci à trois; mais j'aurai lieu de me tenir pour heureux désormais, si nous parvenons à transporter nos canots et nos provisions d'une étape à l'autre en six tournées consécutives.

Le lendemain dimanche (lundi), la majeure partie des provisions restées au premier campement furent amenées et réparties entre les divers traîneaux. La journée du lundi fut employée à transporter le reste, et le mardi de Long écrivait sur son journal que sa troupe ne se trouvait encore qu'à un mille et demi de son point de départ du vendredi précédent. La nuit suivante il plut abondamment, de sorte qu'on fit peu de chemin.

A aucune époque de l'année, dit de Long, la marche n'est plus pénible que maintenant. Si, pendant les mois d'hiver et du printemps, le froid est pénible, du moins il fait sec. L'automne ou la fin de l'été sont les moments les plus favorables pour voyager dans ces régions, parce qu'alors la neige a disparu, et la surface de la glace est excellente. Mais actuellement on enfonce dans la neige ramollie, de sorte qu'il est presque impossible d'avancer, et s'il survient une série de jours pluvieux, la misère de l'infortuné voyageur est à son comble. Les chiens eux-mêmes se réfugient sous les canots pour y trouver un abri, ou viennent pleurer à l'entrée des tentes pour qu'on leur permette d'y entrer. Lorsqu'on est à terre, le bruit des gouttes d'eau que le vent

Le commandant Bieschoff rassemble des chiens pour ramener Danenhower.

fouette contre les vitres ne manque pas d'un certain charme, mais ici
celui de la pluie qui frappe sur la toile de nos tentes en est complètement dépourvu. Point de feu naturellement autre que celui de notre
cuisine, et pas un fil de nos vêtements qui soit sec. En outre, de petits
filets d'eau qui nous tombent sur le dos, par les trous ménagés pour la
ventilation de la tente, viennent encore ajouter à notre humidité. Nos
haltes répétées et nos arrêts prolongés m'ont fait remarquer que plusieurs membres de la troupe avaient emporté des objets en dehors de
ceux portés sur la liste réglementaire. Je suis étonné du nombre d'objets d'un poids insignifiant qui ont pu se glisser ainsi furtivement dans
nos bagages; mais ce qui me surprend encore plus, c'est le poids
qu'ils ajoutent à notre charge. Une nouvelle inspection devient donc
nécessaire avant d'aller plus loin.

Mardi, 21 juin (mercredi, 22), à deux heures du matin, la pluie a
cessé. M. Dunbar est envoyé en avant pour tracer une route et placer
les guidons. A 3 h. 1/2, je partis accompagné de Knack, avec un traîneau attelé de neufs chiens, pour porter en avant quatre cent cinquante
livres de pemmican et cinquante livres d'extrait de Liebig. M. Dunbar
nous a tracé deux routes, l'une au milieu de glaçons amoncelés, l'autre
à travers une plaine ravinée. Sur un point le chemin est affreux; nous
devons y rencontrer une crevasse qui, si elle s'élargit, nous forcera
d'établir un pont, ou d'avoir recours à un radeau de glace pour la passer. Nous avons donc une rude journée en perspective.

Tout le monde est debout à six heures du soir. A sept heures et
demie, nous nous mettons en route. Melville part en avant avec les
traîneaux n° 1 et n° 2 ; Erickson et Leach retournent à notre ancien
campement avec deux traîneaux attelés de chiens, pour en rapporter
le reste des provisions. Nous laissons nos tentes debout, avec nos
couchettes et notre batterie de cuisine ici, pour le cas où nous serions
obligés d'y revenir pour dîner. Le docteur et les malades restent naturellement avec les tentes. A 8 h. 1/2, Melville revient avec sa troupe
après avoir conduit les deux traîneaux jusqu'au bord de la crevasse
dont j'ai parlé ce matin, car celle-ci s'est élargie comme je l'avais
prévu. A 9 heures, un second convoi se met en marche ; à 9 h. 1/2,
je l'ai suivi avec le reste de la troupe. Comme Dunbar était resté près
de la crevasse avec deux hommes afin d'amener un gros glaçon pour

établir un pont, j'avais donné l'ordre à Melville, au cas où le premier aurait réussi dans son entreprise, de faire passer immédiatement nos effets de l'autre côté de la crevasse : comme il ne revenait pas, j'en conclus qu'il exécutait cet ordre. Impatient de voir par moi-même l'état des choses, je renvoyai en arrière Erickson et Leach qui étaient de retour, pour prendre, avec un traîneau attelé de trois chiens, le youyou que nous avions encore laissé au campement, et, plaçant la batterie de cuisine du n° 1 dans l'autre traîneau à chiens, je partis en avant. Il était minuit, nous étions donc arrivés au mercredi 22 juin (jeudi 23). A peine avais-je fait un quart de mille, que j'arrivai sur le bord d'une crevasse. Là, malgré mes efforts, les chiens sautèrent chacun sur un glaçon en renversant le traîneau, et m'entraînant moi-même après avoir éparpillé toute la batterie de cuisine ; puis, quand ils furent arrivés sur l'autre bord, ne pouvant plus avancer à cause du traîneau, ils s'assirent sur leur derrière et se mirent à hurler tout leur saoûl. Je me hâtai de rassembler mon bien ainsi dispersé, puis, redressant le traîneau, je lui fis franchir la crevasse, et alors mes chiens, ne sentant plus de résistance, reprirent leur route ; mais cet accident me fit perdre une heure, et quand j'arrivai près de Melville, je le trouvai embarqué, avec tous les canots et tous les traîneaux, sur un radeau de glace, aucun de nos bagages n'étant encore de l'autre côté de l'ouverture. Je lui criai de dîner, lui disant que je le rejoindrais un peu plus tard quand le youyou serait arrivé. Mais, étant parvenu à prendre possession d'un bloc de glace, il vint me chercher et me transporta, avec mes chiens et mon traîneau, jusque sur son radeau. Alors, nous nous mîmes immédiatement en devoir d'établir un pont, et avant de nous asseoir pour dîner, nous avions déjà fait passer deux traîneaux sur la glace solide. Il était 1 h. 1/2 quand nous prîmes notre repos. Erickson et Leach arrivèrent à 2 h. avec le youyou. A 2 h. 20, nous nous remîmes à la besogne, et bientôt la baleinière et le second canot eurent rejoint nos premiers bagages sur la glace solide. Pendant que Melville et sa troupe retournaient en arrière pour cher-cher le premier canot, je partais avec Erickson et Leach et les deux attelages de chiens pour conduire le pemmican et le biscuit au bout de l'étape. A notre retour sur le bord de la crevasse, nous trouvâmes le docteur et les malades embarqués sur un glaçon, car les deux bords

de l'ouverture s'étant écartés pendant notre absence, notre pont avait
été détruit ; nous en construisîmes un second en amenant de nouveaux
brocs de glace et, tout chancelant qu'il fût, nos malades purent s'y
aventurer et nous rejoindre ; nous passâmes ensuite les médicaments,
et enfin, après tant de travaux, nous nous trouvâmes tous campés, à
6 heures du matin, sur un banc de glace solide où Melville était venu
nous rejoindre avec le premier canot qu'il avait dû mettre à l'eau pour
lui faire traverser l'ouverture de la glace. A 7 heures, nous commencions à souper. Il eût été impossible de trouver des gens plus fatigués
et plus affamés que nous ne l'étions. Aussitôt notre repas terminé,
nous nous couchâmes. Pendant ces dix heures d'un travail accablant,
nous n'avions parcouru qu'un demi-mille.

Mercredi, 22 juin (jeudi, 23). — Nous ne nous sommes relevés qu'à
6 heures du soir. L'état de nos malades n'est que passable : Chipp
a eu une mauvaise nuit ; c'est du reste celui d'entre nous qui peut
le moins résister à la fatigue. Quant à Alexis, la moindre douleur
d'estomac l'abat et le rend incapable de tout effort. Landertack a la
mine d'un homme qui se rend à un enterrement et compose son
visage pour la circonstance. Danenhower est toujours à moitié aveu-
gle. De son côté, M. Dunbar recommence à se fatiguer ; je lui ai
conseillé de prendre des précautions pendant quelques jours, afin de
ne pas épuiser complètement ses forces.

Notre départ s'est opéré comme d'habitude ; mais, à 11 heures 55,
nous avons atteint notre première halte. C'est la première fois qu'il
nous arrive d'être en avance ; il est vrai que nous n'avons rencontré
que de la glace solide.

Jeudi, 23 juin (vendredi, 24). — A minuit un quart, notre dîner
était prêt ; à 1 heure un quart, nous nous remettions en marche. Vers
2 heures, le ciel s'est éclairci et le soleil s'est mis à briller de tout son
éclat ; alors le brouillard s'est dissipé comme par enchantement. A
7 heures, nous atteignions le dernier guidon. Voici la première journée où nous ayons réellement fait quelques progrès, cependant je ne
crois pas avoir franchi plus d'un mille et demi, malgré un travail opiniâtre de sept heures. La surface de la glace me semble extrêmement
raboteuse dans la direction du sud. Je crains que notre prochaine
étape soit bien courte. Mais nous allons dormir jusqu'à ce soir et nul

ne sait ce qui se passera d'ici-là, peut-être notre réveil nous ménage-t-il quelque surprise.

Notre longitude est 152° est.

Nous nous sommes glissés dans nos sacs à huit heures et demie du matin ; à six heures, tout le monde était debout. Nous nous sommes mis immédiatement en devoir de déjeuner. A sept heures, M. Dunbar est parti en avant pour reconnaître la glace et nous indiquer le meilleur chemin. A huit heures il est de retour et « en avant ! »

Pour ne plus me répéter, je vais donner ici, une fois pour toutes, notre ordre de marche. Nous avions, en effet, abandonné notre plan primitif de retraite : d'abord parce qu'il était impossible à un moment donné de prévoir l'état de la glace pendant celui qui allait suivre ; ensuite parce qu'il était impossible également aux hommes de soutenir ce travail de dix heures sans tomber épuisés avant longtemps. A mesure que notre charge diminuera, nous pourrons modifier notre plan actuel et revenir au premier ; mais, pour l'heure présente, il ne peut plus être question de le suivre.

Melville, avec sa troupe, s'attelle au traîneau n° 1, déjà surnommé le « Walrus », lequel demande l'emploi de toutes leurs forces. Celui-ci rendu à destination, il revient prendre les autres qu'il amène ordinairement deux à deux. Erickson et Leach, avec leur traîneaux attelés de chiens, parcourent la même distance à plusieurs reprises ; d'ailleurs leur journée n'est qu'un va-et-vient continuel.

Qnand Melville a fini avec les traîneaux, il revient avec ses hommes chercher les embarcations. C'est alors que je fais partir le docteur avec les malades qu'il doit conduire jusqu'au lieu de la halte, tandis que je suis moi-même avec leur traîneau. Pendant ce temps-là, les embarcations arrivent ; et, tandis que les cuisiniers préparent le dîner, Melville et son monde conduisent les traîneaux à la prochaine étape. Vient ensuite le dîner, c'est ordinairement vers minuit. Une heure plus tard nous nous remettons en route. Les embarcations vont rejoindre les traîneaux ; le docteur arrive ensuite avec ses malades, et nous continuons à avancer dans le même ordre jusqu'à cinq heures et demie ou six heures du matin. C'est l'heure où j'arrive moi-même avec l'arrière-garde. Pendant que les cuisiniers préparent le souper et que les chiens amènent la dernière charge, les tentes sont plantées et nous nous mettons à souper à sept heures. A huit heures, nous nous couchons pour ne nous relever qu'à six heures du soir. Nous travaillons donc pendant neuf heures par jour, il nous en reste dix pour dormir et nous reposer, trois pour prendre nos repas, et deux pour installer notre camp et préparer notre nourriture, plier nos tentes, et tracer notre itinéraire.

Toutefois je dois dire ici qu'il n'est pas de travail plus pénible que celui de tirer nos traîneaux. De mon côté, mes deux officiers étant malades, j'ai autant de besogne que j'en peux faire. Heureusement, j'ai dans Melville un appui solide, qui peut les remplacer, et tant qu'il restera en bonne santé, tout ira bien. De son côté, le docteur s'emploierait volontiers à tirer sur le traîneau comme un simple matelot, mais je le crois nécessaire auprès des malades, et lui ai ordonné de rester près d'eux.

Aujourd'hui, nous avons fait une bonne journée, car nous avons avancé d'un mille et 1/4 au moins, malgré la glace qui, deux fois, s'est ouverte devant nous, et nous a donné quelque ennui pour faire passer nos chiens et leurs traîneaux. Heureusement, les grands traîneaux étaient déjà passés. Un des premiers s'étant à moitié renversé dans une crevasse, nous avons été obligés de couper les traits des chiens pour empêcher ceux-ci de se noyer et en même temps retenir le traîneau par derrière. Le chemin que nous aurons à parcourir pour notre prochaine étape se présente sous un aspect favorable. Nous nous trouvons sur un champ de vieille glace qui semble avoir encore plusieurs milles d'étendue. Cependant la journée d'aujourd'hui a été extrêmement désagréable à cause des flaques d'eau que nous avons rencontrées à la surface de cette glace. A maintes reprises, les hommes ont eu de l'eau jusqu'aux genoux, et tirer un traîneau dans de semblables conditions est un travail fort pénible. Çà et là, autour de nous, l'eau s'est accumulée sur certains points où elle forme des flaques qui gèlent pendant la nuit, mais que la chaleur du soleil suffit pour dégeler au milieu du jour, et c'est à travers ces mares que nous avons à opérer notre retraite. Dans quelque jours cette eau aura disparu au travers de la glace, mais nous ne pouvons attendre, car nous ne savons encore quelle est notre position.

Chipp est toujours très faible, il a peine à se rendre d'une étape à l'autre, même en faisant de fréquentes haltes. Je crains sérieusement pour lui. Landertack est guéri et a repris son service hier. Alexis, encore malade, est incapable de tout travail.

Star, qui souvent se distrait en lisant ce qui est écrit sur les papiers servant d'enveloppe à nos provisions, m'apporte une lettre qu'il a trouvée hier sur du café ; elle est ainsi conçue :

« Je vous écris afin de vous exprimer les souhaits que je forme pour votre grande entreprise. J'ai l'espoir qu'en parcourant ces lignes, elles vous rappelleront le confort que vous laissez derrière vous dans la patrie pour les progrès de la science. Si vous le pouvez, adressez-moi quelques mots ; mon adresse est : G. J. K. Post office box, New-York city. »

Le samedi, 25 juin, nous surprend à minuit, au moment où nous préparons notre dîner. A une heure, nous sommes à table. J'ai pris l'altitude du soleil à minuit. Quelle stupeur ! Mes calculs donnent 77° 46′ de latitude nord. Cependant, je suis sûr de mon observation. Je reprends donc mes calculs et les refais une demi-douzaine de fois. Toujours le même résultat ; à chaque fois j'obtiens 77° 46′. J'examine alors mon sextant ; il est en parfait état, et plus je l'examine, plus ma stupeur augmente. Partir du 77° 18′ nord, marcher dans la direction du sud pendant une semaine et, au bout de ce temps, se trouver à vingt-huit mille plus au nord que son point de départ, n'est-ce pas suffisant pour rendre quelqu'un anxieux et perplexe ? Longtemps je médite ce résultat, lui cherchant une cause d'erreur ; un moment je suis porté à attribuer cette erreur à un effet extraordinaire de réfraction ; mais, jetant les yeux sur les notes que j'ai prises pendant mon observation du 23, et dont je ne me suis pas servi, il faut bien me laisser convaincre que c'est 77° 46′. Aussi mon anxiété est à son comble. Cependant, à 4 heures 1/2 et à 7 heures 1/2 du matin, je fais de nouvelles observations. Cette fois, c'est 77° 43′. Plus inquiet que jamais, je prends la résolution d'attendre midi, afin de prendre la plus grande altitude du soleil, car je me défie des résultats donnés par des observations faites quand le soleil est près de l'horizon. Mais l'observation de midi, au moment où le soleil passait au méridien, me donna de rechef 77° 42′. Il ne reste donc plus de doute : mes observations du matin étaient exactes ; celle de minuit n'était même entachée d'erreur que par suite de la plus grande réfraction, causée elle-même par la basse

latitude où nous nous trouvions. Il me faut donc accepter la position
et modifier mes plans en conséquence. Au lieu de marcher droit au sud,
j'appuierai plus au sud-ouest, car la direction de notre mouvement de
dérive étant nord-ouest, nous la couperons plus rapidement qu'en allant
droit au sud, et nous arriverons ainsi plus vite sur la bordure des
glaces.

Pour diriger sa route, une région aussi accidentée que celle qui
s'étend devant nous mérite un examen plus sérieux que celui qu'on
peut faire en poussant une pointe en avant ; j'ai donc expédié M. Dunbar
pour nous chercher un chemin, afin de sortir de l'endroit difficile où
nous nous trouvions, tandis que je reste au camp, prêt à partir au premier signal. Après la pénible journée d'hier, ces quelques heures
supplémentaires de repos n'étaient pas hors de saison, et, si nous
trouvions une route commode, nous pourrions faire une longue étape
cette après-midi.

Dimanche, 26 juin, 1 heure 15 du matin. — M. Dunbar étant revenu, je suis parti en tête de la troupe. Melville est tombé dans l'eau
par accident et a été trempé jusqu'à la ceinture. Pendant la matinée,
le *Walrus* (traîneau n° 1) a failli s'enfoncer, en plongeant de l'avant,
sous la glace. Néanmoins, on a pu l'arrêter à temps et le retirer. Quoique la route ait été généralement meilleure qu'hier, comme il nous a
fallu construire au moins cinq ponts, nous n'avions fait qu'un demi-
mille dans la direction du sud-ouest au moment de faire halte, c'est-à-
dire à six heures et demie du matin. Depuis minuit, la chaleur avait
été accablante , quoique le thermomètre marquât seulement 23°
au soleil. Le ciel était sans nuage ; une légère brise soufflait du
sud-sud-ouest. Nous avions tellement souffert de la chaleur que nos
mains et nos visages étaient gonflés et bouffis. Pour ma part, je
souffrais considérablement des mains. A sept heures et demie du matin, le dîner était prêt. A huit heures et demie, j'ai lu le service divin,
et à neuf heures, nous nous sommes glissés dans nos sacs pour dormir.

Lundi, 27 juin, 1 heure du matin. — Nous nous sommes mis en
marche à 2 heures 5 du matin, et, depuis ce moment jusqu'à 7 heures, nous avons eu à accomplir la tâche la plus rude que nous ayons
encore eue. Cependant nous n'avons franchi qu'un demi-mille dans la
direction du sud-sud-ouest, ce qui nous fait, pour onze heures d'un

travail ininterrompu, un mille et un quart seulement. En quittant le lieu
de notre halte, nous nous sommes trouvés en présence d'une crevasse de vingt pieds de largeur, qu'il nous fallait traverser ; mais, pendant que nous y établissions un pont, elle s'est élargie de plus du double. Enfin, au prix des plus grands efforts, nous sommes parvenus à
rassembler trois larges fragments de glace sur lesquels nous avons eu
des peines inouïes à faire passer nos traîneaux et la baleinière. Quant
aux deux autres embarcations, nous avons été obligés de les mettre à
l'eau. A environ un tiers de mille plus loin, nous sommes arrivés sur
le bord d'une autre ouverture de soixante pieds de largeur. Cette fois,
il nous a fallu remorquer et tenir en place une véritable île de glace
épaisse de trente pieds ; mais à peine cette besogne était-elle finie,
que les deux bords de l'ouverture se sont éloignés l'un de l'autre, de
sorte que nous nous sommes vus forcés d'aller à la recherche d'autres
blocs de glace pour rétablir notre pont mobile. La glace semble se
ramollir partout et s'en aller à la dérive sans résistance. Cependant, la
saison n'est pas encore assez avancée pour que nous puissions espérer
trouver des canaux de quelque longueur; quant aux crevasses et autres
solutions de continuité, nous en trouvons assez qui nous causent
beaucoup d'ennuis. Travailler comme des nègres, pendant dix ou
onze heures chaque jour, pour n'avancer que d'un mille, est au moins
décourageant ; mais encore. savoir d'un autre côté qu'on est vraisemblablement entraînés de trois milles dans le nord-nord-ouest, quand on
fait un mille au sud-ouest, est vraiment capable d'inspirer des inquié-
tudes à un homme. Melville et le docteur sont les seuls de notre troupe
à qui j'ai fait connaître la latitude sous laquelle nous nous trouvons,
mais je veux que nul autre n'en soit instruit. Sans doute, cette désagréable nouvelle jetterait le découragement parmi nos hommes, qui
se laisseraient peut-être aller au désespoir. J'évite donc brusquement
toutes les questions que Chipp, Danenhower et Dunbar peuvent m'a-
dresser à ce sujet. Jusqu'ici tout le monde est gai et plein d'entrain; on
entend même les hommes chanter le long de la route. Puissions-nous
ainsi conserver longtemps notre santé et notre ardeur !

L'état de Chipp s'améliore.

Mercredi, 29 juin. — Étant partis en avant avec M. Dunbar et les
deux attelages de chiens, nous sommes arrivés subitement sur le bord

d'une nappe d'eau qui, autant que le brouillard nous a perm isd'en
juger, nous a paru former un canal d'une certaine longueur. Je suis
revenu en toute hâte chercher le youyou pour m'en assurer. Mais, hélas ! j'en ai été pour ma peine. Ce canal, dont nous avions espéré nous
servir, se terminait brusquement, et une autre ouverture semblable, de
vingt-cinq pieds de large, lui succédait, et pour traverser celle-ci nous
fûmes obligés d'établir un pont. Notre bonne fortune voulut cependant qu'un large glaçon se trouvât sous notre main, de sorte qu'après
un rude effort Dunbar, Shawell et moi nous réussîmes à le mettre
en place, et un rapprochement heureux des deux bords de la crevasse
nous en fit un pont solide. Malheureusement, les crevasses se succédaient, ce qui nous obligea à construire un certain nombre de ces
ponts. Jamais pareille malechance ne nous avait poursuivis. Nous n'a-
vions pas plus tôt traversé une crevasse qu'une autre s'ouvrait plus
loin ; à un moment, nous en étions entourés. Le pis est que toutes
étaient dans la direction de l'est à l'ouest. Il semblait que pas une ne
pût se former du nord au sud pour ouvrir un chemin à nos embarcations, et toutes celles que nous voyons de l'est à l'ouest serpentent et
se terminent en fissures étroites au milieu de fragments de glaces
amoncelées, entre lesquels il est impossible de frayer un passage pour
les bateaux. Souvent il nous est arrivé d'avoir à faire des ponts sur
trois ou quatre de ces canaux dans l'espace d'un demi-mille ; et quand
je songe que Melville et ses hommes ont chaque jour six et souvent
sept fois à parcourir la même route, aller et retour, je ne peux me
défendre d'un sentiment d'effroi à l'idée du chemin qu'ils parcourent.
Si on ajoute à cela les voyages que font les chiens, et le transport des
malades, on ne trouvera pas extraordinaire que nous redoutions la
rencontre de ces crevasses. Le champ sur lequel nous marchons actuellement est composé de vieille glace, fort dure, qui certainement ne
fond jamais. J'ai mesuré un glaçon auquel j'ai trouvé trente-deux pieds
neuf pouces d'épaisseur, et sur les points où il n'est pas sali par la
boue, sa tranche rappelle la blancheur de l'albâtre. La route est assez
bonne sur cette glace, et les traîneaux ne sont pas trop difficiles à tirer.
J'ai rencontré un autre bloc de seize pieds d'épaisseur qui, à mon avis,
était le produit d'une année, car il ne montrait pas la moindre trace
de soudure de couches superposées.

Danenhower m'a demandé aujourd'hui, avec insistance, de lui permettre de s'employer à quelque chose, prétendant qu'il était capable d'aider à tirer les traîneaux. Mais comme je le crois absolument incapable de faire quoi que ce soit, et qu'à mon avis son œil le rendrait plus nuisible qu'utile, s'il tentait de faire quelque chose, j'ai repoussé sa demande en la remettant à l'époque où il ne serait plus porté sur la liste des malades. Chipp semble reprendre des forces. La température s'est maintenue à 30° pendant toute la journée, mais elle paraissait beaucoup plus basse, car pendant toute la journée nous avons eu un brouillard intense qui nous pénétrait jusqu'aux os. Chaque jour nous avons les pieds mouillés dès le matin, et nous restons dans cet état jusqu'à notre dernière halte.

Jeudi, 30 juin. — Vers minuit, nous avons observé sur l'horizon une ligne de nuages noirs du côté de l'ouest, qui s'étendait du nord-ouest au sud-ouest. Pendant notre halte, ce nuage s'est étendu comme à l'ordinaire sur tout l'horizon, du nord au sud, et à une heure du matin, le ciel était entièrement couvert. Le temps est devenu brumeux, et une pluie fine et pénétrante a commencer à tomber. Le retour journalier de ce phénomène météorologique me fait croire que nous approchons de l'eau libre, car je ne peux admettre qu'un pareil brouillard soit produit par les vapeurs qui s'élèvent des crevasses de la glace. Chaque jour, vers minuit, le soleil se cache et l'eau perd lentement sa chaleur sous forme de vapeur, que le vent emporte à travers la plaine de glace où elle se condense et se dépose sous forme de brouillard. Généralement, quand nous nous levons à 6 heures du soir, le soleil brille de tout son éclat, et quand nous nous couchons il recommence à paraître. Mais entre minuit et l'heure où nous nous arrêtons pour camper, le ciel est brumeux.

Après notre dîner, c'est-à-dire à 2 heures du matin, nous nous sommes remis en marche. Étant partis en avant avec M. Dunbar, nous avons tracé une étape d'un mille et demi, au bout de laquelle se trouvait une vaste étendue de glace unie. A la vérité, la route exigeait la construction de quelques petits ponts, et des travaux pour l'ouvrir et la mettre en état, ainsi qu'un détour de cinq milles. Néanmoins, nous sommes parvenus à vaincre ces difficultés sans autre accident qu'un traîneau de Saint-Michel brisé, et la rupture d'une des traverses du

traîneau du premier canot. En maints endroits, nous avons rencontré
à la surface de la vieille glace des flaques d'eau qui m'ont paru de
même nature que celles dont parle le capitaine Nares, lesquelles fournirent constamment de l'eau potable à l'équipage de l'*Alert*. Voyant
quelques-unes de ces flaques geler par une température de 32°, je me
suis imaginé que l'eau devait en être douce ; mais le docteur, l'ayant
essayée avec du nitrate d'argent, a reconnu qu'elle contenait beaucoup
de sel.

Vendredi, 1ᵉʳ juillet. — La route que nous avons parcourue était
bien bonne, mais il a commencé à pleuvoir à 6 heures 1/2 du matin.
Pendant tout le temps de notre sommeil, la pluie n'a cessé de tomber
par averses, et quand l'heure du lever est arrivée, on pouvait entendre
le bruit des gouttes d'eau sur notre tente. Naturellement nos sacs sont
mouillés, et quelques-uns, celui d'Erickson et le mien en particulier,
sont trempés comme des éponges. Erickson, Boyd et Knack se sont
couchés avec des chaussures sèches, mais en se relevant, ils étaient
mouillés jusqu'aux genoux. Je me suis arrangé de façon à ramener
mes pieds dans un endroit sec, et alors j'ai pu dormir assez à mon
aise pendant quelques heures, c'est-à-dire jusqu'à ce que mes membre endoloris aient commencé à me faire ressentir l'infernale dureté de
la glace sur laquelle nous étions couchés. La neige nous offrirait une
couche plus molle, mais la chaleur de notre corps, en la fondant, en
aurait fait un marais. D'un autre côté, la fonte des neiges a produit une
si grande quantité d'eau sur la glace qu'il est impossible de trouver un
endroit assez sec pour que notre tapis de caoutchouc nous soit de
quelque utilité. Le moment du dîner est pour nous le plus désagréable
de toute la journée. Après nos premières heures de marche, nos pieds
et nos jambes sont mouillés, mais tant que nous sommes en mouvement, nous n'y songeons point ; c'est seulement pendant la halte que
nous sommes obligés de faire pour prendre notre repas, que nos
pieds se refroidissent et restent dans cet état jusqu'à notre arrivée au
lieu du campement, où nous pouvons changer de chaussures pour
nous coucher.

Dimanche, 3 juillet. — Ce n'est qu'à minuit que nous avons rencontré la glace unie, j'entends par là celle couverte d'une couche de neige
épaisse de deux pieds et à moitié fondue, qui recouvre des trous dans

lesquels nous plongeons souvent jusqu'aux genoux au moment où nous nous y attendons le moins. Nous nous sommes arrêtés pour dîner. A ce moment le soleil a voulu percer à travers les nuages et le brouillard, mais la température a paru s'abaisser ; aussitôt, afin d'éviter le vent autant que possible, nous avons étendu nos tentes, et nous nous sommes entassés derrière pour prendre nos repas.

A 9 heures du matin, j'ai lu aux hommes les articles du Code maritime et ensuite le service divin. Une demi-heure plus tard, nous sommes allés nous coucher. Excepté Chipp et Danenhower, tout le monde est gai et plein d'entrain, et tous semblent jouir d'une excellente santé. Nous avons des vivres en abondance et bon appétit, nous dormons bien, et J. Cole dit « que chaque jour il lui semble devenir plus alerte ». Mes observations nous placent par 77° 31 de latit. N. et 151° 41 de longit. E. ! soit, depuis le 25 juin, un changement de position de treize milles au sud et de trente vers l'ouest. Commme d'après nos calculs nous avons fait douze milles, il semblerait que nous n'avons pas eu de courant contre nous. Toutefois je n'oserais l'affirmer. Il se peut que notre mouvement de dérive ait été arrêté pendant ces trois jours par le vent du nord, il me faut donc accepter la position telle qu'elle est et pousser vers la bordure des glaces.

Lundi, 4 juillet. — A deux heures moins le quart du matin, nous avons fait halte pour dîner. A trois heures, nous nous sommes remis péniblement en route, et bien que nous devions nous attendre à quelque confusion parce que le *Walrus* s'est engagé hors du chemin tracé, nous avons évité néanmoins toute perte de temps considérable. A six heures 20 du matin, tous nos bagages étaient à un mille plus loin. Aujourd'hui nous avons donc franchi deux milles et un quart en huit heures 20 minutes, ce qui ne nous était pas encore arrivé.

Pendant le dernier quart de mille, nous avons rencontré une belle glace dure et unie, le long d'un canal étroit, de sorte que nous avons pu faire avancer deux traîneaux en même temps ; nous avons même traîné ensemble la baleinière et le second canot, laissant le premier canot pour un autre voyage. En réduisant ainsi le nombre des voyages de sept à quatre, nous faisons une grande économie de temps, quoique nous ne puissions le faire que pour de courtes étapes, car un tel travail met bientôt les hommes hors d'haleine. Depuis seize jours

que nous sommes en route, nous avons fait une brèche sensible à la
masse des provisions traînées par nos chiens, aussi leurs traîneaux
arrivent-ils au bout de l'étape un peu en avance sur les autres. J'ai
donc ordonné de faire une nouvelle répartition des fardeaux.

L'avenir ne nous apparaît pas sous de trop sombres couleurs. Je
remarque que nous ne consommons pas nos rations journalières de
pemmican. Celles-ci sont d'une livre par homme et, chose extraordinaire, les chiens eux-mêmes ne mangent pas entièrement les leurs.
Tous, nous aimons cette nourriture que nous mangeons froide, trois
fois par jour, comme une véritable friandise ; néanmoins, il semble
qu'une ration d'une livre soit trop forte. Mais le grand régal est l'infusion d'extrait de Liebig que nous prenons matin et soir. Notre ration
journalière est d'une once par homme, ce qui est suffisant pour nous
fournir à chacun une pinte de bouillon le matin et le soir. Je ne
connais rien d'aussi rafraîchissant et en même temps d'aussi nour-
rissant pour ces régions que ce breuvage, quand il est chaud. Dans
quelques tentes, on réserve l'once entière pour le dîner, mais sous la
nôtre nous préférons la prendre en deux fois : au commencement et
à la fin de notre travail.

Nous avons arboré nos pavillons en l'honneur de ce jour qui, pour
moi, est bien triste. Il y a trois ans, en effet, aujourd'hui, nous bapti-
sions *la Jeannette* au Havre ; que de beaux projets, que de beaux rêves
formés alors, qui se sont évanouis avec le navire ! Je ne pensais pas
que, trois ans plus tard, le 4 juillet me trouverait sur la glace, cherchant à regagner ma patrie, où m'attendent ceux qui m'accompagnaient
de leurs vœux, et ce, sans avoir rien fait, et n'ayant à raconter que
l'histoire de la perte d'un bâtiment. Mon devoir envers ceux qui m'ont
suivi est de les ramener sains et saufs dans leur patrie ; je leur dois
donc toutes mes forces et toute mon intelligence ; à moi seul incombe
le fardeau de les soutenir jusqu'au bout, ce qui m'oblige à désirer
aussi mon retour ; mais si ces deux devoirs ne s'imposaient point à
moi, je crois qu'il me serait indifférent d'être disparu avec *la Jeannette*. Comme les résultats ne répondent pas toujours aux bonnes intentions, je dois me forcer d'envisager mon malheur en face et
d'apprendre à en tirer tout le parti possible. Néanmoins, ce sera une
rude épreuve pour moi d'attacher à mon nom la renommée d'un

homme qui, après avoir entrepris une expédition polaire, a laissé couler son navire sous le 77e parallèle.

Nous nous sommes couchés à neuf heures du matin; appel à 6 heures du soir; déjeuner à sept; en marche à huit. A trois cents mètres du camp, nous sommes arrivés sur le bord d'une ouverture de 150 pieds de large, qui nous barrait le passage. Comme maintenant nous doublons nos convois, c'est-à-dire que nous emmenons deux traîneaux en même temps, un canal de cette largeur eût été cause de bien des ennuis pour nous. Cependant, apercevant un glaçon peu épais au milieu de ce canal, il m'est venu à l'idée de l'utiliser afin de ne pas perdre de temps. J'ai envoyé le youyou, qui a réussi à l'amener, et nous avons pu nous en servir comme de radeau pendant qu'on allait chercher les autres embarcations. Les deux canots et les deux traîneaux ont été ensuite transbordés, ainsi que le reste de nos bagages. Un peu plus loin, nous avons eu à recommencer la même opération, et à construire encore plusieurs ponts avant d'atteindre la glace solide que j'avais visitée le jour précédent avec M. Dunbar. La glace que nous avions trouvée auparavant sans solution de continuité se trouvait remplie de crevasses et s'en allait à la dérive. Ce n'a été que le lendemain, à une heure du matin, que nous avons jugé tous nos bagages suffisamment en sécurité pour nous arrêter et prendre notre repas. La neige tombait à ce moment-là en larges flocons, qui nous ont forcés de tirer nos tapis de caoutchouc de nos canots pour nous en faire des abris, de sorte que, comme le disaient quelques-uns d'entre nous, notre campement, pendant le dîner, ressemblait à une foire de campagne. Mais je ne pus m'empêcher de rappeler que ce jour-là, à Hoboken, bien des gens faisant une partie de pique-nique auraient accueilli avec plaisir une partie de la fraîcheur que nous ressentions; mais cette idée paraissant faire naître de tristes pensées, je n'en ai pas dit plus long.

A deux heures du matin, nous nous sommes remis en marche. Les crevasses de la glace nous ont causé encore quelques ennuis, mais nous nous sommes mis courageusement à établir des ponts. Pendant que nous y travaillions, on eût dit que tout le champ de glace entrait en mouvement, et l'agitation et les secousses qui se sont succédé pendant un quart d'heure ne nous en ont donné une preuve que trop sen-

Vue de Verschoyansk

sible. De gros blocs de glace, qui auparavant étaient retenus en dessous, se trouvant dégagés, se sont relevés et sont venus émerger à la
surface, comme de monstrueuses baleines. Quand les bords des îles
de glace venaient à se rencontrer, d'énormes blocs en étaient déta-
chés et restaient debout. Parfois ils atteignaient jusqu'à vingt-cinq et
trente pieds de haut. Une masse de blocs séparés, se trouvant réunis,
ont été chassés sur un énorme glaçon, où ils se sont entassés et ont
formé un monceau ressemblant à un édifice de trente pieds au-dessus
de la surface du glaçon. Au milieu de grincements et de sourds grondements que nous entendions de tous côtés, s'élevaient insensible-
ment au-dessus de la surface de la glace de gros sillons semblables à
d'immenses talus de neige. Quand de longues aiguilles de glace se
trouvaient élevées à trente pieds, elles s'inclinaient en arrière, puis
se brisaient en gros fragments qui retombaient, qui glissaient d'eux-
mêmes à la surface de la banquise à des distances énormes. Cependant nous avons quitté, je crois, la lace paléocrystique. Depuis hier,
nous marchons sur un champ de glace qui ressemble à la banquise
dans laquelle nous sommes entrés près de l'île Herald, et presque
partout me parait plus âgée d'une année. Si je ne me trompe, nous
pouvons être sortis du courant des glaces mobiles, et nous trouver sur
celles qui enserrent les îles Liakoff. Dans ce cas, nous ne serons pas
longtemps, j'espère, avant de trouver un canal dont nous pourrons
tirer parti.

Chipp est loin d'être aussi fort qu'il voudrait nous le faire croire.
Hier, le docteur, afin de se rendre compte de son état, a essayé de lui
supprimer le whisky. Or, pendant la nuit dernière (c'est-à-dire pendant le temps que nous consacrons au sommeil), Chipp n'a rien mangé
et n'a pu dormir. En outre, pendant tout le temps, il frissonnait
et poussait des gémissements. Nous tenons ce fait de Dunbar, car
Chipp affirme qu'il est parfaitement portant, et prie Dunbar de ne pas
le démentir quand le docteur le questionne. Il est assez fou, en effet,
pour désirer reprendre son service, se croyant capable de travailler.

Vendredi, 8 juillet. — Cette journée a débuté par le trajet le plus
écœurant après la journée la plus décourageante que nous ayons eue
jusqu'ici. Un vent du nord-ouest a disloqué la glace dans toutes les
directions, excepté dans celle que nous désirions, de sorte que notre

travail n'a été qu'une succession de transbordements à l'aide de radeaux ou d'établissement de ponts. Le vent était pénétrant, puis sont survenus le brouillard et la pluie habituelle, de sorte que nous étions mouillés et transis de froid. A deux heures du matin, nous n'avions pas encore dîné. Il nous a fallu six heures pour parcourir notre dernier demi-mille ; il était sept heures quand nous nous sommes arrêtés pour installer notre camp, et à 7 heures 1/2, nous nous sommes mis en devoir de souper. Le baromètre était à 29. 58, et le thermomètre marquait 31°. Nous sommes allés nous coucher à 9 heures du matin.

Tout le monde était debout à 6 heures du soir. Brise fraîche du nord-ouest. De trois à cinq heures, le ciel s'est découvert par endroits et le soleil s'est montré. A 8 heures, rafales de neige. A 8 heures 1/2, nous nous mettons en marche ; grâce à un bon chemin, nous faisons une bonne étape jusqu'à minuit cinq.

Samedi, 9 juillet. — Nous avons encore transporté tous nos bagages un quart de mille plus loin, et nous avons fait halte pour dîner. Le chemin parcouru aujourd'hui va nous dédommager de tous nos déboires et de tous nos contre-temps d'hier. Quand la glace n'est point disloquée, notre marche est assez rapide ; mais ces infernales crevasses nous font perdre beaucoup de temps. D'ordinaire, quand nous avons avancé d'un mille, les hommes en ont fait sept. Les allées et les venues, les marches en avant pour reconnaitre la route, mon retour en arrière pour amener l'arrière-garde me font parcourir trois fois la route le soir et le matin ; aussi la fatigue que j'éprouve me fait comprendre avec quel plaisir Melville et ses hommes doivent voir arriver l'heure du campement. Le vent du nord-ouest a persisté, et bien que nous nous soyons mis à l'abri de nos canots pour dîner, nous avons eu froid, et notre condition était vraiment misérable. Le brouillard de chaque jour est encore venu empirer la situation ; aussi je crois que personne n'a été fâché, quand, à une heure dix, j'ai donné le signal du départ.

Dimanche, 10 juillet. — Nous avons rencontré un nombre considérable de ces glaçons de forme bizarre auxquels Parry a donné le nom d'aiguilles de glace, et dont il attribue la formation à la chute des pluies sur les glaçons. Pour nous, ces aiguilles sont le résultat de la fonte plus rapide du sel sur certains points des glaçons que sur d'autres. Quand ces parties sont fondues, ce qu'il en reste affecte la forme de longs épis, dont un rayon de miel coupé en deux peut donner une idée assez exacte.

J'ai obtenu une bonne observation, ce matin, qui m'a permis de déterminer notre position. D'après mes calculs, nous sommes par 77° 8′ 3″ de latitude nord et par 151° 38″ de longitude est, — soit un changement de position de 26 milles 1/4 dans la direction sud 30° est. D'après notre estime, nous avions fait seize milles au sud-ouest; ce qui démontre avec combien peu de certitude on agit dans les conditions où nous sommes. Tout ce que nous pouvons faire est de continuer de marcher dans la même direction. Si notre longitude est exacte, c'est, en effet, au sud-ouest, à mon avis, que nous atteindrons le plus tôt la bordure de glace.

Nous avions soupé à sept heures et demie; j'ai lu l'office divin à neuf heures moins un quart, et à neuf heures nous sommes allés nous coucher.

Après notre souper, le cri de terre est venu susciter un peu d'émotion parmi nous. Nous découvrions, en effet, quelque chose au sud-ouest, qui, à vrai dire, avait l'apparence de la terre; mais le brouillard prend si souvent des formes trompeuses que nous ne pouvions être sûrs de rien. Or, comme la plus rapprochée des îles de la Nouvelle-Sibérie est à 120 milles de nous, à moins que nous ne devions découvrir une île nouvelle, ce n'est point une terre que nous avons vue aujourd'hui. J'estime que nous avons parcouru trois milles et demi dans la journée, c'est-à-dire en neuf heures et demie.

Nous sommes partis à huit heures un quart; à neuf heures j'ai pris les devants et j'ai rencontré Anequin, qui revenait en toute hâte pour chercher un fusil, disant que M. Dunbar avait vu un ours. Arrivant en tête de la troupe, j'ai, en effet, trouvé M. Dunbar qui, réellement, avait rencontré maître Bruin, et, en homme prudent, car pour toutes armes il n'avait qu'un bâton, il avait pris ses jambes à son cou. Mais à un détour il s'était trouvé à trente mètres de la bête, qui l'a poursuivi pendant une certaine distance. Enfin, celle-ci s'est arrêtée pour le regarder et s'est tenue à une distance respectueuse jusqu'au moment où Anequin est apparu avec son arme.

Des nuages que nous avions aperçus au sud-ouest sont pour nous

un indice plus certain de la présence de l'eau libre que tout ce que nous
avons vu jusque-là. Je les ai fait remarquer à M. Dunbar, qui m'a
dit qu'à son avis ces nuages ne se trouvaient point au-dessus de la
glace. Voulant m'en assurer, j'ai grimpé sur un monticule de glace
élevé d'une vingtaine de pieds au-dessus du niveau de l'eau, et, examinant soigneusement l'horizon avec une lunette, j'ai vu très distinctement de la terre et de l'eau. C'était donc bien une terre que nous
avions aperçue hier. En tous les cas, j'affirme avoir vu de la terre et
de l'eau. Mais quelle est cette terre ? Personne ne peut encore le dire.
Est-elle nouvelle? ou nos calculs de longitude étant inexacts, est-ce
quelque portion de la Sibérie? Ce ne peut guère être, en tous les cas,
une des îles Liakoff. Heureuse coïncidence : la nouvelle direction
que nous suivons nous y conduit tout droit. En voulant sortir plus
rapidement des glaces, j'ai donc fait sagement de quitter la direction
du sud pour celle du sud-ouest. M'en rapportant à mon jugement, je
peux estimer la distance de cette terre à dix ou quinze milles, et
comme j'ai pu distinguer de vastes nappes d'eau libre en même temps
qu'une longue bordure de glace, il serait possible qu'arrivés sur la
limite du champ de glace que nous traversons si laborieusement,
nous nous trouvions en face d'une mer ouverte qui pourra nous donner
passage jusqu'à la côte de Sibérie, vérifiant ainsi en partie les affir-
mations des explorateurs russes. Nous avons renversé tant de théories
émises par nos devanciers, qu'il serait difficile de nous faire croire
que nous pouvons avoir laissé la glace derrière nous près du cercle
arctique. Voilà un mois que *la Jeannette* a disparu, et je ne peux imaginer aucun travail plus pénible que celui qui nous est incombé depuis.
Au reste, le fait est incontestable, et il n'est pas un de nous qui ne re-
connaisse que c'est la plus terrible besogne qu'il ait faite de sa vie.
Traîner, toujours traîner, et nul ne sait combien. Les faux pas sur un
terrain glissant, les soubresauts et les saccades de la courroie du traîneau sont terriblement agaçants, et le travail à la pioche sur la glace
flottante fait mal dans tous les os.

Mardi, 12 juillet. — Nous n'avons pu distinguer de nouveau la terre
aperçue hier. L'horizon était couvert de brume au sud-ouest. Nous
avons vu de nombreux guillemots, quelques goélands, un pingouin et,
fait extraordinaire, le docteur a pris un papillon vivant, que j'ai con-

servé ; celui-ci n'est point un *habitué* des glaces, et a certainement été apporté par le vent du sud-est ou par celui du sud-ouest qui lui a succédé.

Le lieutenant de Long continue ensuite de raconter jour par jour les incidents survenus pendant la retraite, signalant tous les transbordements sur les radeaux de glace et la construction de tous les ponts. Il ajoute ensuite qu'on a revu de nouveau, au sud-ouest, ce qu'on a pris pour une terre, et que plusieurs hommes de la troupe affirment avoir aussi découvert de l'eau.

Le 14 juillet, il ajoute : La semelle des bottes de nos hommes s'use si rapidement sur les angles de la glace que nous traversons, que notre provision de peaux de réserve ne suffit plus aux réparations. J'ai déjà permis d'enlever pour cet usage le cuir des avirons du youyou, et, ce matin, j'ai dû faire enlever la garniture du gouvernail du premier canot. Ce cuir durera plus longtemps que des morceaux de peau, mais j'espère que bientôt mon esprit sera délivré de ce souci.

Vendredi, 15 juillet. — Nous marchons toujours au sud-ouest ; nous avons encore aperçu la terre. Au reste, tout me fait croire à son voisinage et à celui de l'eau libre. Pendant notre dîner (vers 2 heures 20 ou 22 du matin), la lune s'est montrée pour la première fois, je crois, depuis deux mois. Une autre vue qui nous a fait plus de plaisir est celle d'un phoque dans un canal, tout près de nous, et que M. Collins a tué. Cette fois, le youyou est arrivé à temps pour l'empêcher de couler à fond. Ce phoque est venu juste à temps pour varier notre nourriture. A sept heures et quart, nous nous sommes assis dans la tente n° 1 pour faire un souper réellement délicieux. Après notre long régime de pemmican, cette variante n'est ni plus ni moins qu'un extra. Rompant cette fois avec nos habitudes du bord, nous n'avons point laissé refroidir notre capture et nous l'avons encore moins pendue pour plusieurs jours dans notre garde-manger ; car, à deux heures, l'animal recevait le coup de grâce ; à quatre heures, il était dépouillé de sa peau ; à sept heures, nous commencions à le manger, et véritablement nous n'eussions pas fait un pareil festin chez Delmonico. La part revenant à notre tente fut bouillie dans l'eau avec trois onces et demie d'extrait de Liebig et un litre de croutons, et ce fut pour nous une fête dont je me rappellerai longtemps. Le cuisinier de la tente n° 4 fit frire une partie de la ration afférente à cette tente, et Melville me raconta qu'il avait trouvé à ce mets le goût d'huîtres frites.

Samedi, 16 juillet. — Temps clair et agréable. L'île nous est apparue plus distinctement qu'hier ; mais nous n'avons pu distinguer aucune trace d'eau libre. M. Collins a tué un autre phoque que nous avons repêché avec le youyou, ce qui nous a procuré l'occasion d'un nouveau festin. Dans la soirée, il m'est survenu un petit accident assez désagréable. Voulant me rendre au sommet d'un monticule de glace afin de mieux examiner la terre, je suis parti un peu en avant avec M. Dunbar. Le monticule se trouvant un peu en dehors de la route, il m'a fallu franchir quelques crevasses assez larges pour y arriver. En allant, tout se passa au gré de nos désirs ; mais, en revenant, ayant à franchir une crevasse de quatre pieds de large, j'ai choisi pour sauter un endroit où la glace peu solide m'a crevé sous les pieds, de sorte que je suis tombé dans l'eau jusqu'au cou. Heureusement que mes habits m'ont retenu un peu à la surface, et M. Dunbar a pu me saisir par la tête, croit-il, mais surtout par les favoris, à mon avis ; toujours est-il que j'ai cru qu''il allait m'enlever la tête de dessus les épaules. Mon jac se trouvant en arrière, aussitôt après avoir rejoint le youyou, je l'ai envoyé chercher. Bientôt après, j'avais des vêtements secs, et, grâce au beau soleil que nous avions, ceux que je venais de quitter séchèrent rapidement. — Le traîneau attelé de chiens étant venu à verser, nous avons perdu 279 livres de pemmican.

Mais l'événement de la journée a été la capture d'un beau gros phoque bien gras, qui nous a fourni des vivres et de la graisse pour nos bottes. Un autre fait aussi important est l'apparition d'un walrus : c'est le premier que nous voyons depuis fort longtemps ; mais, quoique blessé par M. Collins et par Nindermann, ce walrus est finalement resté au fond de la mer.

La terre nous est encore apparue plus distinctement aujourd'hui, mais il m'a été impossible de distinguer la moindre étendue d'eau libre. D'après mes observations, notre latitude est 76° 44', et notre longitude 153° 25' est, — soit, depuis le 10, c'est-à-dire depuis six jours, une avance de trente-quatre milles vers le sud-est. Comme la terre que nous voyons porte à l'ouest et au sud de l'ouest vrai, je ne peux croire

Station de Kengurach, au pied des mònts Verchoyansk.

que ce soit une des îles Liakoff, lors même que nos calculs de longitude seraient erronés.

Notre phoque nous a fourni un déjeuner délicieux à six heures.

Chipp, rayé ce matin de la liste des malades, a repris son service. C'est un renfort pour Melville, qui n'a plus qu'à s'occuper de préparer la route et à installer les ponts à la place du docteur, qui passe au cadre de réserve.

A neuf heures du soir, l'île est plus distincte que jamais. Je sens renaître l'espoir d'avoir fait une nouvelle découverte.

En repassant mes calculs de longitude, j'ai rectifié notre latitude. Je trouve actuellement 76° 41' de latitude et 153° 30' de longitude est; soit trente-sept milles parcourus dans la direction du sud, quarante-trois degrés est depuis le 10. La sonde nous accuse trente-trois brasses.

Dimanche, 17 juillet. — M. Dunbar croit que nous atteindrons la mer libre d'ici deux jours, mais la terre me paraît toujours aussi éloignée.

Un plongeon que j'ai fait aujourd'hui à travers la glace nous a révélé une curieuse ruse chez les morses. L'amphibie, cause de mon malheur, avait deux trous conduisant à la mer et communiquant ensemble par une galerie recouverte de neige et d'une mince couche de glace.

Je suppose qu'il se ménageait ainsi un réduit au cas où un ours serait venu à lui couper la retraite près du trou où il venait respirer; il y avait en effet une cavité où il s'était couché et gratté, car elle était toute tapissée de poil.

A partir de cette date jusqu'au mardi 26 juillet, les notes du capitaine de Long s'étendent sur les difficultés d'avancer sur la glace. Plus les naufragés approchent de la terre et plus la glace qu'il faut traverser devient impraticable. Pendant ce temps, ils ont tué un phoque, un ours, un walrus. MM. Collins et Chipp ont signalé une apparence de terre, mais les indices en étaient si vagues que de Long n'a pas jugé prudent de se détourner de sa route pour en vérifier l'existence. Enfin, il raconte que, le 26 juillet, M. Collins, s'étant levé pendant que les autres dormaient, a pu voir, en face du camp, une vallée dans l'île et distinguer de l'eau entre la plaine de glace où se trouvent les naufragés et une ceinture de glace qui entoure la terre.

Je crois que nous sommes assez à l'ouest pour n'avoir point à redouter d'être entraînés par le courant de glaces flottantes, à moins que nous ne soyions dans un tourbillon créé par ce courant et qui nous pousserait plus près de terre. Comme il est impossible de rien distinguer, ce serait une folie de se lancer au milieu de ce chaos d'où l'on ne pourrait sortir ; j'attendrai donc jusqu'à ce que je puisse profiter de quelque occasion favorable pour aborder.

Je n'oublierai jamais, je crois, la journée d'hier : nulle part au monde on ne peut rencontrer une série de difficultés et de contre-temps pareille à celle que nous avons eue, ni assister à un tel changement à vue dans la position des glaçons et des canaux qui les séparaient. A peine avions-nous commencé à manœuvrer nos embarcations le long d'une crevasse où nous croyions trouver une route sûre et commode, qu'elle se fermait. Quand nous étions sur la glace, c'était pis encore. Tantôt elle rompait sous nous, tantôt elle s'éloignait, s'en allant à droite quand nous voulions aller à gauche, et *vice versa ;* aussi chaque fois que nous étions parvenus à mettre en sûreté nos bagages en traversant une crevasse, c'était comme si nous les avions sauvés de la destruction ; ajoutez à cela que pendant tout ce temps nous avions la terre à moins d'un demi-mille. Cette terre, comme pour nous tenter, semblait nous inviter à aller nous mettre à l'abri sur son sol immuable et reposer nos membres fatigués sur la pente de ses collines couvertes de mousse.

Hier matin, quand je pris la résolution d'aborder, décidé à lutter au besoin pendant vingt-quatre heures pour triompher de toutes les difficultés qui se présenteraient, nous avions tant de voies ouvertes devant nous que j'étais embarrassé du choix, car toutes paraissaient devoir nous conduire à la côte ; mais, un quart d'heure après, je n'avais plus devant les yeux qu'un dédale inextricable de glaçons et de canaux. Il n'est pas besoin de dire que quand, à six heures du soir, j'abandonnai mon projet, nous étions tous épuisés et incapables d'un nouvel effort. Nous étions tous mouillés jusqu'aux genoux et les crampes que nous ressentions dans nos jambes raidies ont persisté encore pendant une heure ou deux après que nous avons été plongés dans nos sacs. D'ailleurs, nous étions tous trop fatigués pour goûter le repos dont nous avions besoin. Néanmoins, nous sommes tous très bien portants ce matin, et personne ne se ressent de ses fatigues. Peut-être notre posi-

tion est-elle meilleure, au reste, que si nous avions poursuivi nos efforts, car si nous n'étions pas arrivés à terre après un travail continuel
de vingt-quatre heures, nous nous serions probablement trouvés entraînés pendant la nuit par la force du courant à plusieurs milles de
la terre. Aujourd'hui, le brouillard s'est levé à midi, et nous a permis
de voir la terre pendant quelques instants. La pression de la glace, en
tournant autour de la pointe orientale de l'île, nous a refoulés dans la
baie, et entre le glaçon qui nous porte et le rivage existe un espace
presque libre de deux milles environ de largeur. Je suppose que les
nombreux blocs et monticules de glace qui entourent notre glaçon nous
offriraient de sérieuses difficultés pour lancer nos embarcations. En
dehors de cet amas de glace, la mer brise avec force ; en outre, le vent
souffle par rafales. La tente n° 6 a déjà été renversée deux fois. Je veux
donc attendre l'après-dîner pour voir la tournure que prendront les
choses.

A midi et demi, un ragoût d'ours nous a offert un excellent repas. A
une heure et demie, le brouillard nous a de nouveau caché la terre.
D'ailleurs, rien n'était changé dans notre situation. Si je n'avais suivi
que mes désirs, j'aurais donné désormais l'ordre de marcher en avant,
mais la prudence m'a forcé d'attendre que le vent se modérât. Le baromètre a baissé ; la pluie est tombée par grains, et il était impossible
de rien distinguer au milieu du brouillard. J'ai donc pris la résolution d'attendre que le temps s'améliore : alors je lancerai le second
canot afin d'essayer de porter quelques provisions à terre.

En un moment, la sonde nous indique trente brasses, sans révéler
l'existence du moindre courant. Notre glaçon supporte évidemment
une forte pression qui le tient solidement en place. Probablement, à
la première occasion, l'amas de glaces brisées qui nous enserre va se
disperser sans laisser l'espace nécessaire pour lancer nos canots, au
cas même où notre glaçon ne serait pas poussé impétueusement vers
la côte.

Pendant l'après-midi, l'apparence de la glace a changé constamment. A un moment, elle paraissait aller de notre glaçon à la côte. A
un autre, nous apercevions des canaux libres de glace. Notre glaçon s'est même trouvé isolé comme une île pendant un instant, de
sorte qu'il eût été possible de lancer les embarcations pour atteindre

le rivage. J'avoue que j'ai été tenté de le faire, mais j'ai réfléchi que la baleinière ne peut prendre autre chose que son équipage avant que ses gabords ne soient réparés, et que, dans ces conditions, les deux canots auraient six ou sept voyages à faire pour transporter tous nos bagages. D'ailleurs, avant que notre premier bateau eût été à l'eau, la glace s'est montrée entre la terre et nous, et la voie nous était fermée une fois de plus.

On croirait que la Providence dirige elle-même nos mouvements, car le glaçon sur lequel nous avons passé la nuit est le seul de quelque étendue ; partout autour de nous règnent la confusion et le chaos. Si j'en avais choisi un autre pour m'arrêter, il est difficile de dire où nous serions maintenant.

Nous sommes entraînés lentement vers l'ouest, dans la direction de la côte que nous longeons, à un mille ou un mille et demi de distance, et à l'heure actuelle (sept heures du matin), nous nous trouvons en face d'un glacier qui peut avoir vingt pieds de haut, et dont, avec une lunette, nous pouvons distinguer les bords déchiquetés. Pendant toute la journée, j'ai cherché attentivement un point pour atterrir, sans en trouver aucun. La côte n'est formée partout que de falaises abruptes ou de glaçons, et n'offre aucune place commode pour aborder. Le baromètre se tient immobile, et, quoiqu'il pleuve par instants et que nous n'apercevions qu'un ciel sombre, partout où le brouillard ne nous le voile pas, je compte sur une amélioration pour cette nuit. Un ragoût d'ours fait les frais de notre souper, à six heures du soir, et nous allons nous coucher à neuf heures.

Mercredi, 27 juillet. — Appel général à six heures. Déjeuner à sept. Le vent a tourné à l'est et s'apaise. J'ai attendu pendant toute la matinée une éclaircie, avec patience. J'étais plein d'espérance, mais en ce moment (1 heure du matin), un brouillard impénétrable nous environne. Le baromètre a monté, la température est à 30°. Nos sondes accusent seize brasses d'eau. Je crains que nous n'ayons été entraînés trop à l'ouest de la baie où nous trouvions hier treize brasses, pour espérer de pouvoir y aborder. Dans ce cas, nous aborderions la côte ouest de l'île. Le dernier espoir qui nous reste de rencontrer une voie ouverte dans le voisinage de cette île serait alors évanoui. Cependant, nous avons lieu de nous estimer heureux. Chacun de nous jouit d'une excellente santé, malgré les terribles efforts qu'il nous a fallu faire pendant quarante et un jours consécutifs de marche sur la glace. Notre appétit est extraordinaire et, pendant la nuit, nous avons un sommeil réparateur et ininterrompu. Nous avons fait une telle brèche à la chair de notre ours que nous aurons, pour souper, la ration ordinaire. (En cinq repas, nous avons absorbé environ 250 livres de chair d'ours. Le poids brut de l'animal devait être de 450 livres.) La seule trace qui nous reste de notre longue marche est que nos pieds sont devenus sensibles, sans doute parce que nous les avons eu trop souvent humides.

Nous avons dérivé le long de la côte depuis hier soir, et le glacier qui se trouvait alors en face de nous est maintenant sur notre droite. Mais nous nous trouvons à la hauteur d'un énorme banc de glace qui s'étend sans doute jusqu'au rivage, et dont nous ne sommes séparés que par quelques petits canaux insignifiants. L'occasion était trop belle pour la laisser passer. Tout le monde s'est mis à l'œuvre. A sept heures un quart, nous partions avec quatre traîneaux à la fois. Les officiers eux-mêmes tiraient sur les traits ; les embarcations sont enlevées à leur tour, et dans une heure tout notre bagage est amené sur le banc de glace. Mais nous découvrons bientôt que nous avons commis une erreur. Nous sommes encore sur une île de glace d'un mille et demi de large, et séparée du rivage par un chenal d'un demi-mille et rempli de glace brisée, formant un véritable dédale de canaux. J'ai reconnu aussitôt que nous ne pourrions surmonter cet obstacle pendant la nuit et que nous ferions mieux d'y consacrer un jour entier. Le vent ayant tourné à l'est-sud-est, soufflant avec une certaine violence, la pluie s'est ensuite mise à tomber avec persistance, et quand, à onze heures du soir, j'ai donné l'ordre d'établir le camp sur le glaçon, je crois que j'ai agi avec prudence.

Jeudi, 28 juillet. — Appel général à sept heures et déjeuner à huit. Temps brumeux et désagréable, avec un vent de l'est-sud-est. Nous entrevoyons la terre de temps en temps. Nous avons un peu dérivé vers l'ouest ; le baromètre indique une baisse considérable de pression atmosphérique ; le thermomètre est à 39°. En route à neuf heures moins dix. Envoyé M. Dunbar en avant, et quelque temps après nous avons réussi à traverser le bras de glace qui

nous a arrêtés hier, pour passer sur un petit glaçon que nous nous
hâtons de traverser. Le brouillard nous enveloppe d'un voile impénétrable ; je crains que nous ne soyons arrivés à un moment périlleux.
M. Dunbar, revenu, m'annonce néanmoins qu'après avoir quitté ce
glaçon nous ne trouverons plus que de larges blocs de glace séparés
par des canaux et s'étendant jusqu'à la ceinture, large de deux pieds
seulement, qui entoure ce rivage. Pour nous, c'est une bonne fortune
que nous ne pouvons laisser échapper ; nous marchons donc en avant.
Mais, malgré la hâte que nous employons à traîner notre dernier convoi à travers ce glaçon, quand nous atteignons le bord, tout est changé.
La glace s'est brisée, et nous nous trouvons en présence d'innombrables
blocs de glace, se mouvant avec rapidité. Beaucoup de ces glaçons
flottants ressemblent à de petites montagnes arrachées du pied d'un
glacier, et, avec les sommets arrondis et leurs arêtes à angle droit,
me font l'effet d'icebergs.

A midi et demi, tous nos bagages étaient arrivés sur le bord du
glaçon ; nous nous sommes mis alors à dîner. Le soleil essayait de
faire passer ses rayons à travers le brouillard : j'espérais donc une
éclaircie ; mais à une heure et demie, quand nous voulûmes nous
remettre à la besogne, le brouillard était redevenu aussi épais qu'auparavant. La situation s'était cependant améliorée, car un grand glaçon se trouvait alors le long du nôtre et quelques blocs de glaces nous
offraient les matériaux pour faire un pont convenable. Nous marchâmes donc en avant, mais ce glaçon avait une surface peu étendue, et
nous eûmes bientôt atteint le bord opposé. Ici, nouvelle source d'em-
barras. Heureusement nous avions devant nous un autre bloc plus
étendu sur lequel nous pouvions passer. Tous nos bagages furent
embarqués sur un radeau de glace, qui devait nous servir de bac, et
que nous nous proposions de haler avec une ligne. Après un travail
surhumain, notre radeau était débarrassé à quatre heures du soir, et
nous commencions le halage.

Soudain, de toutes les poitrines s'échappa la même exclamation :
« Regardez ! » En face de nous, la terre, comme un immense château-
fort, s'élevait à 2.000 pieds au dessus de nos têtes, tandis que nous,
nous l'évitions comme si nous nous fussions trouvés entraînés par le
courant d'un moulin. La sonde fut jetée en toute hâte. Dix-huit brasses

LE DÉPART DE NOROS ET DE NINDERMAN

Ils n'emportaient absolument rien à manger, il avaient une once d'alcool et 50 cartouches.

et demie. L'instant suivant, nous atteignîmes notre glaçon, et en avant !
Nous y précipitâmes nos traîneaux et nos bateaux ; voyant ensuite deux
ou trois blocs de glace qui se touchaient presque, nous y glissons nos
bagages en toute hâte jusqu'à ce que nous soyons arrivés en face de la
ceinture de glace qui environnaît l'île. La besogne avait été rude, car
les hommes, avec les tentes et le reste de nos provisions sur les épaules, avaient eu peine à courir assez vite pour arriver sur le dernier bloc
de glace avant que les autres ne fussent entraînés. Nous y étions enfin ;
mais là, notre position devint critique, car nous ne pouvions atteindre
le banc de glace du rivage, dont nous étions séparés par un canal de
dix pieds de large et rempli de glaces flottantes, tandis que notre radeau
s'en allait à la dérive avec une vitesse de trois milles à l'heure. En
outre, celui-ci n'était pas d'une grande solidité ; dans sa course, il
pouvait heurter quelques-uns des petits icebergs qui nous environnaient et se briser en nous séparant les uns des autres.

Le moment était vraiment dangereux. La pointe sud-ouest de l'île
n'était plus qu'à un demi-mille, et c'était notre dernière planche de
salut. Le fruit de plus de deux semaines de travail et d'efforts inces-
sants était donc sur le point de nous échapper. Bientôt je remarquai
que notre glaçon commençait à s'ébranler en décrivant un circuit, et
pouvait être conduit par ce tourbillon dans une espèce de crique
formée par la glace solide, et je jugeai que s'il s'y arrêtait quelques
instants, nous aurions le temps de débarquer. « Attention ! » m'écriai-
je, et, avec les traits de nos traîneaux à la main, nous guettâmes le
moment opportun. Quelques minutes après, le glaçon se trouva poussé
dans la crique, où il s'arrêta. « En avant, Chipp ! » Celui-ci sauta
aussitôt sur la glace solide. Le premier traîneau passa sans encombre,
le second faillit verser, le troisième versa en entraînant Cole avec lui.
Il fallut faire un pont pour pousser le quatrième. J'ordonnai immédiatement de faire passer les traîneaux de Saint-Michel, mais ils paraissaient retenus par quelque chose. Surveillant attentivement notre glaçon, je m'aperçus qu'il allait s'éloigner. « En avant, avec le bateau ! »
Aussitôt dit, aussitôt fait, les embarcations sont à l'eau. Les hommes
quittèrent les traîneaux pour se jeter dans les canots, et juste au
moment où l'on commençait à hisser le canot n° 1 sur l'autre bord,
notre gâteau de glace m'emportait avec Melville, Iverson, Anequin,

ainsi que six de nos chiens. Wilson avait emmené une partie de ceux-
ci dans le youyou, mais nous ne pouvions le faire revenir pour prendre le reste. Chipp était sur la glace solide avec les canots, et je savais
qu'il pouvait veiller à tout ; en outre, j'étais presque certain que tous
nos bagages étaient en sûreté. Quant à nous, qui étions sur notre
radeau de glace lequel, s'en allait à la dérive, j'avais bien un peu
d'inquiétude pour notre propre sort ; mais un des coins de ce glaçon
venant à s'approcher d'un bloc de glace solide, par un bond nous nous
mîmes bientôt en sûreté.

Enfin ! mais quoique nous fussions sur la glace solide, nous n'étions
pas encore à la rive. La ceinture de glace qui entourait l'île s'étendait loin du rivage, et entre celui-ci et le point où nous nous trouvions,
la banquise n'était qu'une masse confuse de blocs entassés et empilés
les uns sur les autres, et formant une chaîne de monticules, ou se trouvant juxtaposés comme des rayons de miel : c'était donc une barrière
infranchissable pour nos traîneaux. Mais pourvu que la base fût solide
et que nous pussions y planter nos tentes, peu m'importait le reste.
C'était assez pour moi de l'avoir trouvée à six heures et demie ; j'ordonnai donc d'installer le camp (notre premier traîneau était arrivé
sur la banquise à cinq heures), après avoir traîné tous nos bagages
aussi près que possible de la terre, c'est-à-dire à une cinquantaine de
pieds. La paroi de la falaise était littéralement animée par la multitude
d'oiseaux de mer qui s'y tenaient perchés.

Le souper eut lieu à sept heures et demie du soir. A huit heures et
demie, je réunis tous mes hommes pour la revue, et les conduisis tous
sur le rivage où nos couleurs nationales furent arborées. Alors, les réu-
nissant tous autour de moi, je leur dis :

« Cette terre que nous avons eu tant de peine à atteindre est une
nouvelle découverte. J'en prends donc possession au nom du président des États-Unis et lui donne le nom d'île Bennett. Je vous pro-
pose, en outre, de consacrer cette prise de possession par trois hurrahs ! »

Jamais hurrahs plus formidables ne sortirent de poitrines humai-
nes. Me tournant ensuite vers le lieutenant Chipp, je lui dis : « Lieutenant, accordez aux hommes de l'équipage toute la liberté que vous
pouvez leur accorder sur une terre américaine. » Trois autres hur-

rahs furent alors poussés en mon honneur. Maintenant, je corrige la date et rappelle qu'à huit heures et demie du soir, le 29 juillet, j'ajoutai l'île Bennett au domaine des États-Unis. Je baptisai du nom de cap Emma la pointe de terre sur laquelle nous avions pris terre. Nous allâmes nous coucher à neuf heures du soir. Un vent violent soufflait de l'est, tandis qu'un épais brouillard nous enveloppait et que les glaces flottantes passaient rapidement le long de la côte dans la direction de l'ouest. Pendant toute la nuit, les oiseaux firent un vacarme assourdissant, mais néanmoins nous dormîmes profondément.

CHAPITRE DIXIÈME

L'île Bennett. — La séparation.

L'île Bennett. — Excursions de M. Newcomb dans l'île. — Observations astronomiques et hydrographiques. — Les marées de l'île Bennett. — Un mot sur nos
chiens. — Départ de l'île. — Melville reçoit le commandement de la baleinière en
remplacement de Danenhower. — Ses instructions. — En vue de l'île Fadiewski.
— « Le camp des Dix-Jours. » — Nos embarcations. — Accident arrivé à la
baleinière. — On perd de vue le canot de Chipp. — Celui-ci nous rejoint au bout
de deux jours. — Koltenoï. — Semenowski. — Une chasse au renne. — Nouvel
accident survenu à la baleinière. — La tempête. — Position respective des trois
canots. — Les trois canots sont séparés par la tempête. — Continuation du
voyage de la baleinière. — Une manœuvre difficile. — La tempête s'apaise peu à
peu. — Nous gouvernons à l'est. — La terre. — Difficultés pour aborder. — Nous
entrons dans une rivière. — Discussion au sujet de cette rivière. — Nous continuons à la remonter. — Nous abordons enfin. — Les bas-fonds entravent notre
marche en remontant la rivière. — Une journée agréable à terre. — Trois indigènes. — Nous sommes sauvés. — La bienheureure médaille.

Avec la prise de possession de l'île Bennett , nous en avons fini
avec le premier des fragments du journal de de Long qui ont vu le jour.
Nous allons donc reprendre la suite du récit du lieutenant Danenhower.

La première des libertés octroyée aux gens de l'équipage par le
lieutenant Chipp fut celle, pour chacun, de disposer de son temps
au gré de son humeur pendant la journée du lendemain. D'ailleurs,
le capitaine, sur l'avis du docteur, avait résolu de séjourner pendant
plusieurs jours à l'île Bennett, afin de reposer ses hommes. En outre, nos embarcations avaient besoin de réparations, la baleinière
principalement. Celle-ci, à cause de sa longueur, étant fort difficile à
manœuvrer rapidement au milieu des glaçons, nous étions obligés de
présenter son étambot dès que nous prévoyions un choc ; il en était
résulté que ses gabords étaient brisés. Le corps de cette embarcation
avait beaucoup souffert, de sorte qu'il était devenu souple comme un
panier. Nous ne pouvions donc repartir avant de l'avoir réparée. Ce
délai nous permit de visiter les côtes de l'île ainsi que l'intérieur.

Deux expéditions furent envoyées le long des côtes : l'une, composée
de M. Dunbar et des deux Indiens, partit à l'est du point où nous
nous trouvions, et revint, au bout de deux jours, après avoir touché à
la pointe nord-est. M. Dunbar nous raconta, à son retour, qu'il avait
vu, le long de cette partie de la côte, plusieurs vallées couvertes de
gazon, et dans lesquelles il avait trouvé de vieux bois de rennes, du
bois flotté, ainsi qu'une multitude d'oiseaux. A son avis, cette partie
offrait plus de ressources que celle où nous avions abordé. La seconde de ces expéditions, sous la direction du lieutenant Chipp et de
M. Collins, s'était dirigée vers le sud, et, après avoir visité les côtes
sud et ouest, nous en fit un tableau attrayant ; il rapportait, en outre,
quelques échantillons de lignite pris sur différents points du rivage.
Ceux-ci furent essayés par M. Melville, qui déclara qu'on pourrait
s'en servir pour chauffer les chaudières à vapeur.

Pendant que ces deux expéditions accomplissaient leurs missions
respectives, d'autres membres de notre petite troupe pénétraient dans
l'intérieur de l'île, et allaient à la chasse ou à la recherche du bois
flotté, afin d'économiser notre provision de combustible.

Les matelots nous rapportèrent plusieurs centaines d'oiseaux qu'ils
avaient tués en quelques heures, soit avec des pierres, soit avec des
bâtons. Ces oiseaux furent partagés entre nos différents groupes, mais
leur chair produisit sur tous, y compris le docteur, absolument le
même effet qu'eût produit de la viande de veau tué trop jeune. Je fus
le seul à échapper à cet inconvénient, sans doute parce que je man-
geai chaque jour la valeur d'une demi-botte de cochléaria. Aussi, chacun se remit-il avec plaisir à notre ancien régime du pemmican ; au
reste, nous nous étions tous rassasiés bien vite de la chair de ces
oiseaux.

Nous allons maintenant emprunter quelques détails sur l'intérieur
de l'île à M. Newcomb qui l'a spécialement visitée.

« Aussitôt après la cérémonie de prise de possession, dit-il, je fis
une première excursion dans l'île. Le lendemain, je repartis dès le
point de jour avec mon fusil et mon carnet pour continuer l'étude commencée la veille. Ce jour-là, malgré le brouillard, une légère brise
soufflait au sud ; nous eûmes quelques rayons de soleil. Je suivis
d'abord le rivage, où je remarquai un courant rapide près de la côte,

en même temps qu'une élévation de marée de deux pieds. Poursuivant ma course au delà d'un rocher auquel nous avions donné le nom
de *gouvernail*, à cause de sa forme, j'essayai d'atteindre le point où les
pingouins et les guillemots avaient coutume de se reposer. Il me fallut, pour y arriver, gravir une pente de douze cents mètres sur des
roches désagrégées qui cédaient souvent sous le pied. Arrivé au terme
de mon ascension, je pus considérer autour de moi une multitude
d'oiseaux de tous les âges, depuis celui encore couvert de duvet, à
celui qui est déjà parvenu à moitié de sa croissance. Les pingoins
étaient assis en longues files, comme les citoyens de « Cranberry
centre » à une réunion du conseil de la ville, et faisaient un grand vacarme. Imaginez-vous maintenant des rochers en forme de tourelles,
d'un ton brun, riche et chaud, taillés dans le flanc d'une montagne et
couronnés d'un végétation courte, mais d'un vert éclatant, et vous
aurez une idée du paysage qui s'offrait à mes yeux. Ajoutez sur ces
tapis de verdure des rangées d'oiseaux d'un noir de charbon avec des
taches blanches sur les ailes et des pieds d'un rouge éclatant, surveillant silencieusement l'intrus qui s'introduisait dans leur domaine, et
vous aurez un tableau complet de la scène où je me trouvais, à moins
que votre imagination ne puisse s'égarer jusqu'à se représenter un
goëland au plumage d'un blanc pur passant à tire d'aile au fond du
tableau, et faisant résonner de ses cris discordants chaque anfractuosité des rochers qui constituaient le décor de cette scène. L'ascension
avait été relativement aisée, malgré la raideur de la pente ; mais la
descente fut difficile et même périlleuse ; en maints endroits, il me
fallut creuser un trou pour y appuyer la pointe de mes pieds, ou enfoncer mon poignard jusqu'à la garde dans la terre meuble pour me soutenir pendant que je me laissais glisser. A un certain endroit, je man-
quai cette marche improvisée et me mis à dégringoler. Heureusement
je ne descendis qu'une vingtaine de pieds, n'y laissant que mes
ongles et une partie de mes habits, déjà usés. Quelques minutes plus
tard, j'entendis une voix me crier : *Look out, sir!* (Prenez garde l) Au
même instant, je vis arriver une avalanche de pierres et de terre.
Heureusement un rocher faisant saillie se trouvait près de moi ; je me
blottis dessous, et l'avalanche passa roulant comme une trombe sur
la place que je venais de quitter. C'était Shawell qui me valait cette

Les buttes de Bulcour.

alerte. Au bas de la montagne, il me raconta que jamais il n'avait espérer s'en tirer.

« Depuis lors, j'ai eu maintes aventures périlleuses, desquelles je me suis tiré ; mais ce pauvre Shawell, mon compagnon de ce jour-là, n'est plus, hélas ! C'était un brave camarade, toujours gai, et dont l'heureux caractère a puissamment contribué à entretenir la bonne harmonie dans notre camp.

« Deux jours plus tard, je me rendis à un point dangereux et sauvage, situé à quelque sept cents mètres sur le flanc d'un rocher, où je tuai quarante pingouins. On eût dit que chaque détonation de mon fusil, en ébranlant l'air autour de moi et en se répercutant cent fois au milieu des rochers qui m'environnaient, allait faire crouler celui qui me portait.

« Le 1er août, je fis une nouvelle excursion et m'éloignai de sept à huit milles de notre campement. J'eus, dans cette circonstance, l'occasion de visiter la plus vaste agglomération de nids que j'aie jamais vue. L'endroit où elle se trouvait servait d'asile à des milliers de pingouins, de guillemots et de goëlands de toutes espèces. A chaque détonation, ils s'élevaient en l'air en rangs si serrés, que la lumière du soleil en était littéralement obscurcie. Ils faisaient un tel vacarme que je crus que le rocher allait s'écrouler, et, à ce moment, on eût en vain essayé de se faire entendre à quelques pas. L'espèce la plus commune, parmi ces oiseaux, était la mouette tachetée. J'arrivai quelquefois à six ou huit pieds des nids avant que la mère ne l'abandonnât. En vérité, j'enviais à ces jolies créatures leur tranquille demeure.

« Le site le plus charmant que je rencontrai dans cette île est une vallée qui se prolonge jusqu'au bord de la mer. Au centre, coule un torrent d'une eau pure et glacée, qui baigne, en passant, le pied d'un groupe de rochers, qui s'élève à mi-côte et dont l'aspect rappelle les grands castels des temps jadis. Sans doute, j'étais le premier être humain dont le pied foulât cette enceinte. Involontairement je m'arrêtai comme pour attendre que quelque gigantesque chevalier sortît de son donjon pour me demander de quel droit je me permettais d'envahir son domaine. Je ne rapportai de cette excursion que quelques œufs et quelques oiseaux, mais une ample provision de cochléaria. »

Pendant la nuit du 3 août, nous fûmes témoins d'un vaste éboulement. Une partie de la côte s'écroula, près de notre camp, avec un bruit formidable. D'énormes rochers furent précipités du flanc de la montagne jusque dans la mer. Les flots, rejaillissant alors à une hauteur prodigieuse, vinrent retomber autour de nous en une pluie fine.

Pendant que chacun errait ainsi à son gré, le capitaine ne restait point inactif, il avait établi un observatoire à la pointe méridionale de l'île, à laquelle il avait donné le nom de cap Emma, en l'honneur de Mme de Long, et prenait les hauteurs du soleil pour rectifier les erreurs de nos chronomètres. Malheureusement, le temps, presque constamment brumeux, ne fût guère favorable à ce genre d'observations.

D'un autre côté, d'autres observations étaient faites sur les mouvements de la marée, très sensibles en cet endroit, et l'on peut même dire extraordinaires pour cette partie du globe. La glace sur laquelle nous étions campés était continuellement en mouvement et semblait s'abaisser régulièrement avec le flux et le reflux. Une échelle de marée avait été installée au rocher du gouvernail, où Bartlett et Ninderman allaient à chaque heure noter le niveau de la mer. Autant que je puis me rappeler, la grande élévation du flot observée fut de trois pieds. Les mouvements de va-et-vient de la mer se succédaient régulièrement à six heures d'intervalle.

Outre ces observations et les objets d'histoire naturelle amassés par M. Newcomb, nous avions recueilli, pendant notre séjour à l'île Bennett, une caisse d'échantillons minéralogiques, qui a pu être sauvée, car cette caisse a été retrouvée dans la cachette faite par le capitaine à l'embouchure de la Léna, et se trouve aujourd'hui en ma possession. Parmi les échantillons les plus précieux, il faut citer certaines améthystes et certaines opales devant lesquelles le docteur ne cessait de s'extasier. Malheureusement, celles-ci sont probablement perdues.

Avant de quitter l'île Bennett, j'avais remarqué que la mer était plus libre au sud et à l'ouest qu'à l'est. Cette remarque me fait supposer que dans les saisons favorables un vaisseau pourrait aborder cette île et y trouverait une excellente base d'opérations pour une exploration au nord.

Jusqu'à présent, nous avons eu peu d'occasions de parler de nos chiens, dont quelques-uns nous rendaient de véritables services ; mais plus de la moitié, soit faute de nourriture, soit faiblesse naturelle, n'étaient plus propres à rien. De quarante que nous avions pris en partant de Saint-Michel, seize étaient morts de leur mort naturelle ou avaient été étranglés par les autres pendant les deux hivers que nous venions de passer dans les glaces. Quand la provision de nourriture que nous avions apportée pour eux fut épuisée, commença une longue période de disette pour ces pauvres bêtes, car le gibier était rare. Chaque homme de l'équipage avait, il est vrai, son favori, avec lequel il eût volontiers partagé sa ration, si elle eût été suffisante ; mais malheureusement il n'en était pas ainsi. A l'île Bennett, nous en avions encore vingt-trois ; mais à la veille de notre départ, nous dûmes nous résoudre à sacrifier les plus mauvais. Onze, je crois, furent tués dans cette circonstance. Nous prîmes le reste à bord des canots, mais ils furent pour nous la cause de bien des ennuis. La plupart, en effet, sautaient sur les blocs de glace que nous cotoyions et nous finîmes par les perdre. Seuls, Kasmalka et Suvoyer furent assez dociles pour rester avec nous jusqu'au bout.

Nous quittâmes l'île Bennett le 6 août, c'est-à-dire cinquante-trois jours environ après le commencement de notre retraite. A partir de ce moment, notre marche devint plus rapide, car nous pûmes nous servir de nos embarcations. Néanmoins, la prévoyance nous empêcha d'abandonner nos traîneaux.

Ce ne fût que deux jours plus tard, c'est-à-dire le 8, que nous les laissâmes sur un glaçon avec une partie de nos provisions et tous les objets qui ne nous étaient pas absolument indispensables. C'est aussi à partir de cette époque que nous commençâmes à voyager pendant le jour. A l'île Bennett, le docteur Ambler, qui jusque-là avait fait partie de notre troupe, fut adjoint à celle du capitaine, en même temps que Melville recevait le commandement de mon canot, c'est-à-dire de la baleinière. En le lui conférant, de Long lui avait remis des instructions écrites, lui indiquant la conduite à suivre, quels que fussent les événements postérieurs.

Bien que ces instructions ne soient que mentionnées dans le récit de Danenhower, nous croyons devoir les reproduire ici in-extenso.

Expédition arctique américaine.

Cap Emma, île Bennett, par 76° 38' latitude nord et 148° 20' longitude est.

5 août 1881.

A Monsieur Geo-W. Melville, aide-ingénieur de la marine
des États-Unis.

Monsieur, nous quitterons l'île Bennett demain, et poursuivrons notre route (sur la glace ou sur l'eau, suivant les circonstances) dans la direction du sud magnétique. Si, à un moment donné, nous nous embarquons dans nos canots, je vous ordonne de prendre le commandement de la baleinière et de le conserver jusqu'au moment où je vous en relèverai ou vous assignerai d'autres fonctions. Chacun des hommes soumis à mon autorité qui prendra place dans cette embarcation, à quelque moment que ce soit, entrera sous votre responsabilité et devra se soumettre à vos ordres. De votre côté, vous devrez mettre tous vos soins et toute votre sollicitude pour assurer le salut de vos subordonnés aussi bien que celui de votre canot. Autant que les circonstances le permettront, vous devrez vous tenir aussi près que possible de mon propre canot; mais si, par malheur, nous venions à être dispersés, tous vos efforts devraient tendre à poursuivre votre route vers le sud, jusqu'à ce que vous ayiez atteint la côte de Sibérie, et à longer celle-ci vers l'ouest jusqu'à la Léna. — L'embouchure de ce fleuve est le point vers lequel nous nous dirigeons. — Arrivé là, vous auriez, en cas de dispersion des canots, à remonter le fleuve jusqu'à une station russe, d'où vous pourriez communiquer avec une ville, ou même y être envoyé pour mettre votre parti en sûreté. Au cas où mon canot viendrait à être séparé des deux autres, vous vous trouveriez par là même sous l'autorité du lieutenant C.-W. Chipp, et tant que vous resteriez près de lui, vous devriez vous soumettre à ses ordres.

Georges-W. DE LONG,

Lieutenant de la marine des États-Unis, commandant de l'expédition.

Après la retraite de mon commandement, je reçus néanmoins l'ordre de rester dans la baleinière en qualité de simple passager, et de prêter mon concours, comme marin, dans les moments difficiles. Pendant tous le reste du voyage, je portai moi-même mes bagages personnels et fis tous ce qui était en mon pouvoir pour aider mes compagnons.

M. Dunbar fut aussi détaché de sa troupe et adjoint à celle du lieutenant Chipp.

Jusqu'au 20 août notre marche fut assez rapide. Ce jour-là, de larges canaux s'ouvraient devant nous et nous offraient une route facile, qui nous faisait envisager l'avenir avec sécurité. La brise était fraîche et favorable ; le premier canot, suivi de près par la baleinière et le second canot, avait réussi à se frayer heureusement un chemin au milieu des glaçons flottants. Tout semblait donc marcher à souhait, lorsque Chipp fut subitement enserré par deux îles de glaces et n'eut que le temps de hisser son canot sur l'une d'elles. Ce contre-temps le retarda, car il lui fallut traverser cette île de glace pendant plus d'un mille entraînant son canot derrière lui avant de le remettre à flot.

Il ne faudrait cependant pas s'imaginer que cette partie de notre voyage s'accomplit sans encombre, car nous devions souvent stationner pour trouver un passage au milieu des glaces qui nous environnaient de toutes parts, et plus d'une fois il nous arriva de retourner sur nos pas pour tenter fortune ailleurs. Cette manière de voyager était pénible, mais cependant bien préférable à celle que nous avions dû adopter pendant la première partie de notre retraite, pendant laquelle il fallait emmener avec soi ses embarcations et ses traîneaux. Cependant l'accident survenu à Chipp nous fut fatal, par suite de la perte de temps qu'il nous occasionna ; car, le vent s'étant élevé subitement, nous fûmes forcés de chercher un refuge sur un glaçon pour l'attendre, et, pendant la nuit, les glaces s'accumulèrent en si grand nombre autour de nous, que nous restâmes pendant dix jours dans notre prison flottante.

Pendant tout ce temps, nous eûmes en vue une terre dans la direction du sud-ouest, qui nous avait été signalée, le 16, par M. Collins. Nous voyions aussi un assez grand nombre d'oiseaux passer au-dessus de nos têtes, et, de temps en temps, nous apercevions des phoques et des walrus.

Le capitaine avait d'abord pris cette terre pour une des îles de l'archipel de la Nouvelle-Sibérie, mais il revint de son erreur et reconnut que nous étions à la hauteur de l'île Fadiewski. Les glaces nous emportèrent le long de la côte orientale de cette île jusqu'au 28 août, et alors nous pûmes reprendre notre marche. Nous donnâmes au point où nous nous étions trouvés bloqués par les glaces le nom de camp des Dix-Jours. Cet arrêt nous fit, à la vérité, perdre du temps, mais nous sûmes en profiter pour répartir nos vivres par tête et pour faire à nos embarcations les réparations dont elles avaient besoin.

Nous nous étions aperçus, en effet, que nos canots, après avoir été traînés et heurtés à chaque instant pendant le long parcours que nous avions fait sur la glace, n'étaient pas assez étanches pour empêcher l'infiltration des eaux, de sorte que nous étions obligés de les vider tous les quarts d'heure ; mais, malgré les réparations que nous leur fîmes, nous ne pûmes empêcher cet état de choses, qui, pour la baleinière, dura jusqu'au moment où nous abordâmes au village tongouse.

Nous mîmes enfin nos embarcations à flot, dans l'après-midi du 29 ; mais, après une série de tours et de détours au milieu d'un labyrinthe de glaces flottantes, nous arrivâmes au fond d'un canal sans issue, dont nous ne sortîmes qu'après cinq heures de marches et de contremarches, au bout desquelles nous hissâmes nos canots sur un petit glaçon que le courant entraînait rapidement vers le sud, dans le canal qui sépare l'île Fadiewski de la Nouvelle-Sibérie, et nous nous y établîmes pour passer la nuit. Le lendemain matin, nous nous trouvâmes au milieu d'une mer libre de glace, ayant la terre à l'ouest, à sept milles environ. C'est alors que nous doublâmes le pointe méridionale de l'île Fadiewski, où nous abordâmes un peu plus tard. En longeant la côte, nous y remarquâmes des monticules de terre qui semblaient disparaître rapidement sous l'action des eaux, et faire place à des bas-fonds. Au-delà, s'étendait une tundra humide ; c'est là que nous allâmes établir notre camp. Aussitôt nos tentes installées, chacun partit à la chasse. Les empreintes de pieds de rennes étaient nombreuses, mais on n'aperçut aucun de ces animaux. En rentrant au camp, Bartlett raconta qu'il avait vu, sur le sable, des empreintes de bottes qui indiquaient clairement qu'un homme civilisé avait abordé dans cette île, quelque temps auparavant. De son côté, le cuisinier

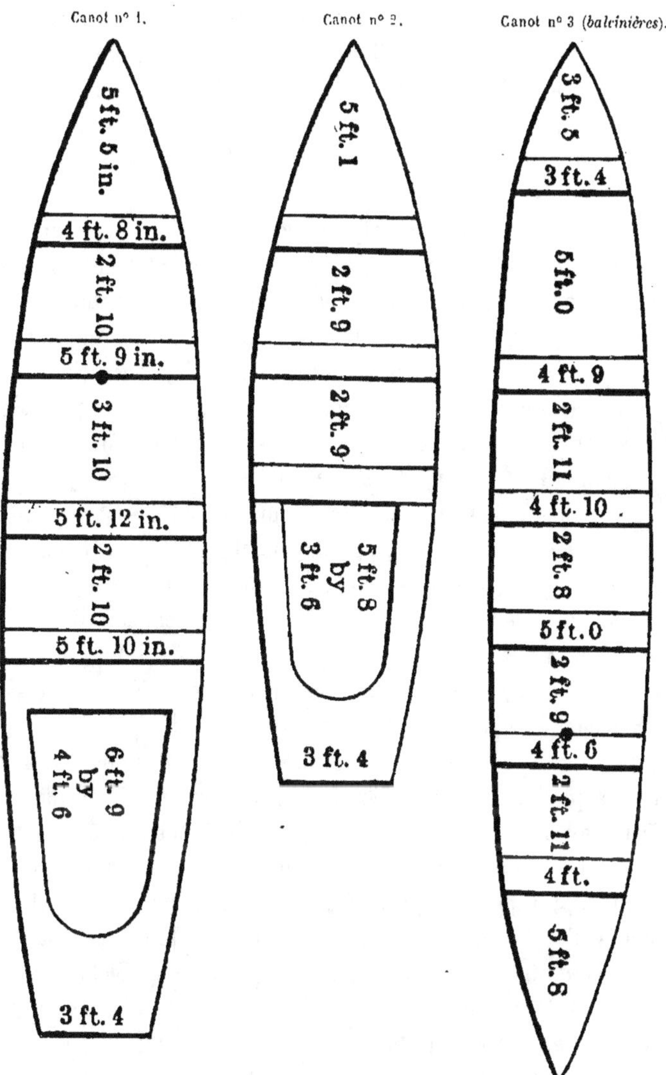

PLAN DES TROIS CANOTS

Les mesures sont indiquées en pieds (**Ft**) et pouces (**In**).

avait rencontré, à deux milles environ à l'ouest du camp, une hutte dans laquelle il avait trouvé un morceau de pain noir, une petite défense et une courbe de canot taillée dans le bois d'un renne.

M. Newcomb revint à son tour, pliant sous le poids de deux os de la jambe d'un mammouth (le tibia et le péroné) qu'il rapportait sur son épaule ; il avait, en outre, trois canards (*H. Gracialis*) et une douzaine d'autres oiseaux.

Dès le lendemain, nous reprîmes notre route en nous dirigeant vers l'ouest, le long de la côte, où nous vîmes plusieurs huttes en ruine et une énorme quantité de bois flotté. Nous aperçûmes quelques bandes de canards et d'autres sauvagines. Newcomb parvint à tuer un vingtaine des premiers qui furent accueillis, avec de véritables transports, par toute le monde. Pendant la nuit, nous fîmes plusieurs tentatives pour aborder, mais ce fut en vain, et nous dûmes y renoncer, l'eau manquant partout de profondeur.

Jusqu'ici, aucun détail n'a été donné sur nos canots. C'est peut-être l'instant de nous y arrêter, au moment où ils vont devenir nos seuls moyens de salut, et de vous signaler leurs mérites respectifs. J'y ajouterai les noms de ceux d'entre nous qui montaient chacun d'eux.

Le canot n° 1 avait à son bord : le capitaine de Long, le docteur Ambler, M. Collins, Ninderman, Erickson, Gortz, Noros, Dressler, Iverson, Knach, Boyd, Lee, Ah Sam, Alexis.

Sa plus grande longueur était de vingt pieds quatre pouces ; sa largeur de six pieds, et sa profondeur, du bord supérieur du plat-bord jusqu'à la naissance de la quille, de deux pieds deux pouces ; il tirait vingt-huit pouces d'eau lorsqu'il était chargé. C'était celle de nos trois embarcations qui pouvait porter la plus lourde charge. Il était muni d'un mât et d'une voile à bourcet. En outre, il possédait un jeu de six avirons. C'était une excellente embarcation pour la mer. Sa lourde quille en chêne le protégeait quand on était obligé de le traîner sur la glace, et assurait sa stabilité au milieu des flots.

Le canot n° 2 était commandé par le lieutenant Chipp ; il portait, en outre, M. Dunbar, Sweetman, Staar, Warren, Kuehne, Johnson et Shawell.

Sa plus grande longueur était de seize pieds trois pouces ; sa largeur de cinq pieds un pouce, et sa profondeur, de la partie supérieure des plats-bords à la naissance de la quille, de deux pieds six pouces.

C'était une mauvaise embarcation pour la mer ; elle ne portait que quatre avirons. Son faible tonnage ne permettait pas à Chipp de prendre avec lui toutes ses provisions, de sorte que le capitaine avait encore deux de ses boîtes de pemmican au moment de la séparation.Il résulte de ce fait que le lieutenant Chipp a dû se trouver promptement à bout de vivres.

Le canot n° 3, c'est-à-dire la baleinière, dont le commandement avait été, ainsi que nous l'avons vu, remis à l'ingénieur Melville, portait, en outre, le lieutenant Danenhower, Cole, Newcomb, Leach, Manson, Wilson, Bartlett, Landertack, Steward, Annequin.

Sa plus grande longueur était de vingt-cinq pieds quatre pouces, sa largeur de cinq pieds six pouces, et sa profondeur de deux pieds deux pouces ; son tirant d'eau sous charge était d'environ vingt-quatre pouces ; ce qui était en partie dû à la quille qu'elle possédait comme les deux autres canots. Comme le n° 1, elle était munie d'un mât et d'une voile à bourcet avec un jeu d'avirons.Je me rappelle qu'avant notre départ de Marc-Island, le chef charpentier me dit qu'il n'avait jamais vu un canot mieux assemblé. Au reste, l'expérience a suffisamment prouvé que cet homme n'avait pas tort d'avoir une opinion aussi avantageuse de notre embarcation.

Après cette digression, revenons à notre récit. Après ces tentatives inutiles, le capitaine se décida à longer le bas-fond qui relie les îles Fadiewski à celle de Koltenoï. Nous avions un vent d'est modéré, mais le capitaine eut la malheureuse idée de vouloir se maintenir par quatre pieds d'eau. Il en résulta que son canot touchait à chaque instant, et qu'il nous fallait de pénibles efforts pour le renflouer.

Un peu plus tard, nous prîmes la direction du sud, mais le bateau du capitaine s'étant engagé au milieu de brisants, il fut à un moment obligé de nous appeler pour le remorquer avec la baleinière.

A partir de ce moment, la glace ne se montra plus en grande quantité et sembla même diminuer. Cependant, un jour, vers midi, nous nous engageâmes au milieu d'un rideau de glaces flottantes, où la baleinière eut le malheur de heurter une pointe de glaçon cachée sous l'eau. Aussitôt après le choc, une voie d'eau se déclara et force nous fut de chercher un bloc de glace pour la hisser dessus, mais nous ne pûmes y parvenir avant qu'elle ne fût aux deux tiers remplie d'eau. Heureusement l'avarie fut facile à réparer. Dans l'après-midi, nous eûmes à traverser une vaste étendue d'eau libre où la mer, à la vérité, était très houleuse, et le vent soufflait avec une certaine violence. Néanmoins nous nous laissâmes aller au vent pour suivre le sillage du capitaine ; mais les vagues nous secouaient d'une façon terrible.

Vers trois heures, par suite d'une fausse manœuvre du maître d'équipage, la baleinière fut emportée sous le vent par une grosse vague qui survint à bâbord. L'écoute n'étant pas lâchée à temps, le bateau fut presque couché sur le flanc. Une seconde lame, survenant pendant qu'il était dans cette position, l'emplit à moitié. Alors il commença à vaciller et à s'enfoncer. Chacun, se jetant sur tout ce qui lui tombait sous la main, s'empressa d'épuiser l'eau, et le bateau revint à flot. Jamais je n'avais eu peur dans un canot, mais j'avoue qu'en cette circonstance notre position était réellement effrayante. Nous ne pouvions, en effet, attendre de secours de personne, et si un autre paquet de mer eût embarqué sur l'instant, c'en eût été fait de nous.

Ce jour-là le froid était rigoureux. Deux heures après cet accident nous rencontrâmes encore des glaces au milieu desquelles nous eûmes à nous frayer un passage. A ce moment, le canot de Chipp étant resté en arrière et en pleine eau, nous conçûmes de graves appréhensions à son sujet. Le capitaine voulant l'attendre hissa son canot sur un banc de glace, où nous le rejoignîmes pour y passer la nuit. Le lendemain la tempête soufflait toujours. Comme nous n'avions nulle indice du second canot, le capitaine fit hissser un pavillon noir pour indiquer à Chipp l'endroit où nous nous trouvions et nous nous décidâmes à passer la nuit sur le même glaçon. Le lendemain matin, Bartlett vint nous prévenir que la glace se refermait sur nous et que si nous restions en place, nous serions emprisonnés. Deux heures plus tard, en effet, toutes les issues étaient fermées. Nous nous trouvions alors en vue de l'île Koltenoï.

Enfin le deuxième canot fut signalé par Erickson, qui nous fit remarquer deux hommes qui arrivaient vers nous en marchant sur la glace : c'étaient Chipp et Kuehne. Ils nous racontèrent que, leur canot s'étant trouvé à moitié rempli d'eau et près de sombrer, ils avaient pu cependant le conduire jusqu'à un glaçon et le hisser dessus. Ils ajoutèrent qu'à ce moment Kuehne était le seul d'entre eux en état de marcher ; les autres avaient été dix minutes ou un quart d'heure avant de pouvoir rétablir la circulation dans leurs jambes percluses.

Ainsi que nous l'avons dit antérieurement, le capitaine avait donné l'ordre, au commandant de chaque canot, de faire son possible pour atteindre l'embouchure de la Léna, si on venait à se séparer ; mais il lui avait recommandé, en outre, de toucher à l'île Koltenoï. Chipp avait heureusement suivi ces instructions, parce qu'il n'avait pas sa part de vivres. Nous-mêmes, d'ailleurs, avions été obligés de nous mettre à la demi-ration. En arrivant, Chipp nous prévint qu'en transprortant nos canots pendant l'espace de deux milles à travers le banc de glace, nous pourrions atteindre la terre. Il retourna ensuite à son canot et nous envoya ses hommes pour nous aider ; de sorte que, après un travail des plus pénibles qui dura six heures, nous le rejoignîmes avec nos canots. Le soir, nous prenions terre à la pointe sud de l'île Koltenoï, et nous établissions notre campement sur un cap situé au pied d'une montagne, lequel formait une baie superbe.

Nous étions alors, je crois, au 6 septembre. Nous restâmes sur l'île pendant trente-six heures. Les traces de rennes y étaient nombreuses. Nos chasseurs partirent donc à l'envi à la recherche de ces animaux, mais ils ne rapportèrent que quelques oiseaux qui, néanmoins, furent bien accueillis de nous tous. Mais nous n'aperçûmes pas un seul phoque.

Le lendemain, nous partîmes en rangeant la côte méridionale jusque vers midi. Cette côte est d'une élévation moyenne et présente quelques petites plages. De loin en loin, nous y apercevions un gros hibou blanc, silencieux et solitaire, perché sur le sommet d'une falaise. A midi, il nous fallut entreprendre un *portage* laborieux, pendant lequel M. Dunbar tomba épuisé sur la glace, souffrant de violentes palpitations. Quand nos embarcations furent remises à flot, nous reprîmes notre route et nous nous arrêtâmes seulement à minuit, pour camper, sur la côte, dans un endroit découvert et stérile.

Le lendemain, 7 septembre, nous prîmes la direction de l'île Stobovoï, qui gît à cinquante milles au sud-ouest de la pointe méridionale de Koltenoï. Ce jour-là, nous eûmes une brise fraîche, et il nous fallut passer la nuit dans un endroit fort dangereux, où, à plusieurs reprises, les glaces menacèrent de nous écraser.

Le 8, nous passâmes en vue de Stobovoï sans nous y arrêter. Cette île nous parut aride et dénudée, et ne pas mériter la peine d'être visitée ; d'ailleurs, nous ne la vîmes que de loin.

Dans la soirée du 9 septembre, nous avions atteint l'extrémité septentrionale de l'île Semenowski nos canots furent hissés sur une île de glace, où notre campement fut installé pour la nuit.

Le 10, la pointe septentrionale de Semenowski fut doublée de bonne heure. Nous continuâmes notre route en rangeant la côte occidentale ; vers midi, le capitaine donna l'ordre d'aborder pour dîner et visiter l'île. Plusieurs pistes de rennes ayant été signalées dans la direction du sud, il suggéra à nos chasseurs l'idée de se déployer en tirailleurs pour faire une battue dans toute la largeur de l'île et de s'avancer dans cet ordre jusqu'à l'extrémité méridionale. Il espérait que quelques-uns d'entre nous parviendraient ainsi à mettre bas quelques pièces de gibier.

Ce plan étant adopté, nous partîmes donc au nombre de dix pour le mettre à exécution. Avec Kuehne, je suivais le rivage, tandis que Johnson, Bartlett, Noros, M. Collins et les deux Indiens faisaient le tour des collines, quand un renne femelle, accompagnée de son faon, se leva devant nous ; et ces deux animaux prirent aussitôt la direction du nord de toute la vitesse de leurs jambes, car ils avaient aperçu nos canots qui côtoyaient le rivage ; néanmoins, nous leur envoyâmes nos balles, mais les honneurs de la journée revinrent à Noros, qui abattit la mère. Celle-ci fut aussitôt apportée au rivage, d'où nous la fîmes parvenir à Chipp en la laissant glisser du haut d'une falaise. Celui-ci la fit aussitôt dépecer ; alors le capitaine donna l'ordre de débarquer de nouveau, et, dans la soirée, il expliqua à Melville les motifs qui le faisaient agir ainsi en lui disant que ses gens, aussi bien que lui, étaient épuisés de fatigue et avaient besoin de repos et de se rassasier. A vrai dire, tous les jours précédents, c'est-à-dire depuis plus de vingt jours, nous avions été strictement rationnés, et n'avions pu rassasier notre faim une seule fois. Melville lui dit néanmoins que tous les hommes du canot étaient en parfaite santé et désiraient perdre le moins de temps possible.

Le renne fut alors distribué tout entier, et le départ remis au lundi, c'est-à-dire à trente six heures plus tard, malgré les pronostics presque certains de l'arrivée d'une tempête.

En effet, le vent soufflait du nord-est depuis deux ou trois jours, et nous avions observé qu'en pareille circonstance nous étions à peu près sûrs d'essuyer une violente tempête ; nous avions donc à craindre qu'un coup de vent ne vînt nous assaillir le lundi ou le mardi.

Le même soir, Chipp me pria de l'accompagner à la chasse au ptarmigans qui n'étaient pas rares dans ces parages. J'acceptai son invitation et partis avec lui. Nous trouvâmes quelques bandes de ces volatiles, mais il nous fut impossible d'en abattre un seul. Ce fut la dernière fois que j'eus l'occasion de me trouver en tête à tête avec Chipp. Sa santé s'était considérablement améliorée, et il se montra très gai ; néanmoins, il envisageait l'avenir sous les couleurs les plus sombres.

Le lundi matin, 12 septembre, nous partîmes de Semenowski pour nous diriger droit au sud, en longeant la côte occidentale d'une autre île qui se trouve au sud, et vers onze heures du matin, nous nous engageâmes dans un champ de glaces flottantes, en suivant le sillage du canot n° 1, qui nous précédait. Nous étions presque sortis de ce passage dangereux, et n'avions plus qu'à franchir un étroit canal entre deux îles de glace pour nous trouver en eaux libres, lorsque, par suite d'une manœuvre mal exécutée, la baleinière heurta le glaçon que nous avions sous le vent. Le choc fut si violent qu'une pointe de glace fit un trou dans le flanc de la baleinière du côté de tribord. L'eau fit alors irruption avec tant de violence que c'est à peine si nous eûmes le temps de nous amarrer à la glace. Heureusement, nous pûmes clouer rapidement une feuille de plomb sur l'orifice du trou et le danger fut bientôt conjuré. A partir de ce moment, nous ne rencontrâmes plus de glaces flottantes. Ce fut pendant qu'on réparait notre avarie que j'eus mon dernier entretien avec M. Collins, qui vint nous rejoindre sur l'île de glace ; il se montra aussi aimable que de coutume et eut comme toujours quelque histoire drôlatique à nous conter. Le docteur fut aussi très affable et s'enquit particulièrement de ma santé.

Dès que la baleinière fut remise en état, nous reprîmes notre route en appuyant un peu au sud-est. Le capitaine, qui tenait la tête, marchait vent arrière. Les deux autres embarcations venaient derrière lui, mais comme la baleinière était meilleure voilière que son canot, il nous était difficile de nous tenir dans la position qui nous était assignée, c'est-à-dire en arrière et à portée de voix. Chipp, occupant le second rang hiérarchique, fermait la marche et formait l'arrière-garde.

Le vent fraîchit alors rapidement et la mer grossit. Vers cinq heures, notre position était perdue, et nous nous trouvions à neuf cents mètres environ du quart de vent du premier canot. Melville m'ayant demandé alors si nous pouvions reprendre notre place sans trop de danger, comme la chose était possible, je lui indiquai les manœuvres à faire, mais il m'invita à les faire exécuter. Je pris donc le commandement de l'embarcation.

J'empannai soigneusement pour arriver dans le sillage du premier canot, puis répétai la même manœuvre une seconde fois, en ayant soin d'amener la voile à chaque fois et en tenant deux avirons dehors, afin d'éviter de gagner de l'avant. C'est alors que je plaçai à la barre du gouvernail le matelot Leach, qui était notre meilleur timonier, car mes yeux ne me permettaient pas de m'y placer moi-même. Nous rangeâmes ensuite le premier canot au-dessus du vent, puis nous prîmes des ris, afin de ne pas nous éloigner de lui, mais cette manœuvre permit aux lames d'embarquer. Vers le soir, mes compagnons virent le capitaine se lever dans son canot et agiter les bras, comme pour nous faire signe de nous éloigner, mais je ne vis point ce geste. On me dit aussi que Chipp amenait sa voile.

A ce moment, Melville me consulta sur ce que nous avions à faire. Je lui dis que nous pouvions continuer d'aller vent arrière jusqu'à la nuit, mais qu'après nous serions menacés de rencontrer de jeunes glaces au milieu des ténèbres. En même temps, je lui conseillai de préparer une bonne semelle. Il me dit alors de prendre le commandement et d'agir à ma guise, ce que fis. J'ordonnai donc à Cole et à Manson de prendre trois des pieux de la tente, qui étaient longs d'environ huit pieds, et de les lier fortement deux à deux, par les extrémités, de façon à former un triangle, dont l'intérieur fut rempli avec un morceau de toile à voile. Leur donnant ensuite le câbleau du bateau, je leur en fis faire une drague, semblable à l'attache d'un cerf-volant, au milieu de laquelle fut attaché notre palan. L'extrémité des pieux étant garnie de cuivre, je pensais que leur poids, joint à

ceux de la toile mouillée et du double cordage, rendrait notre semelle
(drag.) assez lourde pour la faire descendre au fond de l'eau, me
réservant, au cas contraire, d'y joindre notre pot-à-feu de rechange
et le seau du bateau.

La tempête était alors arrivée au plus haut degré de sa violence : les
vagues grossissaient et s'abattaient sur nous avec fureur. Leach,
toujours à son poste, s'acquittait admirablement de sa tâche, mais,
malgré son adresse, ne pouvait empêcher les vagues d'embarquer plus
ou moins. Aussi quatre d'entre nous étaient constamment occupés à
les rejeter à mesure qu'elles entraient, sinon le canot eût été rempli au
bout de quelques minutes. Quand la semelle fut terminée, je la fis placer en avant du mât, en état d'être jetée à l'eau, et j'enroulai moi-même
le câble, de façon à ce qu'il se déroulât sans difficulté. Malheureusement, les hommes étaient épuisés et notre bateau ne possédait que deux
matelots capables de tenir l'aviron dans une manœuvre aussi difficile
que celle que je méditais, surtout au milieu des circonstances dans
lesquelles nous nous trouvions ; tous les autres, en effet, à l'exception de Leach, étaient trop inexpérimentés. Pendant longtemps,
j'observai les vagues et vis qu'elles se succédaient par séries de trois,
et après la troisième, qui était la plus forte, se produisaient quelques
instants d'accalmie. Alors j'assignai à chacun son rôle : Wilson et
Manson devaient se mettre aux avirons et maintenir le bateau sur la
crête de la vague ; Cole devait se tenir à la drisse pour baisser la voile,
qu'Anequin et le cuisinier devaient se tenir prêts à serrer aussitôt.
Enfin Bartlett était chargé de lancer la semelle. Quant à Leach, il restait au gouvernail. J'avais ensuite expliqué la manœuvre avec précision. A ces mots : « *Lower away* » (amenez), le gouvernail devait être
tourné à tribord, la voile abaissée ; le rameur de babord devait nager
avec son aviron, tandis que son compagnon sillerait avec le sien.
Toutes ces dispositions prises, j'attendis pendant plus de cinq minutes
l'instant favorable, car notre vie à tous dépendait du succès de la manœuvre ; quand je le crus arrivé, je criai : « *Lower away* » (amenez),
et chacun fit son devoir ; le canot vira de bord en faisant un terrible
plongeon et fut hors de danger, tête à la mer. Nous laissâmes alors les
avirons, et la semelle fut lancée ; mais comme elle ne produisait point
tout l'effet que j'en attendais, je la chargeai avec le pot-à-feu et le

seau. Cole me suggéra ensuite l'idée de jeter à la mer un sac de toile peinte en lui maintenant la gueule ouverte ; celui-ci, en s'emplissant, devait nous rendre le même service. C'est, en effet, ce qui arriva. Nous restâmes dans cette position pendant toute la nuit. La plupart des hommes se couchèrent sous la voile. Melville, qui était épuisé et dont les jambes étaient extraordinairement enflées, s'endormit aussi à côté du mât, me laissant la direction du canot.

Leach et Wilson gouvernèrent avec une rame pendant toute la nuit. Quant à moi, je m'assis à leurs pieds pour veiller. Le tenon supérieur du gouvernail ayant été enlevé, nous prîmes celui-ci à bord. A ce moment, nous n'avions plus d'eau douce, la nôtre ayant été gâtée par les paquets de mer que nous avions embarqués. Mais le soir qui précéda notre départ de Semenowski, Newcomb nous avait rapporté plusieurs ptarmigans, que les gens des autres tentes avaient rebutés ; après les avoir plumés et dressés, nous les mîmes dans notre marmite, et nous les trouvâmes délicieux le lendemain.

Le 13 septembre, vers dix heures du matin, je remarquai que les vagues changeaient de direction, et ne nous venaient plus droit du nord. J'en conclus que le vent était passé au sud-est, ce qui me laissait espérer de le voir devenir plus maniable. Vers midi, la mer commença à rouler affreusement à bâbord, et le bateau plongeait du côté de l'arrière. Nous étions complètement mouillés et nos couvertures étaient tellement trempées et gonflées qu'elles tenaient sous les traverses et ne pouvaient être remuées ni arrangées autrement, pour mieux équilibrer le bateau. J'imaginai alors de tendre le tapis de caoutchouc, et, pendant sept heures, je le tins dans cette position avec le maître d'équipage, qui le maintenait par l'autre bout. Nous réussîmes ainsi à empêcher une grande quantité d'eau d'embarquer. A quatre heures et demie du soir, je dis à Melville qu'il était temps de se remettre en route. La mer était encore grosse à ce moment-là, mais commençait à s'apaiser, et en mettant le cap à l'ouest, nous pouvions porter graduellement au sud-ouest, pendant qu'elle tomberait.

Quoique la mer fût encore démontée, nous virâmes de bord, sans embarquer une goutte d'eau ; nous mîmes d'abord le cap à l'ouest, mais à huit heures nous prenions la direction du sud-ouest, que nous gardâmes toute la nuit. Le temps étant devenu meilleur, Melville me releva, et je pus alors me coucher en avant du mât; mais au bout d'une heure, voyant qu'il m'était impossible de dormir, je repris ma place.

Le 14, à six heures du matin, je donnai l'ordre de préparer le déjeuner, mais quelques minutes plus tard, nous fûmes fort surpris de toucher par deux pieds d'eau. Il fallut donc reculer ; je recommandai alors de courir dans la direction de l'est. D'après mes calculs, nous étions, au moment où nous avions viré de bord pour quitter le capitaine, à cinquante milles environ de Barkin, notre point de ralliement ; je supposais également que la tempête nous avait emportés à quinze milles au moins vers le sud-ouest ; mais comme pendant la nuit nous avions parcouru environ vingt-cinq milles, nous devions donc nous trouver sur les bas-fonds au nord de Barkin. Toutes ces réflexions me firent dire à Melville que si nous continuions notre route à l'ouest, nous n'avions aucune chance de trouver un point pour débarquer ; tandis que si nous mettions le cap à l'est pour atteindre une eau profonde et diriger ensuite notre course droit au sud vers les points élevés qui se trouvent sur la côte, nous trouverions un endroit d'un abord facile. Ce conseil fut suivi, car Melville, tout en conservant le commandement, m'écoutait volontiers en toute circonstance.

A un autre moment, Bartlett nous dit qu'il apercevait une terre basse couverte de troncs d'arbres. Invité à regarder une seconde fois et à examiner sérieusement si c'était la côte, il reconnut s'être trompé : ce qu'il avait pris pour une terre n'était qu'une flaque d'eau entourée de bas-fonds.

Nous avions cependant l'occasion de remarquer qu'autour de nous l'eau n'était plus qu'à demi-salée ; en outre, elle était recouverte d'une mince pellicule de jeune glace. Cette remarque ne nous empêcha point, toutefois, de poursuivre notre route vers l'est, appuyant de temps en temps au sud ; mais, chaque fois que nous tentions d'avancer dans cette direction, nous étions arrêtés par des bas-fonds. Je remarquai bientôt qu'un fort courant nous portait à l'est, tandis que les vents soufflaient faiblement du sud. Pendant la nuit entière, nous appuyâmes vers l'est-sud-est, et de très bonne heure, le lendemain matin, la sonde nous donna neuf brasses d'eau. J'engageai aussitôt Melville à se diriger droit au sud ; mais comme il manifestait le désir d'aller au sud-ouest, comme l'avait recommandé le capitaine, je fis

gouverner dans cette direction, que nous conservâmes jusqu'au 17 septembre au matin. A ce moment, le vent était si faible que souvent, pour
avancer, nous étions obligés de reprendre nos rames. Au point du jour,
la sonde nous donnait dix pieds d'eau, et, à partir de ce moment, nous
eûmes la terre presque constamment en vue. A deux reprises, nous
essayâmes d'aborder en traversant des brisants qui nous barraient le
passage, mais nous ne pûmes approcher à plus d'un mille du rivage.
Voyant la terre se prolonger du sud au nord, j'en conclus que nous
nous trouvions au sud de Barkin, et, le vent d'est nous favorisant, je
proposai de remonter au nord. Ma proposition étant acceptée, le cap
fut mis dans la direction du nord, où nous nous attendions à trouver
le capitaine et le lieutenant Chipp ; nous espérions, en tous les cas,
atteindre Barkin avant la tombée de la nuit.

Nous étions alors dans une condition déplorable. Il faut dire que,
depuis quatre-vingt-seize heures, nous n'avions pas quitté notre canot,
et que pendant tout ce temps nos vêtements avaient été constamment
humides. J'avais cependant eu la précaution d'ôter de temps en temps
mes mocassins et de me frictionner les jambes pour rétablir la circulation. En outre, je battais la semelle presque continuellement. En vain
j'avais invité mes compagnons à suivre mon exemple ; ils n'avaient
point voulu m'écouter. Aussi Leach et Landertack avaient les jambes
considérablement enflées et la peau crevée en maints endroits ; les
autres n'étaient guère en meilleur état, tandis que, le lendemain,
j'étais le plus ingambe de toute la bande.

Nous remontions au nord depuis une demi-heure environ, quand
nous remarquâmes deux langues de terre basses et marécageuses qui
s'avançaient vers la mer, indiquant clairement l'embouchure d'un
cours d'eau peu profond. Cette vue nous fit tenir conseil, et, pour ma
part, je fus d'avis que nous devions aborder le plus tôt possible, afin
de faire sécher nos vêtements. Cet avis fut écouté et suivi immédiatement. Nous mîmes le cap sur l'intervalle qui séparait les deux langues
de terre et entrâmes dans l'embouchure de la rivière avec vent arrière ;
mais le courant était très fort. Au milieu, nous trouvions jusqu'à cinq
brasses d'eau, tandis que sur les côtés la profondeur allait en diminuant rapidement, de sorte que, la rivière ayant de quatre à cinq milles
de large, nous ne pûmes approcher à plus d'un mille de la rive. Je

proposai néanmoins de la remonter jusqu'à midi, afin de voir ce que nous avions à faire. Cette heure arrivée, je ne pus m'empêcher de manifester l'opinion que nous étions dans quelque rivière sortant d'un marais et débouchant dans l'Océan à trente ou quarante milles au sud de Barkin. Je fis remarquer, en outre, que si nous retournions en arrière, le vent soufflant de l'est, nous aurions à lutter contre lui, mais qu'alors le courant serait pour nous, et qu'enfin, si une tempête survenait, nous serions à l'abri des brisants.

Ces réflexions avaient décidé Melville à revenir sur ses pas et à suivre la côte jusqu'à Barkin ; mais Bartlett, prenant alors la parole, dit qu'à son avis nous devions être dans une des branches latérales de la Léna.

— Qu'en pensez-vous? me demanda Melville.

— Bartlett peut avoir raison, lui répondis-je ; mais il me semble que, si cela était, nous devrions avoir une terre plus élevée à babord. Cependant la direction de cette rivière correspond assez exactement à celle d'une des branches du fleuve. Mais pour nous convaincre de son identité il nous faudrait trouver une île qui existe à une trentaine de milles de son embouchure.

— Mais remarquez, reprit Bartlett, qu'un cours d'eau aussi considérable, dont le volume est plus fort que celui du Mississippi à son embouchure, ne peut être le simple déversoir d'un marais.

Je maintins néanmoins l'opinion que j'avais émise au début, reconnaissant, toutefois, que les rives de ce cours d'eau pouvaient nous offrir une excellente place pour débarquer avant la nuit.

Nous continuâmes donc de remonter le courant, et, vers sept heures, nous pûmes débarquer près d'une hutte nommée *Orasso*, qui, pendant l'été, servait d'abri aux chasseurs qui fréquentent ces parages.

Cent huit heures s'étaient écoulées depuis notre départ de Semenowski ; et pendant tout ce temps nous n'avions pas mis le pied hors de la baleinière. Aussitôt à terre, notre premier soin fut d'allumer du feu, autour duquel les hommes se groupèrent immédiatement sans même prendre la précaution de faire un peu d'exercice pour rétablir la circulation dans leurs membre engourdis. Aussi la plupart eurent-ils à s'en repentir, car la nuit fut pour eux une véritable nuit d'agonie pendant laquelle il leur semblait qu'on leur enfonçait des millions d'épingles dans les bras et dans les jambes. Bartlett m'avoua le lendemain que cette nuit avait été l'inst antle plus cruel qu'il eût passé de sa vie.

Pour ma part, je me gardai bien d'imiter leur exemple. Avant d'entrer dans la hutte et même de m'approcher du feu, j'eus soin de marcher pendant quelques instants, et ne rentrai que pour prendre ma ration de pemmican et une tasse de thé ; et, à ce moment, notre ration n'était plus, depuis la séparation des trois canots, que du quart de la ration ordinaire. Ensuite, je m'enfonçai dans mon sac, en m'étendant les pieds dans la direction du feu, où tous mes camarades avaient déjà pris leur place. Une fois couché, je m'endormis comme un enfant et me réveillai le lendemain frais et dispos.

Dès le point du jour, nous nous mîmes à inspecter les abords de notre hutte, où nous ne tardâmes pas à trouver des empreintes de pieds humains, des débris de poissons et des cornes de rennes. Nous découvrîmes un morceau de bois sculpté représentant un renne portant un petit enfant sur son dos. Tous ces indices de la présence de nos semblables nous causèrent une joie immense, car nous ne pouvions tarder à rencontrer des indigènes.

Vers sept heures, nous nous remîmes en route en remontant la rivière ; mais deux heures plus tard nous fûmes arrêtés par les basfonds au milieu desquels il fut impossible de trouver un chenal assez profond pour permettre à la baleinière de passer. Bartlett fut alors envoyé en reconnaissance ; mais il n'avait pas fait une centaine de pas, que, m'apercevant qu'il boitait, je courus après lui et le fis revenir au bateau. Prenant alors sa place, je m'éloignai d'un demi-mille environ en suivant le cours de la rivière. A cette distance, j'aperçu plusieurs cours d'eau encombrés de bas-fonds qui venaient du nordouest. Revenant alors au canot, j'engageai Melville à faire préparer le thé pendant que Manson et moi opérerions une reconnaissance plus étendue. Nous partîmes donc tous les deux, et nous avançâmes asse loin ; Manson, dans cette circonstance, avait des yeux pour moi. Nous finîmes par découvrir une éminence juste devant nous, à deux milles environ, et sur le bord de la rivière. Nous nous y rendîmes. Je le priai d'examiner soigneusement le cours de cette dernière et de voir s'il pourrait y découvrir un passage pour arriver jusqu'au point où nous nous trouvions, car j'étais sûr qu'en cet endroit la rivière devait être profonde. Manson, après un examen scrupuleux, me dit qu'à son avis on pourrait trouver le passage que je désirais, sauf sur un court espace. Nous reprîmes alors le chemin du canot. Le terrain que nous avions parcouru pouvait être élevé d'une dizaine de pieds au-dessus du niveau de la mer, et recouvert d'une couche de lichen. Nous y avions remarqué un nombre considérable de pas de rennes, surtout aux endroits où ces animaux venaient s'abreuver ; nous avions aussi découvert une autre hutte bâtie dans une petite plaine. De retour à la baleinière, nous fîmes part à Melville de ce que nous avions vu, et aussitôt tout le monde remonta dans le bateau. Cette fois, la fortune nous favorisa, car nous trouvâmes un chenal, et, peu de temps après, nous étions en eau profonde. Chemin faisant, nous rencontrâmes une île, ce qui me fit croire que Bartlett ne s'était pas trompé dans ses conjectures.

Dans l'après-midi, nous fîmes au moins trente milles, et vers le crépuscule nous arrivâmes au pied d'un monticule d'une soixantaine de pieds de hauteur, au delà duquel nous espérions voir le lit de la rivière incliner vers le sud. Nos tentes furent plantées en cet endroit, et nous y passâmes la nuit. Le lendemain, je partis vers quatre heures avec Bartlett pour faire une nouvelle reconnaissance. Nous découvrîmes bientôt deux grandes rivières qui se dirigeaient vers le nord-ouest, tandis qu'une autre, encore beaucoup plus considérable, venait du sud.

Nous revînmes ensuite au camp, et réveillâmes nos camarades, puis on prépara le thé. Un vent frais de l'ouest soufflait alors juste dans la direction de la rivière, de sorte que nous allions l'avoir à combattre en même temps que le courant.

Néanmoins, quand notre déjeuner fut terminé, je m'occupai, avec les quatre hommes restés valides, de charger le canot.

Nos tentes ne furent pliées qu'au dernier moment, et quand tout fut prêt, nous aidâmes Melville et Leach à monter dans la baleinière ; puis, après avoir cargué la voile à cause du vent, je me mis au gouvernail, tandis que Bartlett se tenait à l'avant pour sonder le lit de la rivière avec une perche. Ces dispositions prises, nous nous éloignâmes de la rive pour gagner la rive opposée qui se trouvait un peu sous le vent. Cette manœuvre nous présenta quelque difficulté ; cependant nous réussîmes à l'exécuter. En remontant la rivière, nous aperçûmes sept rennes sur les collines qui bordaient la rive, mais nous ne nous arrêtâmes point pour essayer d'en tuer.

Vers onze heures, deux huttes s'offrirent à nos yeux sur la rive occidentale, et comme l'endroit me paraissait propice pour débarquer, je proposai d'y faire halte et de faire sécher nos vêtements, qui en avaient grand besoin. Ce jour-là était un dimanche ; ce fut en réalité notre premier jour de repos depuis bien longtemps. En débarquant, nous trouvâmes deux belles huttes d'été, aux parois inclinées sous un toit ayant la forme d'une pyramide tronquée avec une ouverture pour le passage de la fumée. Les Russes donnent le nom de *palatka* à ces sortes de huttes, que les Tongouses désignent sous le nom d'*orasso*. Pendant toute la journée, le soleil brilla dans tout son éclat, de sorte que nous pûmes ouvrir tous nos sacs et faire sécher notre garde-robe. Ce temps superbe et la certitude que les secours dont nous avions besoin ne pouvaient se faire attendre furent cause que nous passâmes ce dimanche dans l'allégresse. Nous en profitâmes aussi pour écrire une relation succincte de l'arrivée de la baleinière à l'embouchure de la Léna. Nous enterrâmes ce document au pied d'une perche au sommet de laquelle nous laissâmes un drapeau américain, afin d'attirer l'attention et de faire reconnaître la place de notre dépôt.

En arrivant, nous avions trouvé, dans une des huttes, quelques débris de poisson, ainsi qu'un morceau de pain noir dont notre Indien s'était régalé. Dans chacune d'elles, on voyait, en outre, les cadres sur lesquels les Tongouses font sécher leurs filets et leur poisson.

Nous repartîmes le lendemain, lundi, 19 septembre, continuant toujours à remonter le cours de la rivière. Chacun de nous avait alors ses attributions : ainsi les hommes formaient deux équipes de rameurs qui se relevaient toutes les deux heures ; Melville, assis à l'arrière, commandait la manœuvre ; moi-même, j'étais assis au gouvernail et Bartlett, debout à l'avant, sondait avec une perche. Tout allait à merveille : un vent faible aidait nos rameurs ; nous espérions donc atteindre, avant la tombée de la nuit, la première station indiquée sur les cartes, lorsque nous tombâmes au milieu de bas-fonds et de bancs de sable qui barraient le lit de la rivière et, à une heure, nous étions encore à plus d'un mille de la rive occidentale, où se trouvait le village que nous cherchions.

Nos trois boiteux ont pu se remettre en marche.

Apercevant une pointe de terre, je proposai d'y aborder pour y installer nos compas prismatiques et prendre quelques relèvements pendant qu'on préparerait le dîner. Après deux heures d'un travail opiniâtre pour vaincre le courant, nous atteignîmes la rive, et notre cuisinier était en train d'allumer le feu, quand, à notre grande surprise, comme aussi à notre grande joie, nous aperçûmes trois indigènes. Ceux-ci étaient montés dans des canots qu'ils manœuvraient avec de doubles pagaies pour doubler la pointe de terre où nous nous trouvions. Nous sautâmes aussitôt dans la baleinière pour aller à leur rencontre ; mais notre vue sembla les intimider, car ils commencèrent à rebrousser chemin. Laissant alors les avirons, nous leur montrâmes du pemmican. Après beaucoup d'hésitation, le plus jeune, qui avait environ dix-huit ans, finit par approcher et prit le morceau de pemmican que nous lui tendions. Il appela ensuite ses deux compagnons qui vinrent à leur tour. Nous les décidâmes à nous suivre à l'endroit de la rive où nous venions de débarquer; nous y fîmes du feu pour préparer notre thé. L'un de ces indigènes nous fit alors présent d'une oie et d'un poisson, c'est-à-dire de tout ce qu'ils possédaient pour le moment.

Pendant qu'on préparait notre dîner, nous examinâmes leurs canots que nous trouvâmes très propres et remplis de filets. Ayant remarqué qu'un de ces indigènes portait un vêtement gris avec un collet de velours, je le lui indiquai du doigt tout en l'interrogeant du regard. Il prononça alors le nom de Boulouni. Lui ayant montré de la même façon le couteau qu'il portait à sa ceinture et qu'il nommait *boaktah*, il répéta le nom de Boulouni. J'en conclus qu'il me désignait ainsi le nom de la localité où il avait acheté ces objets.

Nous nous mîmes alors joyeusement en devoir de faire honneur à l'oie et au poisson que ces gens nous avaient donnés, tout en savourant notre thé avec délices, car nous vîmes que l'heure de délivrance avait enfin sonné. Après le repas, les trois indigènes nous montrèrent tous leurs engins de chasse et de pêche, tandis que, de notre côté, nous faisions voir notre boussole, le chronomètre et nos fusils, ce qui parut leur faire un extrême plaisir. Ils firent ensuite le signe de la croix, et, nous tendant les mains, nous dirent « *Pas hec bah* », puis ils nous montrèrent leurs croix qu'ils baisèrent. Heureusement, j'étais encore en possession d'un certain talisman qu'un de mes amis catholiques

de San Francisco m'avait envoyé avant mon départ, en me recommandant de le conserver précieusement, me disant que si je le portais,
je reviendrais sain et sauf de mon voyage : c'était une médaille qu'il
avait fait bénir exprès pour moi. Bien que je n'eusse pas, à la vérité,
une foi inébranlable dans les vertus de cette médaille, je la montrai
aux indigènes, qui vinrent immédiatement y déposer dévotement un
baiser.

C'était là le seul objet que nous eussions à montrer à ces braves
gens, pour leur faire voir que nous étions chrétiens. Aussi vous pouvez
vous imaginer les sentiments qui nous animaient tous à la vue de ces
gens qui étaient les premiers que nous vissions depuis près de deux
ans ; et j'avoue que jamais, auparavant, je n'avais ressenti autant de
reconnaissance pour les missionnaires, que ce jour-là, qui nous rame-
nait au milieu des peuplades chrétiennes.

CHAPITRE ONZIÈME

Parmi les Tongouses.

La vue de la bienheureuse médaille avait achevé de faire disparaître la méfiance entre les indigènes et les naufragés ; les craintes des
premiers étant complètement dissipées, les rapports entre eux devinrent plus libres ; aussi les derniers en profitèrent pour se procurer
immédiatement un gîte. Nous leur fîmes signe, continue M. Danenhower, que nous avions besoin de dormir, en posant notre tête entre

nos mains et en faisant mine de ronfler. Ils nous comprirent et, nous faisant suivre la rive où nous avions fait halte, nous conduisirent au pied d'une colline de soixante à soixante-dix pieds d'élévation. Cette colline se trouve à l'embouchure du petit bras de la Léna, et nous avons appris depuis qu'elle fait partie du cap Borchaya, qu'on dit être à cent quarante verstes ou environ quatre-vingt-quinze milles du cap Bykoff. Nous y trouvâmes quatre maisons et plusieurs magasins, mais tous assez délabrés, à l'exception d'une maison qui était en très bon état. Tout près, on voyait un cimetière avec un grand nombre de croix. Nous nous établîmes tous dans cette maison. Les indigènes furent très bons pour nous ; ils allèrent jeter leurs filets dans la rivière et en rapportèrent du poisson. Ils en firent griller une partie devant le feu et nous en offrirent les meilleurs morceaux. De notre côté, nous en fîmes bouillir quelques-uns, de sorte que nous pûmes faire un très bon repas. Pendant que nous mangions, l'un des indigènes, que les autres appelaient Caranie, s'en était allé, laissant avec nous le jeune garçon que nous appelions Tomat et l'invalide que nous avions baptisé du nom de Théodore. L'absence de Caranie me fit supposer que d'autres indigènes habitaient le voisinage et que celui-ci était allé les informer de notre arrivée.

Le lendemain matin, nous retournâmes à notre canot, et pendant que nos hommes étaient occupés à le charger, j'allai faire quelques observations ; je voulais m'assurer de l'heure locale, et connaître la direction du vent et l'orientation générale du pays. Auparavant, je m'étais entretenu, par signes, bien entendu, avec Tomat, qui m'avait tracé sur le sable le cours du fleuve, et indiqué que la distance de Boulouni était de sept jours. Il me marquait chaque station où nous devions nous arrêter pour passer la nuit, en faisant mine de ronfler bruyamment.

Il me parut parfaitement disposé à nous servir de pilote pour aller à Boulouni.

A mon retour, Melville me pria de me hâter parce qu'il désirait partir. Je fus surpris et lui demandai où étaient les deux indigènes qui étaient restés avec nous. Il me répondit qu'ils étaient partis et avaient refusé de nous accompagner. Le priant alors de m'attendre quelques minutes, je retournai à la hutte pour tâcher de les décider

à nous suivre. En y arrivant, je vis le jeune Tomat qui était grimpé
sur le sommet et avait l'air profondément triste et comme hors
de lui-même. Quand je lui fis signe de me suivre, il me répondit
tristement : « Sok! sok! sok! » ce qui signifie : « non! non! » et
alors essaya de m'expliquer quelque chose que je ne pus comprendre
en répétant souvent le mot « kornado » qui, comme je l'appris plus
tard, signifie « père ». Cela me contraria pour le jeune garçon; je lui
donnai un mouchoir de poche de couleur et quelques bagatelles, puis
je revins près de Melville. Nous partîmes alors, nous abandonnant à
notre sort, et essayâmes de marcher au sud, c'est-à-dire vers Boulouni,
au milieu des îlots de boue; mais nos efforts furent inutiles. A cinq
heures du soir, nous tînmes conseil; alors j'insistai pour qu'on se déci-
dât immédiatement à passer la nuit à la belle étoile ou à retourner en
arrière. Je conseillai fortement de retourner en arrière et d'obliger les
indigènes à nous suivre. Nous avions deux remingtons et un fusil de
chasse; or, avec ces armes, j'étais certain que nous arriverions facilement à nos fins. Comme Bartlett avait sondé le long du chemin, je lui
demandai s'il pourrait reconnaître la route pour retourner en arrière.
« Oui, me répondit-il », et nous reprîmes le chemin que nous venions
de parcourir. Jusqu'à la nuit, tout alla pour le mieux, mais le vent
s'éleva et commença à souffler en tempête. Les eaux, peu profondes où
nous nous trouvions, rendaient la situation périlleuse pour notre bateau.
Heureusement, nous pûmes le conduire sous le vent d'un banc de vase,
où nous l'amarrâmes avec une ligne à trois des pieux de notre tente
enfoncés dans la boue. Nous restâmes dans cet endroit pendant toute la
nuit : le froid était rigoureux, et quelques-uns d'entre nous eurent les
pieds et les jambes cruellement attaqués par le froid. Pendant la soirée, la neige tombait par rafales, et j'avais été forcé de donner la barre
à Leach, parce que mes lunettes étaient couvertes de neige, ce qui
m'empêchait de voir. Au point du jour, je priai Bartlett et Wilson de
se tenir debout dans le canot et d'examiner soigneusement la rive.
Bartlett me dit qu'il ne la reconnaissait pas, mais Wilson m'assura que
nous nous trouvions à l'endroit où nous avions rencontré les indigènes.
Bartlett dit alors que si nous pouvions doubler un banc de vase qu'il
indiqua, nous aurions ensuite un chemin facile : c'est pourquoi nous
prîmes un ris; je me mis à la barre et dirigeai le canot au vent de ce

banc. Alors nous eûmes un vent arrière et pûmes atterrir. Newcomb tua quelques goëlands que nous mangeâmes à notre déjeuner pour économiser les quelques livres de pemmican qui nous restaient. Wilson prétendait avec beaucoup d'assurance qu'en moins d'une demi-heure il pourrait retourner à la hutte où nous avions couché l'avant-veille. Nous nous mîmes presque tous à rire de lui ; mais je lui dis cependant d'aller avec Manson et de voir, pendant que j'enverrais deux hommes en reconnaissance du côté opposé. Très peu de temps après, Wilson et Manson revinrent. Ils nous apprirent, à notre grande joie, qu'ils avaient aperçu la hutte. Nous rappelâmes aussitôt nos éclaireurs et nous rembarquâmes. Nous doublâmes la pointe et fûmes reçus à notre ancien gîte par les indigènes qui nous accueillirent de la façon la plus cordiale. A leur tête se trouvait un autre indigène d'un âge avancé, qui ôta son chapeau en nous disant : « Drasti ! drasti ! » et en même temps nous serra la main. Il s'approcha ensuite de Melville, qui était presque perclus, et l'aida à se rendre à la hutte. Nous déchargeâmes le bateau et emportâmes nos couchettes. Quand les indigènes aperçurent deux goëlands, dont nous nous proposions de faire notre nourriture, ils les jetèrent à terre avec dégoût et nous apportèrent à la place de la chair de renne. Le vieillard, qui se nommait Veo Wassili, se montra très bienveillant pour nous et consentit volontiers à nous servir de pilote jusqu'à Boulouni ; il alla mesurer le tirant d'eau de la baleinière, nous montrant ainsi sa prévoyance, et, en outre, qu'il connaissait son métier. Ce vieux Tongouse, Wassili ou Koolgyork, ou encore Wassili aux oreilles coupées, comme on l'appelait, me faisait sans cesse penser à feu le commodore Foxholl A. Parker. Cet homme se montra toujours digne et complaisant et fit preuve d'un certain raffinement de manières, qui était vraiment remarquable.

Nous devinâmes immédiatement que c'était cet homme que Caranie était allé chercher pour nous ; et qu'en outre c'était la raison pour laquelle le jeune Tomat n'avait pas voulu nous accompagner jusqu'à ce que son père fût de retour. J'obtins de Wassili qu'il nous traçât la carte de la route que nous avions à suivre, et le croquis ci-contre en est la copie, avec la ligne par laquelle il se proposait de nous conduire. Il y indiqua aussi les points où nous devions nous arrêter pendant la nuit pour nous reposer.

Le lendemain, nous étions suffisamment reposés et prêts à partir avec Wassili, Bartlett et moi. Nous demandâmes à Melville de partir en avant pour envoyer du secours de Boulouni et répandre la nouvelle de l'arrivée probable des deux autres canots; mais Melville préféra que restassions tous réunis, craignant sans doute que, seuls, nous ne puissions encore nous tirer d'affaire.

Le mercredi matin, 21 septembre, nous partîmes avec Wassili et deux autres indigènes qui nous firent suivre la route que nous avions déjà parcourue la veille vers le sud et l'est ; au milieu des bancs de vase, notre guide marchait en avant avec ses deux hommes placés à ses

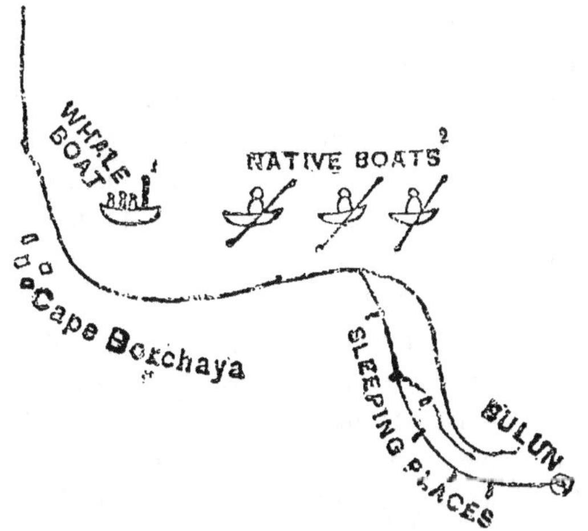

Fac-simile du dessin tracé sur le sable par le Tongouse Wassili, l'Oreille coupée.

côtés, lesquels sondaient constamment avec leurs pagaies. Leurs bateaux ou viatkies ont environ quinze pieds de long et vingt pouces de large.

Ils ont à peu près la forme de nos canots de course en papier et sont pourvus d'une pagaie. Le rameur est tourné de côté de l'arrière et bat l'eau alternativement à droite et à gauche, le centre d'appui de sa pagaie étant un point imaginaire situé entre ses deux mains. Le mouvement de leur rame est très gracieux, et ils obtiennent avec leur canot une très grande rapidité tout en sondant à chaque coup d'aviron quand

ils sont au milieu des bas-fonds. Wassili trouva un chenal au milieu
des bancs de vase par lequel notre canot, qui tirait alors vingt-six
pouces d'eau, put passer. Nous continuâmes notre route pendant toute
la journée en nous dirigeant au sud et à l'est. Vers huit heures du soir,
nous abordâmes sur une plage basse où nous établimes notre campement pour la nuit. Wassili nous donna alors du poisson pour notre
souper. Le temps était extrêmement froid et sombre, et le vent soufflait avec force; ce qui remplissait notre pilote d'inquiétude au sujet de
l'état du fleuve, car il craignait que nous ne fussions arrêtés par la
jeune glace. En effet, le lendemain, une frange de jeune glace bordait
chacune des rives du fleuve, mais nous pûmes cependant nous ouvrir
un chemin et continuer notre route, et, quand le soleil eut achevé de
fondre cette glace, nous nous engageâmes dans un dédale de petits
canaux que nous suivîmes pendant toute la journée. Nous vîmes sur
notre route plusieurs huttes de chasse. Le soir, nous couchâmes dans
deux cabanes situées sur la rive, et le lendemain matin nous entrâmes
dans un large cours d'eau que nous pensions être le fleuve lui-même.
Vers midi, nous atteignîmes une pointe de terre sur laquelle était un
village abandonné, composé de six huttes bien bâties et de nombreux
magasins. Wassili nous conduisit à une de ces huttes et nous dit *couche
ou mange*. Je remarquai alors que l'un des indigènes s'en allait avec
son canot. Je me promenai un peu dans le village pour l'examiner. Les
maisons étaient en bon état : on y voyait à l'intérieur de nombreuses
auges pour les chiens et des ustensiles de cuisine. Les portes n'en
étaient pas verrouillées, mais celles des magasins étaient soigneusement fermées avec des cadenas en fer d'une forme particulière.

Les circonstances semblaient donc prendre une tournure favorable, car je tenais pour certain que les indigènes qui habitent ces
maisons pendant l'hiver ne pouvaient être bien loin. Profitant de ces
quelques heures de repos, j'examinai les pieds et les jambes de Leach
et de Landertack. Les pieds de Leach étaient devenus noirs et Landertack avait les jambes dans un état déplorable ; elles étaient fortement
enflées et dans quelques endroits la peau était déchirée sur une grande
longueur. Nous les pansâmes le mieux que nous pûmes avec du lini-
ment tant que j'en eus, et ensuite avec de la graisse empruntée à la
boîte du bateau. Une heure après environ, nous vîmes arriver un ba-

teau dont les gens débarquèrent près du village et vinrent dans la maison se placer près de nous.

Quelques minutes plus tard, Wassili vint nous prier de le suivre, Melville et moi. Il nous conduisit dans une maison, au propriétaire de laquelle il serra la main. Cet homme, d'un âge avancé, se nommait Spiridon ; il avait avec lui deux femmes d'un aspect assez désagréable, et qui, toutes les deux, avaient perdu l'œil gauche. Elles nous servirent cependant du thé dans des tasses de porcelaine. Elles nous offrirent en même temps un peu de graisse de renne, ce qui, dans le pays, est considéré comme une véritable friandise. Ce Spiridon avait l'aspect d'un pirate de profession. En outre, on remarquait un air de mystère dans ce village qui me fit dire à Melville que je croyais notre hôte un vieux coquin auquel je redoutais de me confier. Il nous donna néanmoins une oie énorme qui fut dressée et farcie de sept autres oies (?) désossées, mais il nous recommanda de ne la manger que le lendemain, à notre repas du soir. Il nous annonça aussi que nous partirions le lendemain matin. Newcomb, ayant aperçu quelques gelinottes voler autour des maisons abandonnées, tua quelques-uns de ces jolis oiseaux qui étaient alors dans leur plumage blanc d'hiver, avec des plumes depuis le bec jusqu'aux orteils. Le lendemain matin, on nous donna un nouveau pilote : c'était un jeune homme nommé Kapucan, qui vivait avec Spiridon. Le vieux Wassili était en effet complètement épuisé, il nous montra à son coude gauche une blessure dangereuse d'arme à feu, qui n'était pas encore fermée, mais Caranie et Théodore continuèrent à nous accompagner. Nous en fûmes heureux, car cette journée-là fut pénible, et nos hommes furent obligés de ramer jusqu'à huit heures du soir. Afin de rendre le travail moins fatigant, ils s'étaient divisés en deux équipes et se relevaient d'heure en heure. Nous passâmes la nuit dans un palatkah. Le lendemain, quand nous voulûmes nous remettre en route, quatre seulement d'entre nous étaient en état de charger le canot et de l'éloigner de la berge.

Malgré l'état de leurs jambes qui leur refusaient tout service, puisqu'ils ne pouvaient se tenir debout et qu'on était obligé de les aider à entrer et à sortir du bateau, Leach et Landertack continuaient de ramer à chaque fois qu'arrivait leur tour de se mettre aux avirons. L'état de Melville et de Bartlett n'était guère meilleur ; c'était la pre-

mière fois que Bartlett se trouvait hors de service. Nous partîmes néanmoins ce matin-là, et vers midi nous débarquâmes au village de Gemovyalack que nous avons su depuis se trouver au cap Bykoff. Nous y
fûmes reçus de la façon la plus cordiale par une douzaine d'hommes,
de femmes et d'enfants. A notre arrivée, on nous conduisit à la hutte
du chef de ce village, lequel s'appelait Nicolaï Chagra.

Quelques minutes plus tard, nous vîmes entrer dans la hutte un jeune
homme mince et élancé que nous reconnûmes tout de suite pour un
Russe ou un Cosaque. C'était en effet un Russe exilé dans le village.
Il s'appelait Yaphem Kopsloff. Cet homme nous rendit, par la suite,
de grands services. A l'époque de notre arrivée, il ne savait pas d'autres mots d'anglais que : bravo! qui, dans sa pensée, signifiait bon ,
c'était donc le seul mot que nous comprissions tous les deux ; mais;
au bout de quinze jours, il m'avait appris assez de russe pour comprendre mon langage, dans lequel je mélangeais le russe et le tongouse.

Nous passâmes la nuit chez Nicolaï. Sa femme nous servit pour
souper du poisson auquel nous fîmes le plus grand honneur. Nous
profitâmes de cette occasion pour essayer de faire comprendre ce qui
était arrivé à nos trois bateaux, ajoutant que nous ne savions pas ce
qu'étaient devenus les deux autres ; nous exprimâmes ensuite le désiʳ
de nous rendre à Boulouni. Nicolaï nous fit alors comprendre que cette
ville se trouvait à quinze jours de marche.

Il est peut-être bon que j'explique pourquoi nous étions allés au
cap Bykoff, qui se trouvait presque à l'opposé de Boulouni, par rapport au lieu où nous avions débarqué. La raison est, comme nous
l'avons su plus tard, que le vieux Wassili devait avant tout nous
remettre entre les mains de son chef, Nicolaï Chagra ; quant à lui,
nous ne l'avons rencontré que par hasard. Mais je n'ai jamais pu
m'expliquer pourquoi on ne nous avait pas conduits à Boulouni, comme
on nous l'avait promis.

Le temps, il est vrai, était très mauvais pour la saison. Il gelait
chaque nuit ; mais pendant le jour la glace se brisait et disparaissait.
Nous étions à cette époque de transition pendant laquelle la navigation
est interrompue, sans qu'on puisse cependant voyager en traîneau.
Nicolaï Chagra nous dit qu'il nous faudrait quinze jours pour arriver à

Boulouni ; mais je crois qu'il voulait dire que nous serions forcés d'attendre quinze jours avant de partir, c'est-à-dire attendre que le fleuve fût pris par les glaces. Le lendemain matin, nous eûmes une tempête. Nicolaï nous dit que nous ne pouvions partir, mais il revint vers neuf heures et nous pressa de partir, comme si réellement il avait l'intention de nous envoyer à Boulouni. Il plaça soixante poissons dans notre bateau et nous fit des signes pour nous presser de nous embarquer. Nous le fîmes, et alors il marcha en avant pour nous montrer le chemin au milieu des bancs de vase. Yaphem était alors avec nous. Pendant deux heures, nous ramâmes de toutes nos forces, mais à chaque instant nous nous échouions, et, arrêtés par une forte brise, nous ne pouvions avancer que lentement. Mais nous n'avions pas encore perdu le village de vue que nos pilotes firent volte-face et nous firent signe de les suivre. Nous virâmes donc de bord et retournâmes au village où l'on avait préparé un traîneau pour ramener Melville à la maison. Trois ou quatre d'entre nous s'occupaient à amarrer le canot le long du bord, lorsque Nicolaï arriva et insista pour qu'ils l'attirassent sur la berge, faisant signe que les jeunes glaces le briseraient si on ne prenait pas cette précaution. Les indigènes nous aidant, nous le halâmes sur la rive, dans un endroit élevé et sec. L'état de nos hommes, ce jour-là, était si mauvais que nous n'avions pas lieu de regretter d'être revenus, car ils étaient incapables de supporter le voyage de quinze jours que nous annonçaient les indigènes. Nous fûmes conduits à la maison d'un certain Gabrillo Pashin, où nous passâmes la nuit. Le lendemain matin, Yaphem et Gabrillo vinrent et me firent signe qu'ils désiraient que je les suivisse.

Ils me conduisirent alors à une maison vide située à l'extrémité du village, où se trouvait une vieille femme qui la nettoyait. Ils me firent comprendre qu'ils désiraient que nous vinssions l'occuper ; j'achevai donc de la nettoyer moi-même et allai chercher mes compagnons vers midi. Melville alors passa en revue toute la troupe et fit part à nos compagnons des craintes que nous éprouvions tous les deux de voir le scorbut faire invasion parmi nous, ajoutant que nous devions tenir notre demeure, ainsi que nos personnes, avec la plus grande propreté, et en outre tâcher de nous distraire, la gaîté étant le meilleur remède que nous puissions employer pour nous remettre, en attendant que nous réussissions à nous procurer une nourriture plus substantielle. Enfin, il termina en me chargeant de veiller aux besoins de tous, tan* qu'il serait lui-même malade. Le lendemain, à l'exception de Jack Cole, de l'Indien Anequin et moi, de tout le monde se trouvait dans un état alarmant. Nous dûmes donc nous charger d'apporter l'eau et le bois nécessaires. Wilson cependant pouvait encore se traîner par la maison et préparer le poisson. Les indigènes, en effet, nous donnaient huit poissons par jour, quatre le matin et quatre le soir. Comme Yaphem vivait avec nous, nous étions douze pour partager, matin et soir, nos quatre poissons, qui pesaient environ dix livres. Nous n'avions pas de sel, mais il nous restait un peu de thé. Un peu plus tard, un indigène nous apporta plusieurs oies sauvages faisandées pour notre repas du midi. Elles avaient, il est vrai, un fumet un peu relevé, mais nos estomacs s'en accommodèrent, car nous étions capables de manger de presque n'importe quoi. Yaphem nous donna aussi des œufs d'oie.

Nous vécûmes ainsi pendant huit jours environ. Alors arriva un *prasnik* ou jour de fête pour les indigènes. Yaphem en profita pour conduire quelques-uns d'entre nous faire des visites. Les indigènes nous firent alors cadeau d'une quinzaine d'oies, toutes, il est vrai, d'un goût aussi prononcé que les premières. Mais de jour en jour la santé de la troupe s'améliorait ; les hommes recommençaient l'un après l'autre leur service ; au bout d'une semaine, Melville lui-même était assez bien pour reprendre le commandement. Les indigènes étaient généreux avec nous.

J'ignore la quantité exacte de poissons qu'ils prenaient à cette époque, mais je sais que leurs pêches n'étaient point surabondantes. Un jour j'allai avec Andrusky Burgowansky lever ses filets ; nous en levâmes sept dans lesquels nous trouvâmes seulement onze *bulook*, sur lesquels il m'en donna un. De plus, le village était assez mal approvisionné en chair de renne ; aussi nous ne pûmes nous en procurer une seule fois.

Le fleuve s'étant trouvé pris par la glace dans la nuit qui suivit notre retour au village de Nicolaï Chagra, il fut bientôt possible de voyager en traîneau dans toute la région voisine.

Aussi nous vîmes, peu de jours après, un exilé russe arriver au village avec son attelage de chiens. Ce Russe vint nous visiter. Apprenant qu'il demeurait seulement à neuf ou dix milles de là, je lui demandai de m'emmener avec lui, car je voulais l'entretenir sur les meilleurs moyens à employer pour sortir de la condition précaire où nous nous trouvions, et connaître la route la plus praticable pour aller à Boulouni. Il y consentit volontiers, et tous deux nous partîmes dans l'après-midi.

J'y passai la soirée avec lui et avec sa femme, qui était une Yakoute. J'appris, de sa bouche, quelques nouvelles de ce grand monde dont nous étions depuis si longtemps absents. Il me raconta l'assassinat du czar, m'annonça que le steamer la *Léna* était encore sur le fleuve, que M. Sibyriakoff entretenait plusieurs bateaux à vapeur sur celui-ci. Il me parla du comte de Bismarck, des généraux Skobeleff et Gourka, de la guerre de Turquie et de maintes autres choses. Sa femme m'offrit un peu de tabac, environ cinq livres de sel, un petit sac de farine de seigle, un peu de sucre et deux briques de thé. Je dois vous dire ici que, malgré leur laideur, toutes les femmes indigènes sont toujours extrêmement aimables, et je serais heureux de leur envoyer une balle de calicot et d'autres étoffes, si je le pouvais. Le lendemain matin, Kusmah-Jeremiah, — c'est le nom de cet exilé russe, — me conduisit à `a porte de son habitation et me montra un beau jeune renne qu'il avait acheté, en me demandant s'il pourrait m'être agréable ; ma réponse fut affirmative, naturellement, et aussitôt l'animal fut tué. Je déjeunai encore avec lui, et son excellente épouse nous servit du thé, du poisson et des pâtés de poisson qu'elle avait préparés exprès pour moi. Au moment de mon départ, Kusmah me promit de venir me prendre le dimanche suivant pour me conduire à Boulouni avec des attelages de rennes. Je lui demandai alors quelles autres personnes viendraient avec nous : « Deux Russes, me répondit-il. — Et combien de Tongouses ? ajoutai-je. — Pas un, me répliqua-t-il, ce sont de méchantes gens. » Je le priai alors de revenir, le mercredi suivant, au village que nous habitions, afin que nous puissions nous concerter avec Melville, et je partis avec les provisions qu'il m'avait données. Celles-ci causèrent des transports de joie parmi mes compagnons ; car elles leur permettaient un changement de régime dont ils avaient bien besoin. Le renne, quand il fut tout préparé, pesait encore quatre-vingt-treize livres.

Le mercredi suivant, Kusmah vint, comme il l'avait promis. Nous le conduisîmes à notre bateau que nous retournâmes visiter. Nous nous retirâmes ensuite dans une maison vide pour y tenir conseil. Kusmah nous dit alors qu'il pouvait aller à Boulouni et en revenir en cinq jours. Quand nous lui demandâmes si le voyage serait plus rapide, s'il allait seul, que s'il allait avec l'un de nous, il répondit qu'il ne faisait pas de différence. Melville pensa alors qu'il valait mieux qu'il allât seul. Kusmah y consentit; mais, le vendredi suivant, nous fûmes surpris d'apprendre qu'il venait chercher Nicolaï Chagra pour l'emmener avec lui. Je dois dire ici que, deux jours après notre retour, ce même Nicolaï était venu nous trouver pour nous demander une lettre, nous promettant de l'envoyer à Boulouni, à la première occasion qui se présenterait. J'écrivis cette lettre en anglais et en français. Wilson la traduisit en suédois, et Landertack en allemand. Nous l'enveloppâmes dans une toile vernie avec un portrait de *la Jeannette* et un dessin du drapeau américain, et nous remîmes le tout à Nicolaï. Celui-ci confia le paquet à sa femme qui le renferma dans son buffet, pour le mettre en sûreté; mais il ne fut jamais envoyé. Plus tard, Melville et moi, nous préparâmes des dépêches pour le ministre des États-Unis à Saint-Pétersbourg, pour le secrétaire de la marine et pour M. James Gordon Bennett, mais Melville n'en remit aucune à Kusmah pour les porter à Boulouni.

Bien que le colloque suivant, entre M. Jackson et le lieutenant Danenhower, et rapporté par le premier, ne fasse pas précisément partie du récit, nous avons cru devoir le conserver à cette place, parce qu'il jette un certain jour sur la conduite de Melville, et sur les motifs qui le faisaient agir, tout en nous en montrant les conséquences.

— A quelle époque était-ce?

— Le 13 octobre, autant que je peux me rappeler.

— Alors nous pouvions recevoir des nouvelles du désastre un mois plus tôt, si un de vous avait été envoyé à Boulouni immédiatement?

— Oui, peut-être quarante jours plus tôt. A mon avis, un homme eût pu être envoyé directement à Irkoutsk, où se trouve la première station du télégraphe.

— Pensez-vous que si on se fût mis immédiatement à la re-

Melville revenant de Bykoff.

cherche du capitaine et de ses compagnons, on eût pu les secourir?

— Il était impossible de faire des recherches au nord de notre
village; les indigènes refusaient formellement d'y aller, et nous dépen-
dions complètement d'eux pour notre nourriture de chaque jour.
Comme vous le verrez plus tard, j'ai fait des recherches moi-même,
mais sans résultat.

— Si un homme s'était rendu à Boulouni avec Kusmah, quels
renseignements eût-il pu trouver touchant le capitaine?

— Melville avait reçu l'ordre de conduire sa troupe en lieu sûr, où
elle eût abondance de nourriture, et alors d'entrer en communication
avec les autorités russes. Nous connaissions la route que le capitaine
se proposait de suivre après avoir abordé à Barkin. Il avait l'intention
de se rendre à Sagasta et à la Tour du Signal. Si quelqu'un fût allé
avec Kusmah et fût parti immédiatement pour le nord, il eût, dans
ce cas, recueilli Noros et Ninderman avant leur arrivée à Bulcour.

— Pourquoi, demanda M. Jackson, Melville n'alla-t-il pas avec
Kusmah, et n'envoya-t-il pas les dépêches?

— Le lendemain de notre arrivée, comme j'étais le mieux portant
et le plus à même de faire utilement ce voyage, il avait été décidé
que j'irais à Boulouni. Pendant plus de quinze jours, nous nous entre-
tînmes de ce voyage, tous les deux et avec nos compagnons. Je devais
rapporter des provisions et ramener des traîneaux pour emmener tout
le monde. Je devais, en outre, emporter les dépêches que nous avions
préparées. Mais après mon retour de chez Kusmah, Melville décida
que ce dernier irait seul, et comme Kusmah avait promis d'être de
retour au bout de cinq jours, Melville se décida aussi à ne point envoyer
les dépêches, mais les emporter avec lui.

— Alors, Melville ne voulait pas y aller lui-même ni personne à sa
place?

— Non. Il semblait croire que Kusmah devait effectuer son voyage
plus promptement s'il allait seul, et il fut fort désappointé quand il
apprit que Nicolaï Chagra paairtt avec lui.

— Pourquoi emmena-t-il Nicolaï avec lui?

— Ce Kusmah a été condamné pour vol et exilé en Sibérie, il a
beaucoup à ménager les indigènes. Il ne pouvait quitter son domicile

sans une permission des autorités ; mais, dans cette circonstance, il a pris la responsabilité de cet acte parce qu'il avait quelqu'un derrière lui pour l'assister comme témoin, et c'est pourquoi il a naturellement choisi le chef des indigènes, quoiqu'il m'eût proposé d'abord. Vous savez qu'il nous avait dit que, s'il emmenait quelqu'un, son voyage ne demanderait pas plus de temps.

Le lendemain matin, je pressai Melville de recommander à Kusmah, avant son départ, de répandre chez tous les indigènes qu'il rencontrerait sur sa route la nouvelle qu'il existait encore deux autres canots dont on n'avait point entendu parler ; je lui proposai, en outre, de me rendre chez ce Russe pour lui réitérer cette invitation. Melville y consentit. Je descendis donc chez Nicolaï Chagra pour lui demander un attelage de chiens ; mais, pendant que j'y étais, Spiridon arriva avec un superbe attalage de neuf chiens. M'emparant aussitôt de lui et de ses chiens, nous partîmes chez Kusmah. J'eus une longue conversation avec ce dernier, pendant laquelle nous étudiâmes les cartes de nouveau. Celui-ci m'ayant affirmé que Barkin n'était qu'à cinquante verstes de distance dans la direction du nord-est, je me décidai sur l'heure à m'y rendre, car j'espérais y trouver les traces des deux canots. Je revins trouver Melville et lui fis part de ma résolution. Il s'opposa d'abord à mon départ, mais finit par y consentir.

Pendant que j'étais chez Kusmah, j'écrivis quelques lignes pour mon frère qui habite Washington, et les confiai au Russe qui devait les mettre à la poste à Boulouni. Mes yeux ne m'auraient pas permis d'écrire une longue lettre. Je pris mon rifle et mon sac-lit, que je plaçai dans le traîneau de Spiridon, et indiquai la route de son village. Cet ordre parut le surprendre beaucoup, mais il finit par obeir et nous nous mîmes en route. En arrivant chez lui, nous tînmes conseil avec Caranie. J'essayai de les décider à me conduire à Barkin, le lendemain matin. Mais ils me répondirent que le *boos byral* — la jeune glace, — les en empêchait et qu'il était impossible de s'y rendre à cette époque de l'année. Nous allâmes donc souper, et après je me mis à la recherche de Wassili. Celui-ci consentit à me conduire à Kahoomah, que Kapucan me dit être au nord-ouest. Ne pouvant aller à Barkin, j'étais heureux de pouvoir au moins aller au nord-ouest, afin de répandre dans cette direction qu'il existait deux autres bateaux perdus.

Le lendemain, nous partîmes, Wassili, Kapucan et moi, pour Kahoomah, avec un attelage de douze chiens. Nous descendîmes d'abord
une petite rivière au sud-est ; en maints endroits la glace se rompit
sous le traîneau qui alors plongeait avec son attelage dans une eau
profonde. Cette direction du sud-est me surprenait, car Kapucan
m'avait dit que Kahoomah se trouvait au nord-ouest. Ils me ramenèrent
donc chez Kusmah, avec lequel ils eurent un nouvel entretien, et con-
sentirent alors d'essayer de me conduire à Barkin. Je plaçai devant
eux la boussole et leur indiquai la direction du nord-est, leur disant
que Barkin ne se trouvait qu'à cinquante milles dans cette direction,
mais ils me répondirent qu'il nous fallait aller d'abord au sud-est pour
retourner ensuite au nord. Nous eûmes à attendre un autre traîneau
de notre village pendant toute la nuit. Ce traîneau arriva le lendemain
matin et nous partîmes pour le sud-est. Vers onze heures nous atteignîmes le bord d'une grande rivière qui coulait au nord. Je remarquai
alors que le vieux Wassili, en examinant le courant, paraissait inquiet,
rêveur. Je tirai de nouveau ma boussole, et quand l'aiguille fut devenue immobile, les deux indigènes se mirent à chanter d'un air joyeux
et surpris : « Tahrahoo », en indiquant la pointe de l'aiguille qui marquait la direction du sud. J'insistai néanmoins pour aller au nord,
mais Wassili me dit que c'était impossible à cause du *boos byral*. Je
me décidai alors à le laisser suivre son intention, afin de voir ce
qu'il voulait faire. Vers quatre heures, après avoir traversé une région couverte de bois flotté, nous arrivâmes à une petite hutte située
près d'un promontoire élevé, et l'île à laquelle ils donnent le nom de
Tahrahoo se trouvait à environ trois milles de la rive. Ils me dirent
qu'ils voulaient m'y conduire le lendemain matin. Nous vîmes arriver
un autre traîneau à ce moment ; il était conduit par un vieillard nommé Dimitrius. Celui-ci avait été envoyé par Kusmah et m'apportait
une bouillotte et une théière. Vers le coucher du soleil, je montai avec
Wassili sur le sommet du promontoire, d'où nous inspectâmes soigneusement le cours de la rivière et l'île adjacente. Il me dit que le
steamer la *Léna* avait pris cette route pour remonter le fleuve, et qu'on
pouvait peut-être apercevoir des indices de bateaux sur les îles voisines.
Je lui dis alors que je désirais continuer le promontoire et me diriger
vers le nord. Mais les deux vieillards m'affirmèrent que c'était impos-

sible. Le lendemain matin, cependant, ils partirent vers l'île pour me satisfaire ; nous marchions en avant, les deux vieillards et moi, pour sonder la glace. A un mille du bord, celle-ci devint noire et parut si peu consistante que mes deux compagnons refusèrent d'avancer. Je fus donc obligé de revenir sur mes pas après cette tentative inutile. Cependant, j'avais une preuve que les indigènes m'avaient dit la vérité, la glace n'était pas assez solide pour nous porter. Nous reprîmes donc le chemin de l'habitation de Kusmah, où nous passâmes la seconde nuit, et le lendemain nous retournâmes à Gemovyalack.

Kusmah ne fut point de retour au bout de cinq jours, comme il l'avait promis, et n'arriva que le 29 octobre, après une absence de treize jours. En arrivant, il nous raconta qu'il avait rencontré à Kumah-Surka deux hommes de la troupe du capitaine, lesquels lui avaient donné par écrit quelques renseignements sur les conditions où se trouvaient leurs compagnons au moment où ils les avaient quittés, et il remit à Melville la dépêche de Ninderman. Il termina son récit en ajoutant que ce dernier et son compagnon devaient être à Boulouni depuis la veille, c'est-à-dire le 28.

En apprenant cette nouvelle, Melville envoya immédiatement chercher le vieux Wassili et partit avec lui pour Boulouni, dans un traîneau attelé de chiens, afin de savoir le point exact où se trouvait le capitaine et lui porter des vivres et des vêtements.

En partant, il me chargeait du commandement de la troupe, m'ordonnant de la conduire à Boulouni le plus tôt possible.

Le 1er novembre, le commandant de Boulouni, Gregory Micktereff Bieshoff arriva au village de Gemovyalack. C'était un Cosaque de haute taille, aux favoris noirs, d'environ quarante-deux ans. Il avait très bonne tournure sous l'uniforme d'officier qu'il portait. Cet homme agit toujours pour nous avec beaucoup de bonté, d'intelligence et, souvent, d'à-propos.

Il apportait avec lui du pain, de la viande de renne et du thé ; il me remit, en outre, le mémoire que Noros et Ninderman lui avaient confié pour l'envoyer au ministre des États-Unis à Saint-Pétersbourg.

« Boulouni, 19 octobre.

« A Son Excellence le ministre des États-Unis à Saint-Pétersbourg.

« Prière d'informer le secrétaire de la marine des États-Unis de la
perte de *la Jeannette.*

« Le steamer arctique *la Jeannette* a été écrasé dans les glaces, le
11 juin 1881, par 77° 22' de latitude nord et 157° 55' longitude est ou
à peu près. Trois canots sont sauvés, et on a pu sauver aussi trois ou
quatre mois de provisions ; nous avons pris la direction du sud-ouest
avec nos traîneaux pour atteindre les îles de la Nouvelle-Sibérie.
Après quinze jours de marche environ, nous arrivâmes en vue d'une
île. Le capitaine résolut d'y aborder .Nous y restâmes environ quinze
jours ; le drapeau américain y fut planté à l'extrémité méridionale, et
l'île reçut le nom d'île Bennett. Le lieutenant Chipp fut envoyé vers
l'ouest avec l'équipage d'un des canots pour en déterminer l'étendue,
tandis que le pilote Dunbar allait à l'ouest avec les deux Indiens. Ils
revinrent tous au bout de trois jours. Nous restâmes encore une semaine sur l'île, et, reprenant les bateaux, nous partîmes vers le sud.
Nous touchâmes aux îles de la Nouvelle-Sibérie et nous campâmes
sur deux d'entre elles. De la plus méridionale nous nous dirigeâmes
vers la côte septentrionale de la Sibérie, pour entrer dans un des bras
de la Léna. Pendant la traversée, une tempête s'éleva qui nous fit
perdre de vue les deux autres canots, commandés l'un par le lieutenant
Chipp, l'autre par l'ingénieur Melville. Depuis nous ne savons pas ce
qu'ils sont devenus ; notre canot, presque submergé, ayant perdu son
mât et sa voile, fut conduit à la rame pendant un jour et une nuit.
Pendant ce temps il embarquait de l'eau continuellement, et nuit et
jour il fallait travailler à le vider. Tout le monde avait les mains et les
pieds gelés après la tempête ; le capitaine en avait complètement perdu
l'usage quand nous arrivâmes à la côte.

« Étant entrés dans une petite rivière, nous trouvâmes l'eau trop
peu profonde pour y pénétrer. La glace commençait à se former. Le
capitaine se décida à aborder à tout prix, après avoir exploré la côte
voisine pendant deux jours. Le canot touchait à deux milles du rivage ;
le capitaine ordonna à tous les hommes en état de le faire de sortir
du bateau pour l'alléger, et de le haler vers la rive. Mais au bout d'un
mille, il fut impossible de le faire avancer plus loin. Alors, nous prîmes
les papiers du navire et les provisions, et nous gagnâmes la côte. A ce
moment, le capitaine pouvait se servir un peu de ses pieds et de ses

mains. Voici les noms des membres de l'équipage du canot : le capitaine de Long ; le chirurgien Ambler ; M. Collins ; W.-C.-C. Ninderman ; Louis Noros ; H.-H. Erickson ; H.-H. Knack ; G.-W. Boyd ; A.
Gortz ; A. Dressler ; W. Lee ; N. Iverson ; Alexis ; Ah Sam. Il nous
restait un chien. Nous restâmes quelques jours sur le rivage à cause
de ceux d'entre nous qui avaient les pieds gelés ; ensuite, laissant
derrière nous les livres de loch et quelques autres objets que nous
étions incapables de porter, nous partîmes dans la direction du sud
avec cinq jours de provisions. Erickson marcha quelques jours avec
des béquilles, puis nous fîmes un traîneau pour l'emmener. Nous arrivâmes à une hutte le 5 octobre. Le 6 au matin, on coupa tous les orteils d'Erickson. Le capitaine me demanda si j'avais la force de partir
avec un compagnon pour aller chercher du secours pour le reste de la
troupe, dans une station, pendant qu'il s'arrêterait auprès d'Erickson.
Pendant qu'il me parlait, celui-ci mourut. Nous l'enterrâmes dans la
rivière. Le capitaine nous dit ensuite que nous irions tous ensemble à
un endroit nommé Ow Titary, par 77° 55', de latitude, mais dont la
longitude était inconnue. Le 7 octobre, nous mangeâmes notre dernier
chien et partîmes dans la direction du sud, avec environ un quart d'alcool, deux caisses d'étain contenant les papiers du navire, deux fusils
et quelques munitions. Nous voyageâmes ainsi jusqu'au 9. N'ayant
rien à manger, nous buvions chacun trois onces d'alcool. Le capitaine
et le reste de la troupe devinrent si faibles qu'on s'arrêta. Je fus alors
envoyé en avant avec Noros à une place nommée Kumah-Surka, à
environ douze milles au sud pour y trouver des indigènes. Nous avions
trois onces d'alcool et un fusil avec cinquante cartouches. Si nous ne
trouvions personne à Kumah-Surka, nous devions continuer à marcher au sud. Il nous fallut cinq jours pour arriver à Kumah-Surka.
Nous y trouvâmes deux poissons, et, après un jour de repos, nous
repartîmes vers le sud. Nous n'avions plus rien à manger. Après avoir
continué notre route jusqu'au 19, devenant de jour en jour plus faibles,
nous nous laissâmes aller au désespoir et nous nous assîmes. Puis,
nous relevant, nous fîmes encore un mille avant de trouver deux huttes
et un magasin dans lequel étaient déposées environ quinze livres de
Blue moulded fish. Nous nous y arrêtâmes pendant trois jours afin de
reprendre des forces, car nous étions trop faibles pour continuer notre

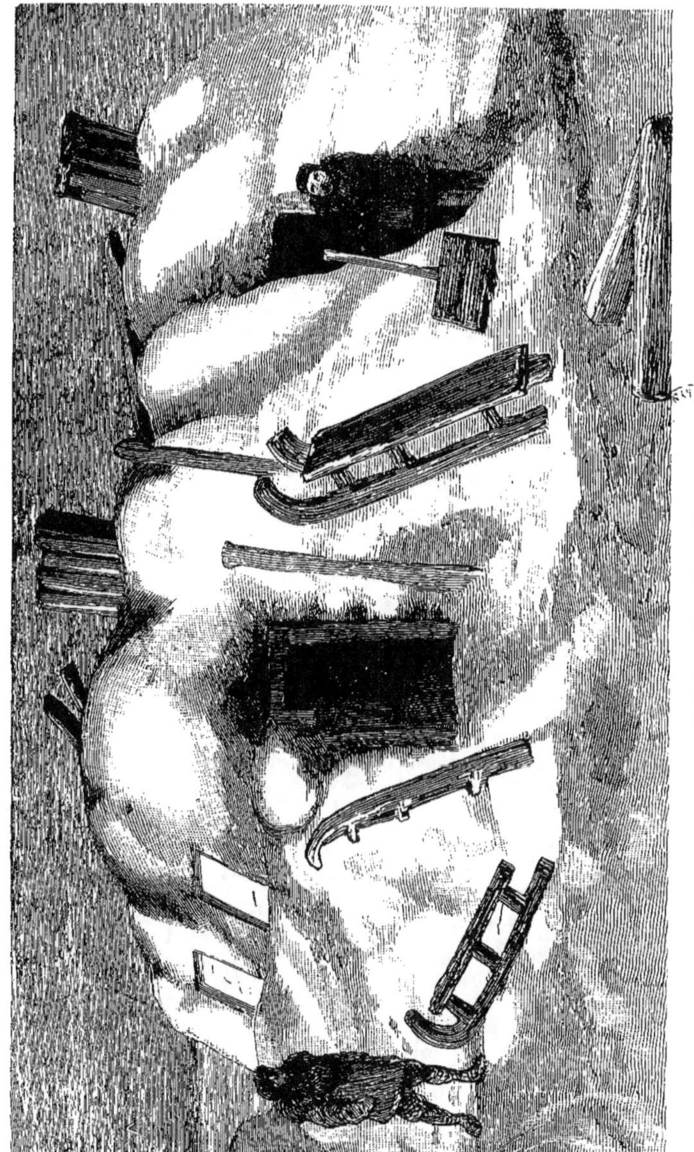

Extérieur d'une hutte Yakoute.

route. Dans l'après-midi du 23, un indigène vint à notre hutte ; nous essayâmes de lui faire comprendre que onze autres hommes se trouvaient plus au nord, mais nous ne pûmes nous faire entendre. Il nous conduisit alors à son campement, où nous trouvâmes six autres indigènes avec des traîneaux et des rennes. Ces gens étaient alors en route vers le sud. Le lendemain, on leva le camp pour aller à une station nommée Agakit, où nous arrivâmes le 25. Nous essayâmes de faire comprendre que le reste de nos compagnons se trouvait au nord. Mais ce fut encore en vain. Ajakit est par 70° 55', de latitude nord ; nous ne connaissons pas la longitude, car la carte n'est qu'une copie envoyée par le gouverneur de Boulouni. Celui-ci vint le 27. Il connaissait le nom du navire, ainsi que l'expédition de Nordenskjold, mais ne pouvait parler anglais. Nous essayâmes de lui faire comprendre que notre capitaine mourait de faim et était déjà mort probablement ; que nous désirions des indigènes pour nous accompagner, des rennes et de la nourriture pour eux ; car je pensais qu'il ne nous fallait que cinq ou six jours pour les sauver. Mais le gouverneur me fit signe qu'il devait télégraphier à Saint-Pétersbourg, et alors il nous envoya à Boulouni. Nous avons de la nourriture et des vêtements à présent, mais notre santé est en mauvais état, et, dans l'espoir de nous rétablir bientôt, nous sommes vos humbles serviteurs.

« William C.-F. NINDERMAN,

« Louis NOROS,

« Matelots de la marine des États-Unis, du navire la Jeannette. »

Ce mémoire contenait quelques détails sur la position du capitaine, mais ces détails n'étaient pas assez précis pour me permettre de partir immédiatement au secours de de Long ; d'ailleurs je savais que Kumah-Surka était plus rapproché de Boulouni que de Gemovyalack, et je n'ignorais pas que Melville, après avoir vu Noros et Ninderman, pouvait joindre le capitaine beaucoup plus promptement que nous. Je résolus donc de lui envoyer ce mémoire par James Bartlett. Le commandant de Boulouni profita de cette occasion pour fixer un rendez-vous à Melville.

Bartlett partit le soir même de l'arrivée de Bieshoff. Comme on le conduisait avec un traîneau attelé de rennes, il devait vraisemblablement arriver à Boulouni quelques heures seulement après Melville, qui était parti avec un attelage de chiens. Les deux routes sont, en effet, tout à fait différentes selon le genre d'attelage. Avec des chiens le voyageur est obligé de suivre le cours du fleuve, et la distance de Gemovyalack à Boulouni est de deux cent quarante verstes ; tandis qu'avec des rennes elle n'est plus que de quatre-vingts verstes, parce que la route traverse le pays. C'est ce qui explique pourquoi Melville et Bieshoff n'avaient pu se rencontrer.

Aussitôt après le départ de Bartlett, j'allai prier Bieshoff de se mettre en mesure de nous transporter à Boulouni le plus tôt possible ; cette demande parut le contrarier, et il évita de me fixer le moment de notre départ. Craignant quelque mauvaise volonté de sa part, cette idée fut cause que je dormis mal et que je me réveillai dès quatre heures du matin. Je fus surpris, en me réveillant, de voir Yaphem, qui couchait dans notre hutte, déjà debout et tout habillé. Je lui demandai donc où il allait ; il me répondit qu'il se disposait à partir avec le commandant pour le village d'Arrhue : c'est là que nous avions rencontré Spiridon. De plus en plus surpris et ne sachant ce que signifiait cette manière de faire de Bieshoff, j'ordonnai à Yaphem de l'aller chercher sur l'heure. J'étais décidé à jouer serré avec ce Cosaque, ce qui, d'ailleurs, me réussit parfaitement. Celui-ci vint me trouver vers cinq heures du matin. Il était déjà en uniforme. Alors, sans le moindre préambule, je lui déclarai que si le lendemain matin nous n'avions pas de vêtements et si je n'étais pas parti avec tous mes compagnons au point du jour, je ferais un rapport au général Tchernaïeff, afin de le faire punir sévèrement, ajoutant que si, au contraire, sa conduite vis-à-vis de nous était correcte, et si nous étions prêts à l'heure dite, je le ferais largement récompenser. Bieshoff accepta gravement ma proposition, et se borna à me répondre : « Karascha » (c'est très-bien) ; mais, pour plus de sécurité, je l'invitai à passer la nuit dans notre hutte.

Le lendemain matin, 3 novembre, quatorze attelages comptant environ deux cents chiens étaient rassemblés dans le village. En outre, on nous avait apporté une ample provision de vivres et de vêtements de fourrure. Nous partîmes immédiatement pour Boulouni.

Chemin faisant, nous nous arrêtâmes à Burulak, où, on se le rappelle, Bieshoff avait fixé un rendez-vous à Melville. Celui-ci s'y trouvait. J'eus un long entretien avec lui pendant lequel il m'avoua qu'il n'avait plus le moindre espoir de retrouver vivants le capitaine et les gens de sa troupe. Cependant il était décidé à se rendre avec deux indigènes à l'endroit où Noros et Ninderman avaient quitté leurs compagnons. De là il se proposait de se rendre jusqu'au bord de l'Océan pour ramener les objets que de Long y avait laissés. Enfin, avant de me quitter, il me pria de laisser Bartlett à Boulouni, quand je partirais vers le sud, ajoutant qu'il m'avait laissé des ordres écrits dans cette localité. Nous nous séparâmes alors, lui partant pour le nord, tandis que nous nous dirigions sur Boulouni, où nous arrivâmes le dimanche suivant. Dès notre arrivée, Bieshoff me prévint que nous devions attendre jusqu'au samedi avant de partir pour Yakoutsk, comme me l'enjoignait Melville dans les ordres écrits qu'il m'avait laissés. Mais la présence de douze hommes pendant une semaine se fit aussitôt ressentir sur les provisions d'hiver de Boulouni, qui ne peut avoir une réserve considérable, car cette localité ne compte qu'une vingtaine de maisons. En outre, elle était mal approvisionnée. Enfin, le samedi arrivé, nous poursuivîmes notre route jusqu'à Verschoyansk, qui est distant de neuf verstes de Boulouni. Jusque-là nos traîneaux furent attelés de rennes ; mais de Verschoyansk jusqu'à Yakoutsk, c'est-à-dire pendant neuf cent soixante verstes, nos traîneaux furent attelés tantôt de rennes, tantôt de bœufs et tantôt de chevaux.

Nous atteignîmes Yakoutsk le 17 décembre, et Melville vint nous y rejoindre le 30 du même mois.

CHAPITRE DOUZIÈME

La tempête du 12 septembre, qui sépara les trois canots, désempara pour ainsi dire celui du capitaine, en lui enlevant, pendant la nuit, son mât et ses voiles. Quand le jour vint, de Long, n'apercevant plus les deux autres embarcations, ne songea qu'à mettre lui-même en pratique les instructions qu'il avait données au lieutenant Chipp et à l'ingénieur Melville ; et, sans perdre de temps, il se dirigea vers la côte de Sibérie.

Le vent continuant à souffler avec violence pendant toute la journée du 13, une partie des hommes fut occupée à épuiser l'eau. A l'approche de la nuit, estimant que la côte ne pouvait être éloignée, le lieutenant de Long fit installer une semelle, pour éviter d'être poussé contre les glaces qui pouvaient border le rivage. La nuit se passa dans ces conditions. Le jour suivant, la tempête s'apaisa enfin, et la mer se calma peu à peu ; mais tous les gens du canot avaient les pieds et les mains cruellement maltraités par le froid, et lorsqu'on arriva en vue de terre, de Long lui-même ne pouvait presque plus faire usage de ses membres.

On ne tarda pas à découvrir l'embouchure d'une petite rivière où l'on essaya en vain d'entrer, à cause du peu de profondeur de l'eau et de la glace qui commençait à s'y former. Il fallut donc retourner en arrière. Pendant deux jours, on rangea la côte à distance sans trouver un point où aborder. A la fin, le capitaine, voulant à tout prix arriver à terre, fit gouverner droit au rivage ; mais on en était encore à deux mille quand le canot toucha. Alors tous les hommes en état de marcher reçurent l'ordre de sortir du canot afin de l'alléger, et de le haler vers la terre. On réussit ainsi à le faire avancer d'un mille, mais il fut impossible de le traîner plus loin. Il ne restait donc plus qu'à le décharger et à transporter à dos, jusqu'au rivage, les objets qu'il contenait.

On était alors au 16 septembre. Aussitôt arrivés sur la côte, les naufragés se réunirent autour d'un grand feu, que M. Collins, sorti un des premiers du canot, était venu allumer pour réchauffer leurs membres engourdis, remettant au lendemain le déchargement du canot, Cette opération prit une grande partie de la journée du 17.

La petite troupe, qui se composait du commandant, le lieutenant de Long, du docteur Ambler, de M. Collins et de onze hommes de l'équipage, Ninderman, Noros, Erickson, Knack, Boyd, Gortz, Dressler, Lee, Iverson, Alexis et Ah Sam, resta encore pendant deux jours sur le rivage, pour se reposer et se remettre des terribles atteintes du froid qu'elle avait eu à endurer. Le docteur Ambler, seul, était relativement en bon état. Parmi les hommes, Noros et Ninderman se trouvaient les deux plus solides.

Après ce délai, les livres de loch du navire, et différents autres objets que les gens de la troupe étaient hors d'état de porter, furent renfermés dans une cache, et de Long donna l'ordre du départ dans la direction du sud. Les fardeaux avaient été répartis aussi également qu'on l'avait pu entre tous les hommes valides ; le capitaine portait lui-même sa couchette et quelques papiers. Cependant, quelques hommes se plaignaient de leur charge et demandèrent à l'abandonner ; mais le capitaine insista pour que le tout fût emporté. Les naufragés avaient des provisions pour cinq jours, non compris un chien, le dernier des quarante pris à Saint-Michel, lequel pouvait, au besoin, leur servir de nourriture.

Erickson, dont les deux pieds étaient complètement gelés, marcha d'abord avec des béquilles, mais ses compagnons construisirent un traîneau, sur lequel ils l'emmenèreut. La petite troupe marcha ainsi pendant cinq jours. L'Indien Alexis ayant réussi à tuer deux rennes, on s'arrêta pour se restaurer et faire un bon repas, « car, dit Noros, la maxime du capitaine était de bien se nourrir tant qu'on avait des provisions. » On se remit ensuite en marche.

Pendant les dix premiers jours, les naufragés franchirent une distance de vingt milles environ, et atteignirent un point voisin de celui désigné sur les cartes sous le nom de Tcholbogoje, mais où n'existe qu'une seule hutte. Les quatre jours suivants les amenèrent à une langue de terre, où ils furent obligés de s'arrêter pour attendre qu'une rivière, large d'environ cinq cents mètres, qui leur barrait le passage, fût prise par les glaces. Pendant ce temps-là, ils tuèrent un autre renne. Ce fut vers cette époque qu'Erickson subit l'amputation de tous les doigts de pied.

Dès qu'il devint possible de traverser la rivière, le capitaine donna donc l'ordre du départ ; son intention était de se rendre à Sagasta. Pendant la nuit, Erickson ayant quitté ses gants, une de ses mains gela, et, dès lors, son état empira, car la circulation ne put être rétablie.

« Le 6 octobre, dit Ninderman, l'état d'Erickson ne permettait plus d'espérer sa guérison, et nous craignions même de ne pouvoir l'emmener plus loin. Sa mort étant inévitable, M. Collins proposa de demeurer seul après de lui, pendant que le reste de la troupe continuerait sa marche en avant ; mais le capitaine n'y voulut point consentir et dit que tout le monde resterait auprès du moribond.

Melville et Ninderman rencontrant les cadavres de de Long, Ambler et Ah Sam.

« A un moment où je me trouvais seul dans la hutte avec le capitaine, continue Ninderman, il me demanda si je me sentais la force d'aller à Kumah-Surka, qu'il ne croyait éloigné que de vingt-cinq milles. Il pensait qu'en partant en compagnie de quelqu'un, je pourrais faire ce voyage en quatre jours. Il ajouta que si nous ne trouvions personne à cette station, nous n'aurions qu'à pousser plus au sud, jusqu'à Agakit, qui, d'après lui, devait se trouver à quarante-cinq milles plus loin. « Si vous trouvez quelqu'un, me dit-il, revenez aussi vite que possible, en apportant assez de vivres pour que nous puissions arriver à cette station. » Il me demanda ensuite qui je voudrais prendre pour compagnon. Je lui désignai Noros. « Ne feriez-vous pas mieux de prendre Iverson? répliqua-t-il. — Non, lui répondis-je ; pendant quelques jours, Iverson s'est plaint de douleurs aux pieds. » Alors il accepta mon choix. Puis, m'adressant de nouveau la parole : « Ninderman, me dit-il, vous savez que nous n'avons plus rien à manger ; que je ne puis vous donner, pour faire votre voyage, d'autres vivres que votre portion de chien. » Pendant que nous nous entretenions de ce sujet, le docteur, s'étant approché d'Erickson, se releva en disant : « Il est mort ! » Cette nouvelle nous remplit tous de tristesse. Les premiers moments d'émotion passés, le capitaine, se retournant vers moi, me dit : « Ninderman, nous continuerons tous ensemble notre route vers le sud. »

« Il était environ neuf heures quand Erickson expira. Le capitaine m'ayant demandé où nous pourrions trouver une place pour l'enterrer : « La gelée, lui répondis-je, a rendu la terre trop dure pour que nous puissions lui creuser une fosse ; d'ailleurs, nous n'avons aucun instrument convenable pour la faire ; il ne nous reste donc qu'à faire un trou dans la glace de la rivière, pour y déposer son corps. — Oui, me dit-il, vous avez raison » ; et il chargea Noros et Boyd d'envelopper le corps dans un morceau de toile à voile de la tente. A midi, tout était prêt pour les funérailles, et le pavillon fut planté près du cadavre ; quand nous eûmes bu le peu d'alcool mélangé d'eau chaude que nous avions pour notre dîner, le capitaine nous dit : « Mes amis, nous allons rendre les derniers devoirs à notre ancien compagnon. » Le plus profond silence régnait alors parmi nous ; le capitaine nous adressa quelques paroles ; puis, quand il eut fini, nous prîmes le corps d'Erickson et le portâmes sur le bord de la rivière. Là, nous creusâmes un trou dans la glace avec une hachette ; le capitaine lut ensuite le service des morts, et le corps fut descendu dans le trou, d'où le courant l'entraîna sous nos yeux. Trois coups de fusils furent alors tirés sur sa tombe, et nous reprîmes le chemin de la hutte.

« Le temps était extrêmement mauvais ; le vent soufflait avec violence, et la neige tombait par rafales effrayantes. Nous rentrâmes sous la hutte, plongés dans nos tristes pensées ; nous avions peu de choses à nous dire, et nous gardions le silence. Le capitaine me pria d'aller voir si le temps ne s'était pas assez amélioré pour nous permettre de partir. Je sortis, mais le temps était encore si mauvais et la neige tombait en flocons si serrés que j'en fus aveuglé. Il nous eût été impossible de nous conduire. Cette journée me rappelait celle où nous avions enterré le capitaine Hall. En rentrant, j'invitai donc le capitaine à différer le départ : « Eh bien ! dit-il, nous attendrons jusqu'à demain. »

« Le soir, à l'heure du souper, le capitaine nous dit en nous faisant distribuer notre dernière portion de chien : « Voici le reste de nos provisions, mais j'espère que nous en aurons d'autres. » Le repas achevé, chacun de nous alla se coucher, dans l'espoir de prendre un peu de repos.

« Le lendemain, à notre réveil, le vent soufflait encore avec force, et la neige continuait à tomber par rafales. Nous fîmes néanmoins nos préparatifs de départ. En quittant la hutte, nous laissâmes une carabine à répétition, quelques munitions et une note indiquant notre passage. Notre bagage se composait uniquement de quelques papiers, du journal particulier du capitaine et de deux carabines, en outre des vêtements que nous portions sur nous. Comme je suggérais au lieutenant de Long l'idée de laisser tous les papiers dans la hutte, lui promettant de revenir les chercher dès que nous serions arrivés à une station habitée : « Ninderman, me répondit-il, tant que je vivrai, ces papiers me suivront. »

« Nous nous dirigeâmes vers le sud-est à travers des terrains sablonneux. Nous remontâmes ensuite la rive occidentale d'un cours d'eau, venant du sud, que nous rencontrâmes sur notre gauche ; nous inclinâmes ensuite au sud-est jusqu'au bord d'une autre rivière, dont le lit était complètement à sec ; après l'avoir traversée, nous reprîmes la direction du sud, puis celle de l'est. Enfin nous arrivâmes au bord d'un large cours d'eau, que le capitaine supposa être la Léna. « Croyez-vous, me dit-il, que la glace soit assez forte pour nous porter ? — Je vais essayer, lui répondis-je. » Je m'avançai aussitôt sur la glace, mais j'étais à peine à quelques pas du bord, qu'elle se rompit sous moi, et je passai à travers. Je me relevai aussi prestement que possible, de sorte que je fus à peine mouillé. Mais, en me retournant, je vis, derrière moi, le capitaine plongé dans l'eau jusqu'aux épaules. Je m'empressai d'aller à son secours, et nous regagnâmes la berge en toute hâte pour y allumer du feu et sécher nos vêtements. Comme il était l'heure de midi, nous profitâmes de cette halte pour prendre un peu d'alcool et d'eau chaude. »

Ainsi que nous l'avons vu, la mort d'Erickson avait fait naître chez le capitaine de Long l'espérance de pouvoir marcher plus rapidement vers le sud. Mais, hélas ! cette espérance ne devait être que de courte durée. Pendant les deux jours qui suivirent, tous les gens de la troupe, n'ayant que quelques onces d'alcool pour se soutenir, se sentirent bientôt défaillir. Il fallut donc s'arrêter.

De Long revint alors à son premier projet, et le 9 octobre, qui était un dimanche, après avoir rassemblé tous ses hommes sur la berge du fleuve et leur avoir lu le service divin, il fit venir Ninderman et Noros, pour leur répéter les instructions qu'il avait données au premier avant la mort d'Erickson. Voici en quels termes Ninderman raconte cette entrevue : « Le capitaine, dit-il, en me remettant une copie de la petite carte du cours de la Léna, m'adressa ces paroles : « C'est tout ce que je peux vous donner pour vous guider dans le voyage que vous allez entreprendre ; quant aux renseignements sur le pays ou sur la rivière, je ne peux vous en fournir aucun que vous ne possédiez aussi bien que moi. Dirigez-vous donc vers le sud avec Noros, que je mets sous vos ordres ; allez jusqu'à Kumah-Surka. Si vous ne rencontrez personne à cette station, poursuivez votre route jusqu'à Agakit, qui se trouve à quarante-cinq milles plus au sud ; si Agakit était également désert, continuez jusqu'à Boulouni, qui est encore à vingt-cinq milles plus loin qu'Agakit ; en un mot, allez jusqu'à ce que vous trouviez une station habitée ; mais j'espère que vous trouverez quelqu'un à Kumah-Surka. » Puis il ajouta : « Si vous étiez assez heureux pour tuer un renne à moins de deux jours de marche, revenez nous en prévenir aussitôt. » Ensuite, il nous recommanda de ne pas quitter la rive occidentale du fleuve, car disait-il, l'autre rive est absolument déserte, et nous n'y trouverions point de bois flotté. « Je ne vous remets aucune instruction écrite, continua-t-il, car vous ne rén-

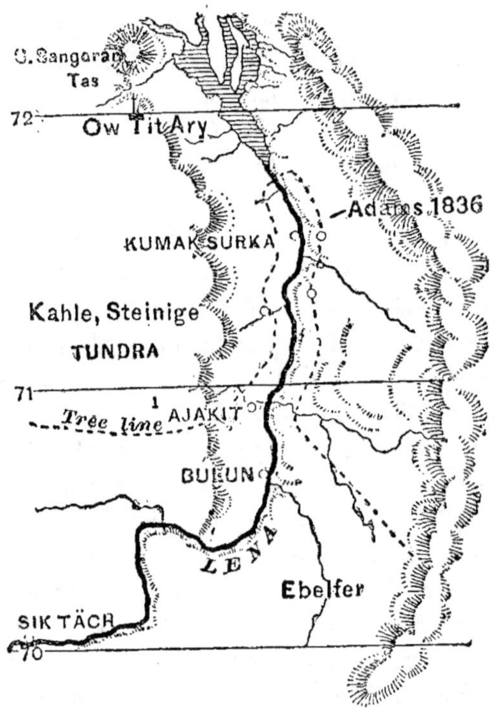

Carte de la Basse-Lena, remise par de Long à Noros et Ninderman, pour les diriger dans leur voyage.

contrerez personne capable de la lire, j'aime donc mieux m'en rapporter à votre sagacité pour diriger votre propre conduite. Cependant, je vous recommande expressément de ne pas vous aventurer à essayer de passer les cours d'eau à gué. Adieu donc, ajouta-t-il en terminant, nous vous suivrons d'aussi près que nous le pourrons. »

Après cet entretien, Ninderman et Noros se disposèrent immédiatement à partir. On leur remit une carabine, cinquante cartouches, et trois onces d'alcool pour toutes provisions.

« Au moment du départ, dit Noros, tous nos compagnons vinrent les uns après les autres nous faire leurs adieux; la plupart avaient les larmes aux yeux. M. Collins vint le dernier; en me serrant la main, il se borna à me dire : « Noros, souvenez-vous de moi quand vous serez à New-York. »

« Nous leur promîmes de faire tout ce qui serait en notre pouvoir pour leur ramener des secours, et nous nous mîmes en route. Bien que tous parussent avoir à peu près perdu l'espérance, ils poussèrent néanmoins trois hurrahs au moment où nous nous éloignions.

« Au lieu de suivre les sinuosités du fleuve, continue Noros, nous coupâmes directement à travers les terres, vers une chaine de montagnes qui s'élevaient en face de nous, et au pied de laquelle nous étions sûrs que celui-ci passait, car nous étions dans une île formée par divers bras. Revenus sur la rive, nous côtoyâmes la rivière pendant cinq ou six milles, puis nous nous arrêtâmes pour prendre un peu d'alcool et d'eau chaude, car il était midi. Nous reprîmes ensuite notre route, qui nous conduisit au sommet d'une pointe de terre escarpée, où nous aperçûmes, perché sur une petite barque abandonnée, un ptarmigan, que Ninderman tira sans le tuer. Cependant le coup avait porté, car en s'envolant, l'oiseau perdit quelques plumes de la queue.

« La marche étant moins pénible sur le bord du fleuve que sur la colline, nous y redescendîmes ; mais, au bout d'un mille environ, l'idée nous vint de remonter sur la hauteur, afin d'inspecter la contrée environnante, et de chercher à y découvrir du gibier. A peine étionsnous arrivés au sommet, que Ninderman, se retournant brusquement vers moi : « Des rennes, me dit-il, donne-moi la carabine. » En effet, du point où nous étions, il était facile de distinguer, à un demi-mille au milieu de la plaine couverte de neige, un troupeau d'une douzaine de ces animaux. Tous étaient couchés, à l'exception de deux ou trois, qui paissaient en faisant le guet. Malheureusement ils étaient presque sous le vent. Ninderman se dépouilla aussitôt de ses vêtements et prit la carabine. En lui remettant les cartouches, je lui dis : « Ninderman, prends ton temps ; ne tire qu'à coup sûr, et songe qu'en tuant un de ces animaux tu peux nous sauver tous. — Je ferai de mon mieux, me répondit-il; » et il se mit à ramper en traçant un sillon dans la neige. La réverbération de la lumière m'aveuglait presque, et j'avais peine à distinguer les objets ; néanmoins, je suivais avec la plus profonde anxiété chacun de ses mouvements, notant ses progrès, partagé entre la crainte et l'espérance. Ninderman n'était déjà plus qu'à deux ou trois cents mètres du troupeau, lorsqu'il fut aperçu ou éventé par une des sentinelles, qui donna l'alarme. Aussitôt toute la bande fut sur pied et prit la fuite précipitamment. Ninderman, se relevant alors, envoya deux ou trois balles au hasard dans la direction du troupeau, comptant sur la fortune pour abattre un de ces animaux, mais aucun de ses coups ne porta. Les rennes disparurent et Ninderman revint complètement découragé. « Je n'ai pu les empêcher, me dit-il; j'ai fait de mon mieux. » Il fallut donc se résigner. »

Après cette nuit sans repos, nos deux hommes se remirent en marche le lendemain matin. Ils se croyaient alors à l'extrémité méridionale de l'île Titary, ne pouvant reconnaître, sur la carte que leur avait remise de Long, les différents points par lesquels ils passaient. Un simple coup d'œil sur cette carte suffit pour comprendre combien cette erreur était facile. Si, en réalité, ils s'étaient trouvés sur l'île Titary, ils n'avaient pas d'autre direction à prendre que celle qu'ils suivaient ; mais ils n'étaient encore qu'à l'extrémité de la pointe de terre qui se trouve juste au nord de Stolboï, et dont ils ne connaissaient point la véritable position. A leurs pieds coulait la branche de la Léna connue sous le nom de « Bras de Bykoff », laquelle se dirige vers l'est. A cet endroit, le fleuve était couvert de glaces flottantes; de larges glaçons emportés par le courant passaient rapidement devant eux. Ce jour-là, leur marche fut contrariée par une violente tempête du sud-ouest, qui leur soufflait avec tant de force la neige et le sable au visage que souvent ils ne pouvaient avancer. Afin de se soustraire à ses terribles effets, ils se décidèrent à se diriger vers le nord-ouest. « Nous étions obligés, dit Noros, de marcher dans la direction du vent, c'est-à-dire vers le nord-ouest ; mais ce jour de marche nous écarta tellement de notre route que nous mîmes deux jours à revenir au côté opposé de la terre où la tempête nous avait surpris, et alors, bien que celle-ci ne fût pas complètement apaisée, nous poursuivîmes notre route vers le sud, en dépit du vent et des tourbillons de neige et de sable

Quand arriva la nuit, il nous fut impossible de trouver un abri sur la rive du fleuve, et nous dûmes nous résigner à creuser un trou dans la neige pour nous protéger contre la violence du vent. Ce travail nous prit trois ou quatre heures, car nous n'avions pour l'exécuter que nos mains et nos couteaux. A la fin, néanmoins, nous parvînes à creuser une cavité assez large et assez profonde pour nous contenir tous les deux, et nous nous y blottîmes. Mais nous n'étions pas à bout de nos peines, car, pendant la nuit, le vent amoncela une telle quantité de neige devant l'ouverture de notre retraite, que ce ne fut qu'au prix de longs efforts que nous pûmes nous en arracher le lendemain matin. Nous en sortîmes cependant et reprîmes notre marche, sans avoir touché à notre petite provision d'alcool, que nous économisions autant que nous pouvions. »

La journée fut encore pénible pour les deux voyageurs, car la tempête continuait de faire rage, chassant devant elle des tourbillons de neige qui venaient leur fouetter le visage et les aveuglaient. Cependant, vers le soir, ils eurent la joie d'apercevoir, dans la direction du sud-est, une hutte qui leur promettait un abri pour la nuit. Ils s'y rendirent en toute hâte et trouvèrent une petite hutte en bois, avec un foyer au milieu. Leur premier soin fut d'y allumer du feu, qu'ils entretinrent aux dépens des bancs qu'ils trouvèrent attachés sur tout le pourtour de la hutte.

« Ce ne fut qu'à regret, dit Noros, que nous nous décidâmes à quitter cette hutte, la première que nous eussions rencontrée depuis notre départ. Néanmoins, nous regagnâmes le lit de la rivière. Le vent du sud soufflait encore avec tant de force que nous avions peine à marcher à l'encontre. Chaque pas que nous faisions était suivi d'un moment d'arrêt, car nous avions besoin de nous affermir pour porter l'autre pied en avant. En face de tant de misères, le désespoir commença à s'emparer de nous et nous fûmes sur le point de retourner en arrière, à la hutte que nous venions de quitter, pour y attendre que la mort vînt nous délivrer de tant de souffrances.

» Nous nous remîmes en marche et fîmes ensuite une longue étape. Enfin, nous sentant épuisés, nous songeâmes à chercher un abri pour la nuit. L'endroit le plus favorable que nous pûmes trouver fut une anfractuosité dans le flanc d'un monticule élevé, où s'était produit un éboulement. Nous allumâmes du feu à l'entrée, et, après avoir bu notre ration d'alcool, nous nous y installâmes de notre mieux pour passer la nuit; mais l'intensité du froid nous empêcha de dormir; il nous fallait, en outre, nous relever à chaque instant pour entretenir notre feu. »

Néanmoins, l'idée du devoir et le souvenir de la promesse qu'ils avaient faite à leurs compagnons restés derrière eux soutinrent ces deux hommes, qui, malgré le manque absolu de nourriture, continuèrent leur marche fatigante. Dans l'après-midi, ils aperçurent en face d'eux une chaîne de montagnes et crurent distinguer une hutte au pied de l'une d'elles. Toutefois, pour y arriver, il leur fallait traverser à gué une rivière peu profonde qui les en séparait. Noros, sans s'inquiéter de son compagnon, qu'il croyait derrière lui, partit seul et, en arrivant sur la rive opposée, put se convaincre que ses yeux ne l'avaient pas trompé. Il se trouvait, en effet, en face d'une petite *palatka*, c'est-à-dire d'une hutte conique comme une tente, construite en clayonnage et enduite extérieurement d'une couche de boue. Il y en_ tra, mais elle était complètement délabrée. Ce fut alors seulement qu'il s'aperçut de l'absence de Ninderman. Il se mit aussitôt à sa recherche. Celui-ci, au lieu de suivre Noros, était remonté un mille plus haut pour traverser la rivière et, de son côté, avait trouvé une seconde hutte, plus petite encore que la première, et près de laquelle les indigènes avaient planté deux croix, pour indiquer le lieu où deux des leurs étaient ensevelis. Noros l'y rejoignit.

Cette hutte leur servit d'abri pendant un jour et demi. Ils avaient eu la bonne fortune d'y trouver deux poissons et une anguille, fort avancés, il est vrai, mais qu'ils mangèrent jusqu'à la dernière bribe, et cette nourriture, quoique de mauvaise qualité, leur rendit un peu de vigueur. Trouvant que la distance qu'ils avaient parcourue correspondait assez bien à celle que leur avait indiquée de Long au moment de leur départ, ils s'imaginèrent être à Kumah-Surka. N'y trouvant personne, ils se décidèrent à se hâter d'atteindre Agakit ou Boulouni, dès qu'ils se sentiraient reposés.

Dès le 15 au matin, ils se remirent donc en marche; mais il semble que les événements étaient conjurés contre eux : le vent du sud-est leur soufflait, avec tant de rage, la neige et le sable dans les yeux, qu'ils étaient obligés de les tenir presque constamment fermés. Aussi firent-ils peu de chemin ce jour-là. Le soir, ils ne trouvèrent pour abri qu'une grotte, creusée par les eaux dans la berge du fleuve. C'était une espèce de conduit souterrain, long de quinze mètres, large de deux pieds et haut de sept, avec une ouverture à chaque extrémité. Ils y passèrent la nuit.

Le lendemain, ils durent se contenter, pour déjeuner, d'avaler une infusion d'écorce de saule arctique et de mâcher des morceaux du pantalon de peau de phoque de Noros. Le temps était devenu horriblement froid; ils se remirent néanmoins en marche, et, pendant toute la journée, eurent à traverser un terrain entrecoupé de bancs de sable et de petits cours d'eau couverts de glace. Vers le soir, ils arrivèrent sur le bord de la Léna proprement dite, à un endroit où les montagnes de la rive occidentale viennent plonger leur pied jusque dans les eaux du fleuve. Il était également glacé, et nos deux voyageurs, espérant trouver du gibier sur la rive opposée, se hasardèrent à le traverser. Mais cette rive était presque aussi montagneuse que l'autre, et, quand arriva le soir, ils durent se résigner à passer la nuit à la belle étoile, au fond d'un ravin creusé dans le flanc d'une montagne. Ce fut pour eux une des plus affreuses nuits qu'ils eussent jamais passées.

Le jour suivant, ils s'empressèrent de repasser sur la rive occidentale ; heureusement pour eux, tous les cours d'eau étaient glacés, de sorte qu'ils n'avaient plus à les passer à gué; mais la nuit ne fut guère meilleure que la nuit précédente. Ils durent se blottir sous une saillie de la berge et rester là, sans feu, jusqu'au lendemain, car ils ne purent pas se procurer de bois et, pour comble de misère, ils n'avaient rien à manger et rien pour se couvrir.

Néanmoins, le jour suivant, qui était le 19, ils réussirent à se procurer une infusion d'écorce de saule arctique, et, après avoir mâché quelques morceaux de peau de phoque, reprirent la direction du sud, en suivant le lit du fleuve ; mais ils n'avançaient plus que lentement, tant leur faiblesse était extrême. « Nous ne pouvions presque plus marcher, dit Ninderman ; quand nous avions fait quelques pas, nous nous laissions tomber sur la glace pour nous reposer. »

Cependant, malgré l'extrémité à laquelle ils étaient réduits, ces deux hommes ne s'arrêtèrent point; déterminés à aller jusqu'au bout, ils étaient, comme ils l'ont dit plus tard, décidés à ramper sur la glace quand ils ne pourraient plus marcher, et nul doute qu'ils ne l'eussent fait. Qu'on nous permette, en effet, de supputer ici la longueur du chemin qu'ils ont parcouru à pied, sans nourriture, par un froid intense, et l'on reconnaîtra qu'ils ont accompli une tâche véritablement surhumaine. Du point où ils laissèrent leurs compagnons, jusqu'à celui où ils trouvèrent le canot abandonné, la distance est de quinze milles; de ce point à Matvaïh, elle est de quinze à dix-huit milles en ligne droite; mais on doit se rappeler qu'ils ont fait un détour de trente-cinq milles; de Matvaïh à Bulcour, où ils sont arrivés, elle est, d'après les chiffres officiels, de cent dix verstes, soit un peu plus de soixante-dix milles : c'est donc cent vingt milles en chiffres ronds (48 lieues) qu'ils ont parcourus dans les conditions où ils se trouvaient.

Heureusement, les secours ne se feront plus guère attendre. Dans la soirée de ce même jour, 19 octobre, Noros, ayant pris un peu d'avance sur Ninderman, aperçut, à un détour du fleuve, une hutte carrée, bâtie au fond d'un ravin, entre deux montagnes de la rive occidentale. Puis, s'approchant, il remarqua deux autres huttes coniques, construites en clayonnage et recouvertes d'un enduit de boue. Appelant aussitôt Ninderman, il lui fit part de sa découverte, et tous deux se dirigèrent vers ces huttes, avec l'espoir d'y trouver au moins un abri pour la nuit.

C'était la station de Bulcour, qui devait leur fournir plus qu'un abri, car ils trouvèrent bientôt, près de ces huttes, un magasin contenant une quinzaine de livres de poisson, de l'espèce *Blue moulded fish*. Ils prirent cette station pour celle d'Agaket, et se décidèrent à y rester deux jours.

Mais, au bout de ce délai, quand ils se disposèrent à partir pour Boulouni, que leur carte indiquait comme la place désormais la plus rapprochée, leurs forces les trahirent. Tant qu'ils étaient restés assis ou couchés, ils s'étaient cru en état de continuer leur route; mais, dès qu'ils voulurent marcher, leurs jambes fléchirent sous eux. Ils se décidèrent alors à prolonger encore leur séjour de vingt-quatre heures. Ce retard les sauva, car, de Bulcour à Kumah-Surka, il leur restait encore cinquante verstes ou trente-trois milles à parcourir, et, dans l'état où ils se trouvaient, il leur était impossible de franchir cette dis-

tance. Or, pendant que Noros et Ninderman préparaient leur dîner,
ils entendirent, à l'extérieur de la hutte, un bruit qui leur rappela celui
d'un vol d'oies sauvages. Ninderman s'approcha aussitôt de la porte,
et, regardant à travers les fentes : « Des rennes », dit-il à Noros, et,
sans perdre de temps, se traîna pour prendre sa carabine, déposée à
l'autre extrémité de la hutte. Mais, pendant qu'il revenait vers la porte,
celle-ci s'ouvrit brusquement, et un Tongouse apparut sur le seuil.
Celui-ci, aussi surpris que nos deux hommes, et voyant un fusil entre
les mains de Ninderman, tomba à genoux, implorant miséricorde.
Noros et Ninderman, revenus de leur surprise, essayèrent de le ras-
surer, et Ninderman jeta sa carabine dans un coin de la cabane, pour
lui montrer qu'il n'avait aucune intention de lui faire le moindre mal.
Mais le Tongouse fut longtemps avant de revenir de sa frayeur. A la
fin, il sortit pour attacher les rennes de son traîneau, car c'était eux
que Ninderman avait vus à travers la porte, et revint dans la hutte.
« Alors, dit Ninderman, il nous adressa quelques paroles que nous ne
pûmes comprendre. De notre côté, nous cherchâmes à lui expliquer
que nous voulions aller à Boulouni. Sa vue seule nous avait rendus si
heureux, que nous l'eussions presque embrassé, car nous nous sentions sauvés. En vain cherchâmes-nous, en lui montrant la direction
du nord, à lui expliquer que nous avions laissé nos compagnons derrière
nous. Il ne comprit rien à nos signes. Il examina nos vêtements,
puis, retournant à son traîneau, il en revint avec une paire de bottes
et une peau de renne qu'il nous remit. Levant ensuite trois doigts, il
nous fit signe qu'il allait s'en aller et qu'il reviendrait bientôt. Nous
comprîmes d'abord qu'il reviendrait dans trois jours.

» Ma première pensée fut de l'empêcher de partir, mais Noros
m'en dissuada, me disant qu'il valait mieux le laisser agir à sa guise.
Cet homme nous laissait, en effet, suffisamment d'objets pour nous
montrer que son intention était de nous secourir. En outre, ne pou-
vions-nous pas le rejoindre, en suivant les traces de son traîneau, s'il
venait à manquer à sa parole? Telles furent les raisons que Noros me
donnait pour me détourner de mon projet. Nous le laissâmes donc
partir, et le suivîmes même jusqu'à son traîneau, où nous trouvâmes
quatre rennes au lieu de deux, car cet homme venait pour chercher un
autre traîneau qu'il avait laissé, trois jours auparavant, près de la

hutte où nous nous trouvions ; mais nous l'avions brisé pour entretenir notre feu.

« Nous le suivîmes des yeux jusqu'au bas du ravin, qu'il descen-
dait lentement, puis nous rentrâmes dans notre hutte, attendant le sort
que la fortune nous réservait. Mais nous ne vîmes point revenir le Tongouse ; nous commençâmes à craindre qu'il manquât à sa parole, et
je regrettai amèrement de l'avoir laissé partir.

« La nuit était déjà close depuis longtemps, et nous nous préparions
à nous mettre en route, malgré les ténèbres, quand, enfin, nous entendîmes un bruit de traîneaux. C'était notre Tongouse, avec deux autres
indigènes. Ils amenaient avec eux cinq traîneaux attelés de rennes.
Dès qu'ils furent à la porte, le premier sauta hors de son traîneau et
se précipita à l'intérieur de la hutte, avec des poissons gelés, des vêtements de fourrure et des bottes. Nous mangeâmes les poissons, pendant que le Tongouse emportait dans un traîneau le peu de bagages
que nous avions, et, dès que nous eûmes endossé les vêtements et
chaussé les bottes qu'il nous apportait, il nous fit monter en traîneau,
et nous nous mîmes en marche. Il était à peu près minuit. Après une
quinzaine de milles, nous arrivâmes à la porte de deux vastes tentes,
tout entourées de traîneaux, mais nous ne pûmes apercevoir un seul
renne. Les indigènes nous présentèrent alors de l'eau pour nous laver
la figure et les mains, et nous firent entrer dans l'une des tentes. Une
vaste marmite, remplie de viande de renne, bouillait sur le feu ; elle
fut retirée, et l'on nous invita à nous restaurer. On nous donna ensuite
un peu de thé, puis le maître de la maison, ayant étendu des peaux de
renne par terre, nous fit signe d'aller nous y coucher. Ce fut notre première nuit confortable depuis notre départ. »

Le Tongouse qui avait rencontré les deux voyageurs à Bulcour, et
qui appartenait à une peuplade nomade, les avait amenés à son campement. Ces gens, après avoir passé l'été dans une contrée située plus
au nord, revenaient à Kumah-Surka pour y passer l'hiver. Leur caravane se composait de sept hommes, de trois femmes et de soixante-
quinze rennes. Ces derniers formaient les attelages de trente traîneaux.

Le lendemain, cette caravane se remit en route, emmenant Noros et
Ninderman. Ce ne fut que le surlendemain, 24 octobre, qu'on arriva
à Kumah-Surka, vers quatre heures de l'après-midi. Dans cette loca-

lité, les voyageurs furent confiés aux soins de deux Tongouses, qui en
emmenèrent chacun un dans leur demeure respective.

Pendant le trajet, à quelques verstes de Bulcour, l'un des Tongouses,
nommé Alexis, fit signe à Ninderman de le suivre et le conduisit
vers une colline qui s'élevait à quelque distance de la route. Quand
ils furent arrivés au sommet, l'indigène parut questionner son compagnon, en lui indiquant l'île de Stobowy, pour savoir si ce n'était
pas là qu'il avait laissé ses camarades. Ninderman lui répondit affirmativement et chercha à lui faire entendre qu'il désirait des traîneaux
pour y retourner et porter des vivres à la troupe du capitaine. Mais le
Tongouse ne parut pas le comprendre, car il descendit de la colline et
continua sa route vers le sud. On arriva à Kumah-Surka dans la soirée.
Les indigènes s'occupèrent aussitôt de préparer la nourriture pour
toute la caravane et de trouver un abri pour leurs hôtes. Ninderman
ne put donc pas leur faire part de sa mission ce soir-là. Le lendemain,
après le repas, l'occasion se présenta d'elle-même, et il s'empressa de
la saisir. Un Tongouse ayant apporté un modèle de bateau yakoute, que
chez eux on appelle « parahut » (par corruption du nom de bateau à
vapeur en russe), lui demanda si son « parahut » était comme celui-là.
Alors, Ninderman, se servant de baguettes pour figurer les mâts, lui
représenta un navire et s'efforça de lui expliquer que le sien était mû
par la vapeur. Tous parurent le comprendre parfaitement, et lui deman_
dèrent où et comment il l'avait perdu.

Indiquant alors le nord, Ninderman leur dit que c'était très loin
dans cette direction, et, prenant deux morceaux de glace, leur montra
comment le navire avait été écrasé et ensuite avait sombré. Taillant
ensuite trois petits modèles de bateaux, il y planta des petits bouts de
bois pour représenter des hommes, et leur expliqua, autant qu'il le
pouvait, comment avec des traîneaux, des chiens et des bateaux, ils
avaient traversé l'Océan, tantôt sur la glace, tantôt avec leurs canots,
et qu'enfin ils avaient suivi la côte.

Pour leur faire comprendre comment le canot du capitaine avait
abordé, il traça sur un morceau de papier la ligne des côtes et leur
représenta la scène du débarquement. Indiquant ensuite le cours de la
rivière, il leur montra sur la rive droite le chemin suivi par les naufragés, dans leur marche vers le sud, en désignant les points où ils

avaient rencontré des huttes. Afin d'indiquer le nombre de jours qu'a-
vait duré cette marche, il penchait la tête en fermant les yeux comme
pour dormir et comptait les nuits sur ses doigts. Enfin il leur expliqua
que le capitaine, étant trop faible pour aller plus loin et mourant de
faim, l'avait envoyé avec Noros pour chercher des vêtements et des
vivres. Arrivant ensuite à son propre voyage, il leur dit que depuis
seize jours lui et Noros avaient quitté la troupe du capitaine; qu'au
moment de leur départ, celui-ci et ses compagnons n'avaient rien mangé
depuis deux jours. En un mot, il employa tous les moyens que pouvait
lui suggérer son devoir d'être utile à ses compagnons pour déterminer
ces indigènes, qui l'avaient lui-même si bien accueilli, à leur porter
secours. Mais tous ses efforts furent inutiles. Par instant, les Tongouses
semblaient comprendre ce qu'il leur disait; mais, une minute plus tard,
il s'apercevait qu'ils n'avaient rien compris du tout.

Toute la journée se passa ainsi, et le lendemain, Ninderman recommença encore ses explications, employant tantôt les signes, tantôt les
dessins, afin de rendre sa pensée plus facile à saisir. Comme la veille,
il crut, à plusieurs reprises, que ses hôtes l'avaient compris; et quand
il les entendait soupirer et voyait leur figure consternée devant le tableau
qu'il s'efforçait de leur faire des souffrances et des tortures de ceux
qui étaient restés dans le delta, il sentait renaître l'espérance. Mais
cette illusion était bientôt dissipée : les Tongouses ne voulaient ou ne
pouvaient le comprendre. En effet, dès qu'il les pressait de partir au
secours de de Long, leur visage se revêtait comme d'un masque, et
devenait totalement dépourvu d'expression. Cependant, il ne leur
demandait pas de partir seuls; il les priait seulement de consentir à
l'accompagner. Car bien qu'épuisé par la faim, la dyssenterie et les
fatigues de plusieurs semaines passées sans abri, il n'était guère en
état de faire un pareil voyage; son inquiétude était si grande, qu'il s'y
sentait contraint. Mais tous ses efforts furent inutiles. Alors l'image de
ses infortunés compagnons morts ou mourants, et n'ayant plus d'espérance qu'en Noros et en lui, lui passa devant les yeux. Voyant l'im-
puissance à laquelle il était réduit pendant que tant de gens soupiraient
après son retour, qui, seul, pouvait les sauver, il sentit que l'épreuve
était trop rude pour lui. Cet homme si fort et si courageux, qui maintes
fois avait vu la mort face à face sans sourciller, et qui avait enduré les

Monument élevé à la mémoire de l'équipage de *la Jeannette*.

plus terribles misères sans faiblir, s'affaissa dans un coin de la hutte et se mit à pleurer comme un enfant. Une vieille femme, celle du chef de la hutte, en le voyant sangloter, s'approcha de lui pour lui témoigner toute sa compassion. Les indigènes eux-mêmes se rassemblèrent et tinrent conseil pendant longtemps, puis vinrent essayer de le consoler. Ils s'approchaient de lui et, lui mettant la main sur l'épaule et le regardant avec compassion, lui disaient que le lendemain ils le conduiraient à Boulouni. Nindermann, espérant trouver dans cette localité quelqu'un capable de le comprendre, avait, en effet, demandé à s'y rendre, et les Tongouses attribuaient sa douleur à l'impatience qu'il avait d'y arriver.

Quand, le lendemain, il leur rappela cette promesse, ils lui répondirent qu'on avait déjà envoyé chercher le commandant de Boulouni, et que cet officier arriverait dans quelques heures.

Pendant la soirée, l'exilé Kusmah, dont nous avons parlé plus haut, arriva à Kumah-Surka. Ninderman s'empressa de lui demander s'il était le commandant de Boulouni, et crut que cet homme lui a a t répondu affirmativement. Une question de Kusmah ayant fait croire à Ninderman que le gouvernement de Saint-Pétersbourg, supposant que *la Jeannette* arriverait sur les côtes de Sibérie, avait donné des ordres pour qu'on recherchât l'équipage, il raconta de son mieux l'histoire toute entière de la perte du navire, ainsi que celle de la retraite, cherchant à se faire comprendre, en se servant de sa petite carte et de dessins. Néanmoins, il s'aperçut bientôt que Kusmah ne comprenait rien, ni à la carte, ni à son récit; alors il lui dit que pendant le voyage un des hommes était mort, et qu'il en restait onze encore. Kusmah parut alors comprendre parfaitement et se mit à faire des signes d'assentiment, mais il comprenait, à son tour, que Ninderman faisait allusion à Melville et à tous les gens de sa troupe, qui étaient aussi au nombre de onze. Il répétait sans cesse : « Capitan, oui; deux capitans, premier capitan, second capitan », désignant par là Melville et Danenhower. Ninderman comprit qu'il lui disait ne pouvoir rien faire avant que l'un ou l'autre de ces deux capitans n'ait télégraphié à Saint-Pétersbourg pour demander des instructions. Il se mit alors en devoir d'écrire une dépêche qu'il destinait au ministre américain à Saint-Pétersbourg, dépêche dans laquelle il se proposait de raconter exactement ce qui s'était passé, et d'ajouter que le capitaine et sa troupe mouraient d'inanition, manquant de vivres et de vêtements ; et pendant qu'il adressait la parole à Kusmah, celui-ci lui arracha presque sa dépêche avant qu'elle ne fût finie, à sa grande surprise, car il ne s'attendait nullement à cette manière d'agir, supposant toujours avoir affaire au commandant de Boulouni. Trois jours plus tard, Kusmah remettait cette dépêche entre les mains de Melville, à Symowyelak.

Ici s'arrête le récit de Noros et de Ninderman.

De Kumah-Surka on les conduisit à Boulouni, où ils arrivèrent le 29 octobre. En apprenant leur arrivée, le commandant de la place les envoya chercher, et leur donna l'hospitalité pour la journée. Le lendemain, il les fit conduire chez le vicaire, qui, à son tour, se déchargea au plus vite, sur une de ses ouailles, des devoirs que lui imposait l'hospitalité. Deux jours plus tard, en effet, Noros et Ninderman logeaient chez un indigène, dont ils n'eurent nullement à se louer. D'ailleurs, règle générale, les habitants de Boulouni ne se montrèrent pas dignes de tous éloges en cette circonstance. Heureusement, M. Melville arriva. Dès que Kusmah lui eut remis la dépêche dont nous venons de parler, il se mit en route pour Boulouni, et, le 2 novembre, atteignit cette localité. Son premier soin fut de se rendre près de ses deux anciens compagnons et de pourvoir à leurs besoins, en forçant les gens de la localité à leur fournir toute la nourriture nécessaire.

Il rencontra le commandant et Danenhower à Kumah-Surka-Seraï(1), sur la rive orientale de la Léna. Ce point est une station de rennes à environ trente verstes de Kumah-Surka, qui est indiqué sur les cartes. Là, Melville tint conseil avec Danenhower, et dit qu'il pourrait rester absent pendant une trentaine de jours. La même nuit, il partit pour Kumah-Surka, sur la rive gauche, et le lendemain prit le chemin du nord avec deux indigènes et deux attelages de chiens. Il visita Bulcour, l'endroit où Noros et Ninderman avaient été trouvés par les Tongouses, et qui se trouve sur la rive gauche de la Léna, à quelques centaines de milles de Kumah-Surka. C'est une petite station de chasse. Il visita le « rocher d'Ostalva », qui gît au nord de Bulcour, ainsi que plusieurs huttes sur la rive occidentale. Il alla ensuite à l'endroit

____

(1) Cette station est désignée sous le nom de Burulak un peu plus loin.

appelé Upper-Boulouni, dont on n'avait jamais entendu parler auparavant, et qui ne se trouve point indiqué sur la carte. Ce point est à environ vingt-cinq verstes de l'Océan. En y arrivant, il y trouva un record
du capitaine de Long, et il apprit qu'il en existait deux autres dans le
voisinage. Il les envoya chercher et on les lui rapporta au bout de
quelques heures. Par ces records, Melville apprit le point de la côte
où de Long et ses compagnons avait abordé. Il s'y rendit et trouva les
livres de loch et les instruments laissés sur le rivage. Suivant ensuite
la rive droite en remontant le fleuve, dans le but de ne pas perdre la
trace du capitaine, il visita plusieurs huttes où celui-ci s'était arrêté
avec son monde. Il passa ensuite sur la rive gauche, et gagna un lieu
appelé Sisteranek, qui n'est pas indiqué sur la carte, et près duquel il
comptait trouver la hutte où est mort Erickson. A ce moment, le temps
était extrêmement mauvais, suivant le rapport de Melville, et les
chiens, aussi bien que les Tongouses, refusèrent d'avancer, de sorte
qu'il dut revenir à Boulouni. De Boulouni il vint à Yakoutsk, prétendant avoir besoin de nombreux auxiliaires pour continuer ses recherches.

Comme il a suivi les traces de de Long jusqu'à Sisteranek, et que
Noros et Ninderman ont été rencontrés à Bulcour, Melville pense que
le capitaine se trouve quelque part entre ces deux points, distants l'un
de l'autre d'environ quatre-vingt milles. Cette région est déserte et dé-
pourvue de gibier ; au printemps, elle est sillonnée par d'énormes
masses de glaces entraînées par les flots grossis de la Léna à la suite
de la fonte des neiges.

Melville croit que la troupe de de Long s'est éloignée de la rive du
fleuve dans la direction des montagnes.

On trouvera les localités indiquées ici, sur la carte adressée au
département de la marine, qu'on ne peut, jusqu'à présent, taxer d'in-
exactitude ; quant aux cartes publiées antérieurement, on peut le faire
sans crainte d'être démenti.

Voici maintenant les rapports écrits de la main de de Long, qui ont
déjà été trouvés :

« Delta de la Léna, 16 septembre.

» Les personnes ci-dessous dénommées, appartenant à l'équipage du navire *la Jeannette* (lequel a coulé bas dans les glaces, le 12 juin 1881, par 77° 15' de latitude nord et 155° longitude est), ont pris terre en ce lieu, le 17 courant au soir, et partiront à pied, cette après-midi, pour essayer d'atteindre une station sur le fleuve Léna.

« George W. DE LONG,

« Lieutenant-commandant.

« 1 Lieutenant DE LONG.	« 8 H.-H. ERICKSON.
« 2 Le chirurgien AMBLER.	« 9 H. KNACK.
« 3 M. COLLINS.	« 10 G.-W. BOYD.
« 4 W.-F.-C. NINDERMAN.	« 11 W. LEE.
« 5 A. GORTZ.	« 12 N. IVERSON.
« 6 Ah SAM.	« 13 L.-P. NOROS.
« 7 ALEXIS.	« 14 A. DRESSLER. »

» Un record a été laissé enfoui au pied d'un poteau, à environ un mille au nord de la pointe méridionale de l'île de Semenowski; les trente-trois personnes, officiers ou matelots, composant l'équipage de *la Jeannette*, ont quitté cette île, dans trois canots, le 12 courant au matin (il y a huit jours). La même nuit nous fûmes séparés par un coup de vent, et je n'ai pas revu les deux autres embarcations depuis. J'avais donné l'ordre, au cas où un pareil accident surviendrait, à chacun des canots, de faire tous ses efforts pour arriver à une station sur les bords de la Léna, sans attendre les autres. Mon canot a touché terre le 16 courant au matin. Je suppose que nous nous trouvons dans le delta de la Léna. Je n'ai pas eu une seule occasion de vérifier notre position depuis que j'ai quitté l'île Semenowski. Après deux jours de vains efforts pour aborder sans nous échouer ou atteindre une des embouchures de la rivière, j'ai abandonné mon canot, et nous avons été obligés de gagner la rive à gué en emportant nos provisions et nos effets pendant la distance d'un mille et demi. Il nous faut maintenant, avec la grâce de Dieu, nous rendre à pied à une station dont la plus rapprochée est, je crois, à quatre-vingt-quinze milles. Nous sommes tous en bonne santé et avons des vivres pour quatre jours, des armes, des munitions; nous emportons avec nous les livres et les papiers du navire seulement, avec des couvertures, des tentes et quelques médicaments. C'est pourquoi nous avons bonne chance de nous en tirer.

« George W. de Long, commandant.

« Dans une hutte du delta de la Léna,
que nous croyons être près de Tcholbogoje.

« Jeudi, 22 septembre 1881. »

Après avoir répété les noms déjà donnés plus haut dans les autres rapports, le lieutenant de Long écrit au crayon, comme pour celui du 19, le rapport suivant :

« Mon canot ayant résisté à la tempête le 16 septembre au matin, après avoir essayé pendant deux jours d'arriver à la côte, et étant empêchés par les bas-fonds, nous l'avons abandonné et avons gagné la côte à gué, emportant nos armes, nos provisions et des rapports, jusqu'à un point éloigné d'environ douze milles d'ici. Nous avons souffert quelque peu du froid, de l'humidité et du manque d'abri. Trois de nos hommes sont devenus boiteux. Comme il ne nous restait que quatre jours de vivres, nous avons réduit les rations. Nous avons été forcés de nous diriger au sud.

« Lundi, 19 septembre. — Nous avons laissé sur le rivage un monceau de nos effets près desquels nous avons planté un poteau : ce sont nos instruments, les chronomètres, les livres de bord de deux années, la tente et des médicaments ; nous étions absolument incapables de les emporter. Il nous a fallu quarante-huit heures pour faire ces deux milles, à cause de nos invalides. Ces deux huttes me semblent un lieu favorable pour attendre le chirurgien et Ninderman, que j'envoie en avant pour chercher du secours. Heureusement, la nuit dernière nous avons tué deux rennes, qui nous assurent une abondante nourriture pour le présent, et comme nous en avons vu beaucoup d'autres, nous ne sommes pas inquiets pour l'avenir. Aussitôt que nos trois malades pourront marcher, nous reprendrons notre route pour gagner une station sur le bord de Léna.

« Samedi, 24 septembre, 8 heures du matin. — Nos trois boiteux sont maintenant en état de marcher ; nous allons donc reprendre notre route, avec de la chair de renne pour deux ou trois jours, du pemmican pour deux jours et trois livres de thé.

> « George W. DE LONG,
> « Lieutenant commandant.
> « A une hutte dans le delta de la Léna
> à environ douze milles de l'extrémité de ce delta.
> « Lundi, 26 septembre 1881.

« Quatorze des officiers ou matelots du steamer arctique *la Jeannette*, des États-Unis, sont arrivés en cet endroit hier soir, et continueront leur route vers le sud ce matin.

« Un rapport plus circonstancié se trouve dans une boîte que nous avons suspendue dans une hutte située quinze milles plus au nord sur la rive droite du grand cours d'eau.

> « George W. DE LONG,
> « Lieutenant commandant.
> « Samedi, 1er octobre 1881. »

« Quatorze hommes, officiers et matelots, du steamer arctique *la Jeannette*, des États-Unis, sont arrivés à cette hutte le mercredi 28 septembre, ayant été forcés d'attendre que la rivière fût gelée ; ils se disposent à la traverser ce matin pour gagner la rive orientale, afin de continuer leur voyage pour trouver quelque station sur le fleuve Léna.

« Nous avons deux jours de vivres ; mais ayant été assez heureux jusqu'ici pour tuer assez de gibier pour faire face à nos plus pressants besoins, nous n'avons pas de crainte pour l'avenir.

« Tout le monde est bien, sauf un seul homme, à qui on a coupé les doigs de pieds qu'il avait gelés. On trouvera d'autres rapports dans plusieurs huttes sur la rive est, que nous avons suivie dans notre voyage vers le sud.

> « George W. DE LONG,
> « Lieutenant de la marine des États-Unis,
> commandant de l'expédition. »

CHAPITRE TREIZIÈME

Découverte de la troupe de de Long.

Maintenant que nous connaissons dans tous ses détails l'histoire de
la Jeannette, son emprisonnement et sa détention de vingt-et-un mois
au milieu des glaces, l'abandon de ce malheureux navire par son équipage, qui, lui-même, est obligé d'opérer une retraite de près de cinq
cents milles sur la glace et vient périr dans le delta de la Léna avant
que toutes les mains qui lui sont tendues d'Europe comme d'Amérique
aient pu lui porter secours, il nous reste encore à apprendre quelles
sont les circonstances dans lesquelles l'ingénieur Melville est parvenu
à retrouver enfin les restes du lieutenant de Long et de ses infortunés
compagnons. Nous avons déjà vu précédemment comment cet
homme courageux a réussi dans une partie de sa lugubre entreprise, mais, jusqu'ici, nous n'avons pu encore raconter les circonstances dans lesquelles il a complété ses recherches. Nous avons quitté
Melville à la fin de janvier, au moment où les préparatifs de sa seconde
campagne dans le delta étant terminés, il venait de reprendre la route
du nord. Nous allons maintenant le suivre dans cette nouvelle expédition, sans toutefois nous arrêter à noter les incidents du voyage jusqu'à Boulouni. Nous dirons seulement qu'en passant à Verschoyansk
il avait emmené avec lui le préfet de cette ville qui devait lui rendre de
grands services au milieu des indigènes, comme il le racontera lui-

même dans ses lettres et dans ses dépêches. C'est, au reste, de Boulouni que sont datées les premières nouvelles envoyées par lui, depuis
son départ, au secrétaire de la marine à Washington, dans la dépêche
suivante :

Boulouni (Sibérie orientale), 20 février 1882.

A l'honorable secrétaire de la marine, Washington.

J'ai l'honneur de vous informer de mon arrivée à Boulouni le 17
courant. Toutes mes provisions, excepté les viandes sèches et les viandes
salées, se trouvent également ici.

Je partirai le 21 courant pour me rendre à Buchoff (Bykoff?) afin de
me procurer des chiens et du poisson. J'y achéterai en même temps
des vivres frais. Le reste de la troupe, avec notre convoi de provisions, quittera Boulouni le 25 courant, pour se rendre à Matvaïh, qui
sera le centre de nos recherches, et qui se trouve à environ trois cents
verstes plus au nord.

Je rejoindrai mes compagnons à Matvaïh, dès que j'aurai réuni à
Buchoff le nombre d'attelages et la quantité de poissons dont j'ai
besoin.

La neige est très épaisse et le temps terriblement tempêtueux, les
opérations de toute la troupe se ressentiront donc plus ou moins des
conditions atmosphériques.

J'ai l'honneur, etc.

G.-W. MELVILLE.

Après l'envoi de cette dépêche, M. Melville resta jusqu'au 12 mars
sans donner de ses nouvelles. Pendant ce laps de trois semaines, il
s'était rendu au cap Bykoff (Buchoff dans l'original), pour s'y procurer des chiens et du poisson, comme il l'annonce dans la dépêche
précédente. Notre intention n'est point de nous étendre davantage sur
ce voyage qui se trouve raconté succinctement dans la dépêche que
nous reproduisons plus bas, mais nous ferons remarquer cependant
que cette dernière ne parle nullement de Matvaïh et qu'elle est envoyée de Cath Cartha.

Cath Cartha, delta de la Léna (Sibérie orientale), le 12 mars 1882.

A l'honorable secrétaire de la marine, Washington.

Monsieur,

J'ai l'honneur de vous informer que mes gens et moi sommes arrivés heureusement à Cath Cartha (quatre huttes de boue), après nous être trouvés séparés pendant quinze jours. Je suis, en effet, allé au cap Buchoff payer les quelques petites dettes que j'avais contractées en cet endroit, et en même temps acheter cinq mille poissons pour notre nourriture. Je m'y suis, en outre, procuré d'autres attelages de chiens pour mes gens et pour transporter nos provisions.

Je suis arrivé au cap Buchoff le 24 février et j'y ai été retenu jusqu'au 6 mars par un mauvais temps continuel. C'est le plus mauvais que j'aie jamais vu. Sept attelages que j'avais envoyés pour transporter notre troupe sont revenus au bout de quinze jours, après avoir perdu leur chemin pendant une tempête de neige. Six chiens étaient morts de froid et d'épuisement. Les conducteurs également avaient le visage terriblement maltraité par le froid, et au retour ils ont refusé d'entreprendre un nouveau voyage avant que le temps ne soit plus favorable.

Cath Cartha se trouve à cinq verstes environ au sud d'Usterda, le dernier point où l'on ait trouvé des preuves authentiques du passage de de Long, dans sa marche vers le sud. Aussitôt que j'aurai suffisamment de poissons et trois attelages de choix, mes trois partis de recherche commenceront sérieusement leurs opérations.

A part quelques visages mordus par le froid, quelques pieds et quelques mains endoloris par la même cause, j'ai le plaisir de vous annoncer que nous sommes tous bien portants, et, malgré ces misères, tous en état d'accomplir notre devoir.

Le préfet de Porkiransk (Verschoyansk?) Carolampi, N. Epatetiuff retourne en ce moment à Perkansk (Verschoyansk?) après nous avoir rendu de réels services, en nous procurant des moyens de transports (chiens et conducteurs), du poisson et d'autres provisions.

Ma troupe est composée comme suit :

G. W. Melville, aide-ingénieur ; W. C.-F. Ninderman, marin ; James W. Bartlett, T. M. Greenbeck, pilote de rivière et interprète ;

Constantin Baboukoff, interprète pour l'allemand, le français, le russe et le yakoute ; Pierre Kolenkin, sergent cosaque ; Ivan Portnyagin et sa femme (Yakoutes), cuisiniers, porteurs d'eau et de bois ; Yaphem Krapolloff, exilé russe, homme de peine. Nous sommes donc en tout neuf personnes, non compris les conducteurs de traîneaux qui doivent changer avec les contrées où nous opérerons nos recherches.

J'ai l'honneur...

G. W. Melville,

Aide-ingénieur de la marine des États-Unis.

Cette dépêche est assez peu explicite et ne nous donne que peu de détails sur les faits et gestes de Melville ; pour la compléter dans la mesure du possible, nous allons reproduire une autre lettre adressée par lui à l'éditeur du *New-York Herald*, et datée du même lieu.

Cath Cartha. Delta de la Léna. Sibérie orientale,

13 mars 1882.

Monsieur l'Editeur du *Herald*,

La localité d'où je vous écris, Cath Cartha, n'est autre chose qu'une station composée de quatre huttes, bâtie sur l'une des nombreuses branches de la Léna, à environ 50 verstes d'Usterda où fut trouvé le dernier record de de Long. J'ai choisi ce point parce que c'est la station la plus rapprochée de celle d'Usterda, qu'elle se trouve directement au sud de cette dernière et par conséquent sur la ligne que devait suivre de Long. C'est au reste le seul point de ces parages où l'on rencontre quatre huttes réunies. De ces quatre huttes, deux nous servent de demeures ; nous avons entassé dans les autres, en outre de notre provision de poissons, tous les objets que nous avons amenés avec nous. Elles sont si basses qu'il est impossible de s'y tenir debout. Ma troupe se compose de neuf personnes, dont trois survivants de *la Jeannette*, trois personnes engagées à Yakoutsk, un Yakoute et sa femme et enfin un exilé russe. J'ai loué les attelages de chiens avec leurs conducteurs à l'embouchure de la Léna. En outre, tout ce qui reste d'attelages dans le pays est occupé à m'amener du poisson. Aussitôt que j'aurai suffisamment de nourriture pour mes gens et pour mes attelages, nous commencerons à fouiller toute la région qui s'étend de l'Olenek à la rivière Jana.

Je partirai demain en traîneau avec Ninderman et nos deux interprètes pour aller à Usterda et Sesteranek, afin de reprendre la piste de de Long au point où je l'ai perdue en décembre. J'ai bon espoir de retrouver de Long ainsi que ses papiers. Quant à Chipp, je crains qu'il n'ait jamais atteint la côte. Son canot était trop court pour affronter une mer aussi grosse que celle que nous eûmes le jour de notre séparation. Chipp était, à la vérité, le meilleur marin de *la Jeannette*, mais je crains que le temps n'ait été trop mauvais, non pour lui, mais pour son canot.

Depuis quelques semaines, nous avons eu le temps le plus rigoureux que j'aie jamais vu. Un certain nombre d'indigènes sont morts de froid pendant le mois dernier. En revenant du cap Buchoff, où j'étais allé acheter du poisson et louer des chiens, j'ai rencontré deux familles d'indigènes réfugiées dans une vieille hutte. La tempête les avait retenues là pendant huit jours, de sorte que leurs vivres étaient épuisés. Ces gens nous racontèrent que, pendant ces huit jours, ils avaient perdu trois de leurs enfants, âgés de huit, de cinq et de trois ans. Ces pauvres petites créatures étaient mortes de froid. Je leur donnai du poisson et du thé, et leur promis que nos attelages les prendraient et les emmèneraient en retournant à Buchoff.

Le temps s'est un peu remis, je peux donc reprendre mes opérations de recherche, malgré la neige, qui en ce moment a une épaisseur énorme ; elle couvre tout, jusqu'aux maisons, sur lesquelles on passerait sans les apercevoir, si la fumée qui sort des cheminées ne venait en révéler l'existence. Jamais la neige ne disparaît du sol dans ces contrées sous l'action des rayons du soleil, si ce n'est sur les points élevés ; ce sont toujours les eaux du fleuve, lorsque celui-ci déborde, qui l'enlèvent bien avant le commencement de l'été arctique. Mais ces inondations couvrent toute la contrée que nous devons explorer, nous devons donc faire nos recherches auparavant qu'elles n'arrivent. Par ce qui précède, vous pouvez vous former, jusqu'à un certain point, une idée des difficultés qui nous attendent.

Au mois de septembre dernier, quand nous abordâmes à Buchoff, pas un seul des hommes de la baleinière n'était valide. Deux seulement pouvaient marcher un peu, mais pas assez pour faire un long trajet. La rivière était déjà recouverte d'une mince couche de glace, assez forte pour arrêter un bateau, fût-il poussé par des hommes vigoureux et bien portants, mais trop faible cependant pour qu'on pût oser s'aventurer à marcher dessus. Pendant le mois d'octobre, la rivière gèle, mais la glace se brise au moins une demi-douzaine de fois.

Longtemps avant d'aller à Boulouni rejoindre Ninderman et Noros, j'avais la triste conviction que les peines de nos camarades étaient déjà finies. Je fis à cette époque tout ce que les circonstances me permettaient pour amener mes compagnons plus haut sur la rivière, et ensuite me porter au secours de de Long. En envoyant Danenhower et le reste de la troupe à Yakoutsk et en m'y rendant moi-même, je n'ai fait aucune perte de temps. On était alors, en effet, au milieu de l'hiver, et, à cette époque de l'année, je ne pouvais rien faire dans le delta ; d'un autre côté, il était nécessaire que je vinsse dans cette ville pour m'approvisionner de vivres pour le printemps et pour l'été, car c'est d'Yakoutsk qu'on tire tous les vivres qui sont consommés dans le delta ; en outre, j'avais besoin de me rapprocher d'une station télégraphique, afin d'entrer en communication avec notre gouvernement.

Maintenant nous sommes sur les lieux à explorer et nous ferons tous nos efforts pour terminer notre œuvre à la satisfaction générale. Je suis pressé de sortir d'ici, car la fumée de nos huttes nous a rendus presque aveugles. Ces huttes n'ont d'autre cheminée qu'un trou ménagé dans le toit et par lequel la fumée sort difficilement, de sorte que je peux à peine écrire.

Le préfet de Verschoyansk, qui m'a accompagné jusqu'ici, retourne chez lui, en emportant nos lettres. Désormais, je n'aurai plus de moyen, si ce n'est par exprès, d'envoyer de nouvelles à Yakoutsk, avant la débâcle du fleuve ; il peut donc arriver que vous n'entendiez plus parler de moi d'ici l'automne. Toutefois, s'il survenait quelque événement important, vous pouvez être assuré que j'enverrais un courrier spécial jusqu'à Irkoutsk.

George W. Melville.

Cependant M. Melville ne devait point attendre la fin de l'automne pour faire parvenir de ses nouvelles.

Le 5 mai, arrivait en effet à Irkoutsk la dépêche suivante, annonçant le succès des recherches.

Delta de la Léna, 24 mars 1882.

J'ai trouvé le lieutenant de Long et ses compagnons tous morts.

Tous les livres et papiers ont été trouvés également.

Je reste, afin de poursuivre mes recherches et trouver le parti du lieutenant Chipp.

MELVILLE.

Avec son laconisme ordinaire, le télégraphe n'apportait rien de plus. Après cette dépêche on savait qu'ils étaient tous morts, et les parents, les amis de ces malheureux n'avaient qu'à prendre le deuil. Mais où étaient-ils morts? et comment les avait-on retrouvés? pas un mot. Quelqu'un? quelque indigène à demi barbare. Avait-il assisté à leur agonie pour venir dire au monde civilisé, qui tout entier s'intéressait au sort de cette héroïque phalange, comment elle avait péri? M. Melville avait-il au moins trouvé quelque document qui permît de retracer les péripéties du drame terrible qui venait de se passer dans le delta de la Léna? Rien, pas un mot de plus. Tous morts : les livres et les papiers ont été retrouvés.

Heureusement, la lettre suivante, aportée à Irkoutsk par le même courrier que la dépêche ci-dessus, et arrivée quelques semaines plus tard en Amérique, vient jeter quelque jour sur cette lugubre histoire.

Delta de la Léna, 24 mars 1882.

A l'honorable secrétaire de la marine, Washington.

MONSIEUR,

J'ai l'honneur de vous annoncer le succès des recherches que j'ai entreprises pour retrouver le parti du lieutenant de Long. Après plusieurs tentatives infructueuses pour suivre sa trace, en me dirigeant du nord au sud, je me suis décidé à reprendre en sens inverse le chemin suivi par Ninderman et Noros, en remontant du sud vers le nord, après avoir visité toutes les pointes de terre qui s'avancent dans le vaste estuaire formé par la Léna au moment où ce fleuve se divise en plusieurs branches au nord de Matvaïh. Marchant de l'ouest à l'est, je contournais une pointe qui se trouve à l'est nord-est de cette station et dont l'un des côtés forme le bord de la rivière Kugoaeastack, pour remonter ensuite le long de ce bras de la rivière, lorsque je suis arrivé sur un point où un feu considérable avait été allumé. Presque aussitôt, Ninderman reconnut, dans cette rivière Kugoaeastack, celle dont il avait suivi le bord avec Noros pour se rendre à Boulouni. Achevant de contourner la pointe, je me dirigeai ensuite vers le nord et découvris environ à mille mètres plus loin l'extrémité de quatre pieux liés ensemble et dépassant de deux pieds la surface de la neige accumulée sur la berge. Sautant immédiatement hors de mon traîneau, je courus vers ces pieux, et en approchant j'aperçus la gueule d'un canon de carabine Remington qui faisait saillie d'environ huit pouces hors de la neige. La carabine elle-même était accrochée par sa courroie à l'extrémité des pieux. J'ordonnai aussitôt aux indigènes qui nous accompagnaient d'enlever la neige en cet endroit de la rive, pendant que Ninderman et moi nous explorerions la partie plus élevée du terrain. Je pris la direction du sud, tandis que Ninderman s'en allait vers le nord. J'avais fait cinq cents mètres environ, quand une bouillotte, restée sur la neige, attira mon attention; m'étant approché, je trouvai tout près trois cadavres en partie ensevelis sous la neige. En les examinant, je reconnus le lieutenant de Long, le docteur Ambler et le cuisinier chinois Ah Sam.

Près du cadavre de de Long, je trouvai son carnet, dont vous trouverez une copie ci-incluse, depuis la première note jusqu'à la fin.

Les livres et les papiers ont été trouvés sous les pieux, ainsi que les cadavres de deux des hommes. Les autres gisaient entre ce point et cinq cents mètres plus loin. L'amas de neige qui couvre l'espace compris entre ces deux limites devra être enlevé. Il forme un sillon ayant trente pieds à la base et vingt pieds de haut.

Le point où les cadavres ont été trouvés, quoique élevé, était couvert de bois flotté, ce qui prouve qu'à une certaine époque de l'année, il est couvert par les eaux du fleuve. Cette remarque m'a décidé à trans-

Erickson, ayant eu les doigts des pieds coupés, est porté par ses compagnons.

porter les cadavres sur un point convenable de la rive du fleuve, où je les enterrerai. Ensuite je continuerai, avec toute la diligence possible, les recherches pour trouver le canot n° 2. Le temps a été si mauvais que nous n'avons pu voyager qu'un jour sur quatre, mais nous espérons avoir un temps plus favorable dans quelques jo rs pour continuer les recherches.

J'ai l'honneur, etc.

George W. Melville,

Aide-ingénieur de la marine des États-Unis.

A cette lettre était jointe la liste des infortunés dont on venait de retrouver les cadavres. Voici cette liste :

Le lieutenant George W. de Long, de la marine des États-Unis.

L'aide-chirurgien James M. Ambler.

M. Jérôme Collins.

Nelse Iverson.

Carl August Gortz, matelot.

Adolph Dressler.

George Washington Boyd, chauffeur de 2° classe.

Ah Sam, le cuisinier chinois.

Cette lettre de M. Melville, beaucoup plus explicite, il est vrai, que la dépêche portant la même date, donne cependant bien peu de détails. D'ailleurs, au moment où elle a été écrite, tous les cadavres n'étaient pas encore trouvés, car la liste qui lui fait suite ne fait mention ni d'Erickson, ni de Knack, ni de Lee, ni d'Alexis.

Nous savons déjà qu'Erickson était mort longtemps avant ses compagnons et avait été enterré dans le lit du fleuve. Mais qu'étaient devenus les trois autres? En outre, Melville parle de transporter les cadavres sur la rive de la Léna; mais a-t-il pu le faire? Ce sont là des lacunes qu'une lettre de M. Jackson nous permettra de combler, au moins en partie.

Buchoff, delta de la Léna, 24 avril 1882.

Les préparatifs étaient terminés, l'ingénieur Melville partit avec sa troupe, le 16 mars, du dépôt temporaire qu'il avait établi à Cath Cartha, afin d'entreprendre une exploration minutieuse et complète de toute la contrée où il espérait trouver le capitaine de Long et ses infortunés compagnons. Il emmenait avec lui James H. Bartlett, aide-ingénieur de *la Jeannette*, et William Ninderman, deux des survivants de l'expédition. En outre, il s'était adjoint MM. Greenbek et Boboukoff comme interprètes ; un Cosaque, nommé Kolenkni, et un exilé russe, Yaphem Krapolloff, comme surveillants des conducteurs de traîneaux ; ceux-ci étaient Tomat Constantine, Georgie Nicholaï, « capitan » Inukkeuty Shimuluff, Story Nicholaï, Wassili Koolgark et Simeon Illak ; enfin, pour terminer la liste, venaient Ivan Portnyagin et sa femme, qui comptaient comme cuisiniers et comme aides.

Les opérations de la recherche commencèrent à Usterda, d'où l'on revint à Matvaïh dans l'espoir de trouver quelque part, sur le chemin qui conduit de l'une de ces stations à l'autre, des traces du passage de de Long ; mais les résultats furent absolument nuls ; on ne découvrit pas le moindre indice qui put mettre sur la voie qu'avaient suivie ceux qu'on cherchait. M. Melville se décida alors à reprendre en sens inverse la route suivie par Noros et Ninderman. Il partit donc le 23 mars de Matvaïh pour explorer les rives des différents bras de la Léna et pour retrouver l'épave du canot que Noros et Ninderman avaient rencontrée sur leur chemin le jour où ils étaient partis pour aller chercher des secours, car Ninderman comprenait que cette épave serait pour lui le point de repère le plus sûr pour retrouver les restes de ses anciens compagnons. Se rappelant, en effet, de l'état de ceux-ci au moment de son départ avec Noros, et jugeant de la distance qu'ils pouvaient parcourir chaque jour, il savait qu'ils n'avaient pu aller bien loin au delà de cette épave. L'événement confirma ses prévisions, car, ayant trouvé l'épave dans la journée du 23, la troupe de Melville ne l'avait pas dépassée de cinq cents mètres, que le canon d'une carabine et quatre pieux liés ensemble et dont l'extrémité faisait saillie à travers de la neige attirèrent son attention.

Melville s'approcha en toute hâte et vit que les quatre pieux avaient été liés ensemble pour soutenir l'extrémité d'une perche, laquelle reposait par l'autre bout contre la berge du fleuve et soutenait elle-même le faîte d'une tente. Immédiatement il fit enlever la neige autour des pieux par deux des indigènes qui l'accompagnaient. Arrivés à huit pieds environ de profondeur, ceux-ci trouvèrent chacun un cadavre à peu près

en même temps. C'étaient ceux de Gortz et de Boyd. Melville leur dit
alors d'enlever la neige dans la direction de l'est, puis remonta lui-
même sur le haut du talus qui, en cet endroit, se trouvait à vingt pieds
au-dessus du niveau du fleuve, afin d'y chercher un endroit convenable pour déterminer la position avec son compas. S'étant dirigé du
côté de l'ouest, il avait fait un millier de mètres environ quand ses yeux
tombèrent sur une *bouillotte*. En s'approchant pour examiner cet objet,
il sentit son corps frissonner ; il avait failli heurter du pied une main
qui émergeait à la surface de la neige. S'accroupissant aussitôt et
écartant, avec ses mains, la neige qui, à cet endroit, n'avait qu'un
pied de profondeur, il se trouva en présence des restes du commandant de Long. A trois pieds plus loin était le cadavre du docteur Ambler ; celui de Sam, le cuisinier chinois, était étendu à ses pieds. Tous
les trois étaient en partie recouverts d'une moitié de la tente que ces
malheureux avaient emportée en s'éloignant de leurs compagnons qui
n'en avaient plus besoin. Ils avaient aussi sur eux quelques morceaux
de couverture dont ils s'étaient enveloppés pour conserver un peu de
chaleur. Les restes d'un feu étaient encore là, tout près de la bouillotte,
avec quelques morceaux de saule arctique, dont les infortunés avaient
fait une infusion.

Le carnet de de Long était resté sur le sol à côté de son cadavre, ainsi
que son crayon ; sans doute il n'avait pu le remettre dans sa poche
après y avoir inscrit sa dernière note. Ainsi, l'infortuné capitaine, ainsi
que le docteur Ambler et Sam, sont morts le jour où cette note a été
inscrite. De Long avait l'habitude de noter chaque jour les événements
de la journée ; quand il n'avait rien de particulier à noter, il inscrivait
simplement la date et le nombre de jours qui s'étaient écoulés depuis
la catastrophe de *la Jeannette*.

Avant de quitter l'emplacement de la tente où ils laissaient les cadavres de leurs compagnons, pour traîner leurs pieds fatigués et privés
de chaussures au lieu où les attendait le repos éternel, de Long et le
docteur Ambler avaient respectueusement couvert avec un lambeau
de vêtement le visage de leur collègue, M. Collins.

La tente avait été plantée dans un enfoncement profond de la rive.
C'est là que furent trouvées deux boîtes contenant des notes qui avaient

été placées sous la berge. La caisse de médicaments et le pavillon encore attaché à sa hampe furent trouvés un peu plus à l'est.

Les cadavres d'Iverson et de Dressler étaient couchés côte à côte, un peu en dehors de la place qu'avait recouvert la moitié de tente enlevée par les trois derniers survivants; celui de M. Collins était un peu plus loin à l'intérieur de la tente. On ne découvrit pas tout d'abord ceux de Lee et de Knack; mais en consultant le carnet de de Long, on constata qu'après leur mort, celui-ci, avec le docteur Ambler, M. Collins, le cuisinier Ah Sam, les avait transportés hors de la vue de leurs camarades, derrière une pointe de terre, située à l'ouest, où ils les avaient laissés, étant trop faibles pour les enterrer. En fouillant sous la neige en cet endroit, les deux cadavres furent retrouvés; ni l'un ni l'autre n'avaient de bottes aux pieds : elles étaient remplacées par des chiffons qu'ils s'étaient enroulés et attachés autour des jambes pour se protéger du froid; mais des morceaux de cuir brûlé, trouvés dans leurs poches, ne montraient que trop clairement à quelle extrémité ces malheureux avaient été réduits pour la nourriture. Tous portaient sur leurs mains et sur leurs vêtements des traces de feu. On eût dit que dans le dernier effort du désespoir ils s'étaient traînés dans le feu pour se réchauffer. Le cadavre de Boyd fut même trouvé couché en travers sur les débris d'un foyer, ses vêtements étaient complètement brûlés jusqu'à la peau; cependant son corps n'avait pas été entamé.

L'intention de l'ingénieur Melville était d'ensevelir les restes de ses infortunés compagnons dans l'endroit même où ils avaient été trouvés. Mais les indigènes lui firent remarquer qu'une tombe construite en cet endroit serait emportée par les eaux du fleuve, qui, au moment du printemps, couvrent le delta tout entier et atteignent une hauteur de quatre pieds. Changeant alors d'avis, Melville les fit transporter sur le sommet d'une colline de roc dur, élevée d'environ trois cents pieds au-dessus du niveau du fleuve, et située à quarante verstes plus à l'ouest, et sur laquelle il éleva un mausolée avec les débris de l'embarcation, près de laquelle les cadavres avaient été trouvés. Il fit d'abord tailler une croix gigantesque dans un énorme madrier de bois flotté, et la planta sur la crête de la colline. Il fit ensuite construire au pied, et juste dans l'axe du méridien magnétique, un caisson en bois long de vingt-deux pieds, profond de deux et large de six. Les

cadavres y furent déposés côte à côte, et le caisson fut recouvert de
madriers juxtaposés. Une traverse de faîte, longue de seize pieds, fut
ensuite fixée solidement par son milieu dans le pied de la croix, à cinq
pieds au-dessus du corps du cercueil, et appuyée à ses extrémités sur
deux madriers placés en arcs-boutants et ayant la même inclinaison.
D'autres madriers, placés côte à côte et appuyés par une de leurs
extrémités sur la traverse, et, de l'autre, sur le roc, donnèrent à l'ensemble la forme d'une pyramide parfaite. Le tout fut recouvert de
pierres, de sorte que, le travail achevé, ce monument présentait à l'œil
l'apparence d'un monticule pyramidal et surmonté d'une croix. Cette
dernière s'élève à vingt-deux pieds au-dessus du roc. Le fût, ainsi
que les bras, qui sont longs de douze pieds, ont un pied carré comme
épaisseur.

Avant d'ériger cette croix, Melville et ses compagnons y gravèrent
le soir, dans leur hutte, l'inscription suivante :

« A la mémoire de douze officiers ou marins du steamer arctique
la Jeannette, morts dans le delta de Léna, en octobre 1881.

« Lieutenant G.-W de Long, Dr J.-M. Ambler, J.-J. Collins, W.
Lee, A. Gortz, A. Erickson, G.-W. Boyd, N. Iverson. H. Knack,
Alexis, Ah Sam. »

Après ce triste devoir rempli, M. Melville prit des mesures pour
qu'au printemps la pyramide fût recouverte de terre par les soins du
commandant de Boulouni, au cas où il aurait lui-même fini ses recherches assez tôt pour quitter le delta avant la débâcle des glaces. La
structure de ce monument, qu'on peut apercevoir à vingt verstes de
la rivière, mérite véritablement des éloges à son auteur.

Aussitôt après leur découverte, les livres et les papiers furent
scellés, et personne ne put en examiner le contenu. Le carnet de de
Long lui-même fut l'objet de la même mesure, à l'exception du mois
d'octobre, où l'on pouvait avoir besoin de puiser des renseignements
pour la continuation des recherches. Les objets de valeur ou autres
qui pouvaient avoir quelque intérêt aux yeux des parents ou des amis
des hommes morts furent religieusement conservés et envoyés à
Yakoutsk en même temps que les livres, les papiers et le pavillon,
que Melville avait confiés à M. Boboukoff et au sergent cosaque qui
devaient les déposer entre les mains du gouverneur du district. Celui-

ci devait les conserver jusqu'au retour de Melville, à moins que des instructions venues du département de la marine des États-Unis lui en ordonnassent autrement.

Pendant que Melville prenait toutes ces dispositions, il faisait rechercher activement les restes d'Alexis. D'après le carnet de de Long, le cadavre de cet Indien avait été déposé sur la glace de la rivière, en face l'épave du canot, mais on n'avait encore pu le retrouver.

Le 10 avril, Melville, aussitôt après avoir terminé le monument élevé à la mémoire de ses anciens compagnons, partit avec sa troupe pour chercher les traces du lieutenant Chipp, et s'assurer s'il avait pu, avec son canot, atteindre le delta de la Léna ou quelque point des côtes voisines. Tenter d'explorer le delta tout entier eût été une entreprise irréalisable : car celui-ci est formé par une immense banc de sable coupé dans tous les sens par des milliers de cours d'eau plus ou moins larges, et dont beaucoup sont navigables mais changent de direction d'année en année. Il devait donc se borner, avec le peu de monde dont il disposait, à visiter la ligne des côtes avant que la saison des traineaux ne prît fin, car plus tard l'inondation qui coïncide avec la débâcle des glaces devait faire disparaître toutes les traces qui pouvaient exister.

Le plan de Melville pour cette dernière partie des recherches était de s'avancer lui-même jusqu'à l'Olenek et de revenir sur la côte nord-ouest jusqu'à Cath Cartha, tandis que Bartlett et Ninderman, passant ensemble par ce dernier point, iraient dans la direction du nord-est jusqu'à Barkin, où ils se sépareraient ; Bartlett devait alors suivre la côte orientale, pendant que Ninderman reviendrait à Cath Cartha en longeant la côte septentrionale.

Bartlett et Ninderman, qui sont revenus les premiers, n'avaient pas trouvé le moindre vestige du passage de Chipp. Melville n'est pas encore de retour. Des difficultés qu'il ne pouvait surmonter ont malheureusement retardé son départ de trois jours, et il se peut qu'il éprouve de sérieuses entraves, car la fin de la saison des traîneaux arrive à grands pas. Après son retour à Cath Cartha, toute la troupe rejoindra Bartlett, qui se trouve en ce moment à Gemenovialak, et

Nous tendimes une moitié de tente pour en faire une sorte de paravent; néanmoins le vent nous rongeait le dos.

explorera le cap Borchaya et la baie du même nom. Si alors on ne trouve aucune trace des gens du canot n° 2, on sera forcé d'admettre comme vraie la triste présomption que ce canot a sombré pendant la tempête de septembre, et que Chipp et tous ses hommes ont péri au milieu des flots.

CHAPITRE QUATORZIÈME

Les derniers jours de de Long et de son parti (1).

Le samedi, 1ᵉʳ octobre, 111ᵉ jour de la retraite. — Erickson subit l'amputation des doigts de pieds. — Passage de la rivière. — Record laissé sur la rive orientale. — Une route glacée et des rations pour un jour encore. — Quatre quatorzièmes de livre de pemmican par homme et un chien mourant de faim pour provisions. — On trouve des empreintes de pas d'homme. — Alexis prend une butte de terre pour une hutte. — Conséquences de cette erreur. — Le lieutenant de Long, M. Collins et Gortz passent à travers la glace. — Le dernier chien est tué et mangé. — Effroyable nuit. — L'état d'Erickson s'aggrave. — Il a les mains gelées. — La troupe cherche un abri dans une hutte. — Une ration de thé et une demi-livre de chien. — Mort d'Erickson. — Ses funérailles. — Dernière demi-livre de chien. — Départ. — Record laissé dans la hutte. — Alexis rapporte un ptarmigan. — Départ de Ninderman et de Noros. — Des morceaux de peau de renne pour nourriture. — Plus de thé. — Une cuillerée de glycérine pour nourriture. — La glycérine fait défaut. — L'infusion de saule arctique la remplace. — Lee supplie ses compagnons de l'abandonner. — Une demi-cuillerée à thé d'huile douce par homme et par jour. — Du thé de saule et deux vieilles bottes. — Alexis meurt. — Knack et Lee meurent. — Iverson meurt. — Dressler meurt. — Boyd et Gortz meurent. — M. Collins mourant. — Plus rien. — Jusqu'à quel point la fatalité s'est acharnée sur de Long et ses compagnons.

Après le récit des différents incidents qui ont accompagné la découverte des corps de de Long et de ses compagnons, l'imagination peut se retracer en partie les événements qui ont dû se passer pendant la longue et cruelle agonie des douze infortunés appartenant à l'équipage du canot n° 1. Mais ce récit ne peut donner naissance qu'à des hypothèses, lesquelles ne peuvent elles-mêmes s'appliquer qu'aux derniers moments de ces malheureux. Il nous faudra donc aller chercher ailleurs, pour apprendre ce qui s'est passé depuis le départ de Noros et Ninderman jusqu'au moment où leurs compagnons ont successivement rendu le dernier soupir; pour connaître la longue suite de tortures physiques et morales que ces hommes, mourant de faim et à moitié

(1) Fragment du carnet du lieutenant de Long.

gelés, attendant toujours des secours qui ne devaient venir jamais,
ont eu à souffrir, pour enfin nous faire une faible idée des angoisses
de cet infortuné capitaine, qui, n'ayant plus d'espérance qu'en Dieu,
a vu succomber un à un et sous ses yeux ceux qui s'étaient confiés à sa
garde et qu'il était impuissant à sauver. La fin du carnet de de Long,
que nous allons reproduire, nous racontera en partie toutes ces infortunes, qu'il faudrait avoir souffert pour les bien comprendre. Néanmoins la lecture de ces notes prises jour par jour, et presque heure par
heure, nous permettra de suivre pas à pas les progrès de la mort
s'emparant peu à peu de ces hommes jeunes encore.

Nous reprendrons le carnet de de Long à une date antérieure de
quelques jours au départ de Ninderman. Nous y trouverons quelques
renseignements nouveaux, omis dans le récit de ce dernier, et qui mé-
ritent d'être relatés, et, en outre, de cette façon, le tableau que va nous
fournir de Long sera complet.

Samedi, 1ᵉʳ octobre (111ᵉ jour, et mois nouveau). — Aussitôt que
le cuisinier est venu nous prévenir, tous les hommes ont été réveillés.
Nous avons déjeuné à 6 heures 45 de thé et d'une livre de renne. J'ai
ensuite envoyé Ninderman et Alexis examiner le cours principal
de la rivière, pendant que le reste des hommes est allé chercher du
bois.

Le docteur a repris l'amputation des orteils d'Erickson.

Il ne lui en reste plus qu'un.

Sans doute il aura à continuer sa besogne jusqu'à ce qu'Erickson n'ait
plus de pieds, à moins que la mort n'arrive auparavant.

Temps clair ; légers souffles du nord-ouest. Baromètre marque 30,
15 à 6 h. 5. Température : 18° à 7 h. 30.

On a vu Ninderman et Alexis traverser la rivière. J'ai envoyé aussitôt des hommes pour transporter nos bagages de l'autre côté. —
Laissé ici record suivant :

« Samedi, 1ᵉʳ octobre 1881. — Quatorze hommes ou officiers du
steamer arctique américain *la Jeannette* ont atteint cette hutte le mercredi 28 septembre et ont été forcés d'y rester jusqu'à ce jour, pour attendre que la rivière gelât. Ce matin, ils se préparent à passer sur la
rive occidentale, afin d'atteindre un des établissements qui se trouve
sur la Léna. Nous avons deux jours de vivres, mais ayant été assez

heureux jusqu'à présent pour nous procurer du gibier pour subvenir à nos besoins les plus pressants, nous n'avons aucune crainte pour l'avenir.

« Tous les hommes de la troupe sont bien à l'exception d'un seul, Erickson, qui a subi l'amputation des doigts de pieds qu'il avait gelés. On trouvera d'autres records dans plusieurs huttes sur la rive orientale de cette rivière que nous avons remontée en venant du nord.

« George W. DE LONG,

« Lieutenant de la marine des États-Unis,
commandant de l'expédition. »

Suivait la liste des membres de la troupe, attachée à ce record.

A 8 h. 30, nous avons fait notre dernière traversée de la rivière et mis notre malade en lieu sûr.

Ensuite nous avons marché jusqu'à 11 heures 20, emmenant Erickson et son traîneau. A cette heure nous nous sommes arrêtés pour prendre notre repas de midi, qui a consisté en une demi-livre de renne et du thé. A une heure, nous avons repris notre route pour marcher jusqu'à 5 heures 5.

A 8 heures, nous nous sommes glissés dans nos couvertures.

Dimanche, 2 octobre (112° jour). — Nous avons tous pu dormir jusqu'à minuit, mais à partir de cette heure, le froid a été si intense et si gênant qu'il est devenu impossible de songer au sommeil. A 4 h. 30, tout le monde était levé et s'était approché du feu. Le jour commençait à poindre. Erickson n'a cessé de rêver pendant toute la nuit, et, de fait, aurait tenu éveillés ceux que le froid n'aurait pas empêchés de dormir. Nous avons déjeuné à 5 h. d'une demi-livre de renne et de thé.

Belle matinée, brise légère du nord ; baromètre marquant 30,30 à 5 h. 32. — Température 6° 35.

Nous sommes partis à 7 heures, suivant le cours de la rivière partout où nous l'avons trouvé glacée. A 9 h. 30, j'ai acquis la certitude que nous nous étions éloignés du lit principal du fleuve. Je pense que nous avons pu faire deux milles à l'heure et nous devons avoir marché 2 heures 40. Cette après-midi, je pense que nous avons fait de 6 à

7 milles. Mais où sommes-nous? A l'entrée du cours de la Léna enfin, je crois. Sagasta me semble un mythe.

Nous avons vu deux vieilles huttes et c'est tout. Mais comme ces huttes ne se trouvaient pas sur notre chemin et que nous étions encore au milieu du jour, nous n'y sommes point allés.

Nous avons marché pendant toute la journée sur la glace, ce qui me fait croire que nous suivions le lit d'un cours d'eau ; mais il était si étroit et si embarrassé que je ne peux croire qu'il fût navigable.

Il nous faut marcher sans relâche vers le sud, espérant que Dieu nous conduira à quelque station, car depuis longtemps j'ai reconnu que nous étions impuissants à nous sauver nous-mêmes.

Nous avons eu une journée claire et calme pendant laquelle le soleil a brillé sur nous de tout son éclat.

Une route glacée et des rations pour un jour encore. Bateaux glacés et naturellement tirés sur la rive. Pas une hutte en vue pendant toute la journée, et nous nous sommes arrêtés sur une pointe de terre élevée pour y passer une nuit froide et misérable. A souper, nous avons mangé une demi-livre de renne et bu du thé. Nous avons allumé un grand feu. Ensuite il a fallu nous préparer à passer une seconde nuit froide et pénible. Le vent était si pénétrant que nous avons été obligés de tendre nos demi-tentes comme paravents et de nous asseoir derrière, où nous grelottions enveloppés dans nos couvertures.

Lundi, 3 octobre 1881 (113e jour). — Le froid était si intense et notre position si misérable que j'ai fait servir le thé à tout le monde, et qu'ensuite nous nous sommes mis en marche pour continuer jusqu'à 5 heures du matin. A ce moment, nous avons mangé notre dernière ration de viande et bu une seconde fois du thé.

Il ne nous reste plus maintenant qu'une ration de 4/14 de livre de pemmican et un chien à moitié mort de faim.

Puisse Dieu venir de nouveau à notre aide! Quelle distance nous faudra-t-il parcourir avant de trouver une station ou un abri? Lui seul le sait.

Vent piquant. Le baromètre marquait 30,23 à 1 h. 50.

Erickson semble s'éteindre. Il est faible et abattu; dès qu'il s'endort, il se met à parler soit en danois, soit en allemand, peu en anglais. Personne ne peut dormir près de lui, lors même que les autres cir-

constances le permettraient. La nuit dernière ma montre s'est arrêtée
à 10 h. 15, sans que j'en puisse deviner la cause. Je l'avais donné à
l'homme de garde. Je l'ai remise aussi exactement à l'heure que j'ai
pu, et c'est sur cette heure approximative que nous nous fixerons désormais jusqu'à ce que nous puissions faire mieux. Le soleil s'est levé
hier à 6 heures 40, c'est-à-dire avant que ma montre ne s'arrête.
Nous avons fait cinq milles.

Pour nous, force signifie en avant! La traversée de la rivière, pour
gagner la rive opposée où nous voyions de nombreuses trappes à
renard, nous a fait perdre un peu de temps, et par conséquent un peu
de chemin. Nous avons aussi trouvé sur cette rive la trace d'un homme
qui devait aller vers le sud. Nous avons suivi cette trace jusqu'au
moment où nous l'avons vu se diriger vers la rivière pour se continuer
sans doute jusqu'à la rive occidentale. A ce moment nous avons été
obligés de revenir sur nos pas, car nous ne pouvions plus suivre cette
piste, la rivière étant libre de glace en cet endroit. En outre, un de
ces innombrables bas-fonds qui infestent la rivière nous a forcés de
faire un détour vers l'est. Aussi me suis-je hâté de regagner la rive
occidentale que nous avons atteinte à 10 heures dix. Mangé nos derniers 4/14 de livre de pemmican.

A 1 heure 40, nous nous sommes remis en marche et nous avons
fait une longue étape jusqu'à 2 heures 20. Alexis prétendait avoir vu
une hutte de l'autre côté de la rivière ; pendant notre dîner, il en vit
une seconde. Dans les circonstances où nous nous trouvions, mon désir était de m'y rendre le plus promptement possible, mais elles étaient
sur la rive gauche de la rivière et nous nous trouvions sur la rive
droite. Heureusement, nous avons rencontré un banc de sable qui
nous a fourni un excellent terrain pour marcher, jusqu'à un point où
nous avons pu traverser la rivière en diagonale. Nous sommes arrivés
sur l'autre rive à 2 heures 20. J'ai fait aussitôt arrêter tout le monde
et envoyé Alexis inspecter une seconde fois les environs, du sommet
d'un tertre élevé. Il est revenu en annonçant qu'il avait aperçu une
seconde hutte dans les terres, à un mille et quart environ de la rivière.
L'autre hutte se trouvait à peu près à la même distance dans la direction du sud, mais sur une langue de terre élevée qui s'avançait dans
la rivière. La difficulté d'emmener un malade sur un traîneau, à travers

Danenhower, à son arrivée à Saint-Pétersbourg.

les terres, m'a décidé immédiatement à me rendre à la dernière, que
nous pouvions atteindre en moitié moins de temps, en suivant le lit
glacé de la rivière, puisqu'elle se trouvait sur la rive. Ninderman, mon-
tant à son tour sur le tertre, est revenu, disant que ce qu'on apercevait
dans les terres était bien une hutte, mais qu'il n'osait affirmer que
c'en fût une autre qu'on voyait sur le bord. Cependant, Alexis était
toujours très affirmatif. N'y voyant pas très bien moi-même, j'ai malheureusement pris ses yeux pour les meilleurs et donné l'ordre d'avancer dans la direction du sud. La petite troupe s'est donc mise en
marche, Alexis et Ninderman tenant la tête. Nous avions fait un mille
environ, quand soudain je suis passé à travers la glace en enfonçant
jusqu'aux épaules, sans que mon sac pût m'arrêter. Pendant que je
me débattais pour me relever, Gortz, qui était à cinquante mètres
en arrière, s'est à son tour enfoncé jusqu'au cou, tandis que M. Collins,
qui était derrière lui, plongeait aussi jusqu'à la ceinture. Cet accident
nous a causé un moment d'arrêt. Mais nous étions à peine relevés que
nos habits étaient couverts d'une croûte de glace, et nous courions
le risque d'avoir les membres gelés. Nous nous sommes cependant
traînés jusqu'à ce que, vers 3 heures 45, nous fusstons arrivés au
point où Alexis avait cru voir une hutte. Ninderman, suivi du docteur,
est monté aussitôt sur la pointe de terre, et son premier cri a été :
« La voilà, venez ! » Nous étions à peine montés qu'il s'est écrié de
nouveau : « Mais il n'y en a pas ! » Cette nouvelle a été pour moi une
cruelle déception et la cause d'une véritable frayeur. Ce qu'on avait
pris pour une hutte n'était qu'une grosse butte de terre, mais de forme
si régulière, qu'à cause de sa position singulière, on se fût imaginé
qu'elle avait été élevée artificiellement pour servir de point de repère.
Ninderman lui-même avait été tellement convaincu que c'était une
hutte, qu'il en avait fait le tour pour trouver la porte et était ensuite
monté dessus afin d'y chercher un trou au sommet. Mais tout cela en
vain. Ce n'était réellement qu'une butte de terre. Ce n'a été qu'avec
le cœur bien triste que j'ai fait établir notre camp dans une anfractuosité de la pointe de terre pour y passer la nuit. Bientôt après, nous
séchions ou plutôt nous brûlions nos vêtements à la flamme d'un grand
feu, tandis qu'un vent glacé nous rongeait le dos.

Comme il ne nous restait aucune nourriture pour souper, j'ai dit à

Iverson de tuer le chien et de le préparer. Quelques instants plus tard, toute la troupe, à l'exception du docteur et de moi, s'est repue avec délices d'un ragoût composé de toutes les parties de l'animal que nous ne pouvions pas emporter. Pour nous deux, c'était un mets nauséabond; — mais pourquoi m'étendre sur ce sujet désagréable? J'ai fait peser l'animal et nous avons trouvé qu'il nous donnait vingt-sept livres de viande. Il était gras, et, comme il avait été nourri de pemmican, sa chair devait être très nette.

Aussi, l'emplacement du camp trouvé, j'ai envoyé Alexis avec un fusil vérifier si l'autre hutte n'était point un mythe comme la première. Il est revenu à la brume, sûr cette fois de ne s'être pas trompé, car il est entré à l'intérieur de la hutte, qu'il a trouvé large et spacieuse; en outre, il y a trouvé des débris de renne et des os.

Alors nous nous sommes préparés à nous accommoder de notre mieux de l'endroit où nous étions. Nous trois qui étions passés à travers la glace, nous nous tenions devant le feu où nous cuisions presque au milieu d'un nuage de vapeur. M. Collins et Gortz avaient bu un peu d'alcool, mais je ne pus en avaler.

Le froid intense qu'il faisait, joint au vent pénétrant du nord-ouest que nous ne pouvions éviter et contre lequel nous n'avions aucun abri, nous présageait encore une nuit plus pénible et plus misérable que les précédentes. Pour comble d'infortune, Erickson est tombé en délire, et ses divagations sont venues, comme pour mettre le comble à l'horreur de l'effroyable position dans laquelle nous nous trouvions.

Il nous a été impossible de nous réchauffer; quant à sécher nos vêtements, nous ne pouvions y songer. Chacun de nous paraissait ahuri et stupéfié, et j'avais tout lieu de craindre que quelqu'un de nous ne vînt à mourir pendant la nuit. J'ignore quelle température il a fait, car j'ai brisé mon thermomètre de poche dans une de mes nombreuses chutes sur la glace, mais je suis convaincu qu'il eût marqué plusieurs degrés au dessous de 0 (Fahr.).

Une garde a été désignée pour entretenir le feu autour duquel nous nous sommes pressés pour passer notre troisième nuit sans sommeil. Si Alexis ne m'avait point enveloppé de sa peau de phoque et ne s'était point assis contre moi pour me communiquer de sa propre chaleur, je crois que je serais mort de froid.

Erickson pousse des gémissements, et dans son délire fait mille châteaux en Espagne.

Oh! puissé-je ne jamais passer une autre nuit pareille à celle-ci !

Jeudi, 4 octobre (114ᵉ jour). — Dès les premières lueurs de l'aube, nous nous sommes levés et nous sommes mis à circuler autour de notre campement pendant que le cuisinier préparait le thé. Le docteur, en visitant à ce moment le malheureux Erickson, a fait la triste découverte que celui-ci avait quitté ses gants pendant la nuit et qu'il avait les mains gelées. On s'est mis sur-le-champ à le frictionner, et, à six heures, la circulation était assez bien rétablie pour que nous pussions nous hasarder à le transporter. Aussitôt chacun a avalé sa ration de thé et repris son fardeau pour partir. Erickson ayant complètement perdu connaissance, nous avons été obligé de l'attacher sur son traîneau. Un vent violent du sud-ouest soufflait à ce moment et rendait la sensation du froid encore plus intense ; néanmoins nous sommes partis, et à huit heures, après deux heures d'une marche forcée, nous avons pu, grâce à Dièu, déposer notre malade dans une hutte assez spacieuse pour nous contenir tous. Nous nous sommes empressés d'y allumer du feu, et, pour la première fois depuis samedi matin, nous avons pu nous réchauffer.

Le docteur, ayant examiné Erickson, l'a trouvé fort mal. Son pouls était devenu très faible. Il était toujours en délire, et, à la suite de la terrible nuit que nous venions de passer, il déclinait rapidement. Nous craignions même que son existence ne se prolongeât pas de quelques heures. J'ai fait alors réunir tout le monde autour de moi pour lire les prières des agonisants à côté du moribond. Tous y ont assisté avec recueillement, mais je crains que ma prononciation saccadée n'ait empêché de comprendre ce que je lisais. Une garde a ensuite été désignée pour entretenir le feu, et nous nous sommes tous couchés, à l'exception d'Alexis. Celui-ci est parti à la chasse à dix heures, mais il est revenu à midi, complètement trempé, la glace s'étant brisée sous lui pendant qu'il traversait la rivière. Nous nous sommes levés à six heures du soir pour prendre un peu de nourriture, ce qui m'a paru indispensable pour conserver mes forces. Chacun a reçu une demi-livre de chien et une ration de thé. C'est tout ce que nous avons pris de nourriture dans la journée. Néanmoins nous étions heureux

de ne plus nous trouver exposés sans abri à l'ouragan qui soufflait du sud-ouest, et c'en était assez pour nous faire oublier notre
disette.

Mercredi, 5 octobre (115ᵉ jour). — Le cuisinier s'est levé à 7 heures
30 pour préparer du thé avec les feuilles qui nous ont déjà servi hier.
Il n'a rien autre chose à nous donner d'ici ce soir. Une demi-livre de
chien sera notre ration de chaque jour, jusqu'à ce que nous trouvions
d'autre nourriture.

Alexis est, de nouveau, parti à la chasse à 9 heures. Pendant son
absence, j'ai envoyé le reste des hommes ramasser des brindilles de
bois pour couvrir le sol de la hutte qui dégèle sous nous et nous tient
si humides que nous ne pouvons dormir.

L'ouragan de sud-ouest continue. Le baromètre marquait 30,13 à
2 heures 40.

Une des jambes d'Erickson commence à se décomposer, il s'éteint
rapidement. L'amputation ne servirait désormais à rien, car probablement il mourrait pendant l'opération. Il a repris connaissance.

Alexis est rentré à midi sans avoir vu de gibier. Cette fois il avait
pu traverser la rivière, mais le froid et la violence de l'ouragan l'ont
forcé de revenir.

Je crois que nous sommes sur la côte orientale de l'île de Titary,
c'est-à-dire à vingt-cinq milles de Kumah-Surka que je suppose être
une station. C'est là notre dernière espérance. Le rêve de Sagasta
s'est, depuis longtemps, évanoui. La hutte dans laquelle nous sommes est toute neuve, mais ce n'est certainement pas la station astronomique indiquée sur ma carte. En fait, cette hutte n'est même pas
terminée, vu qu'elle n'a ni porte ni porche. Peut-être est-ce une hutte
d'été. Cependant de nombreuses trappes à renard existent dans les
environs. Notre dernière espérance de salut repose sur cette supposi-
tion et sur l'arrivée de jours moins mauvais, car je ne me sens plus
rien à faire. Aussitôt que l'ouragan se sera apaisé, j'enverrai Ninderman avec un de ses camarades à Kumah-Surka, où ils se rendront à
marche forcée pour y chercher du secours.

A 6 heures, on nous a servi à chacun notre demi-livre de chien et
notre ration de thé de *second chaud* (infusé pour la seconde fois) et
nous sommes allés nous coucher.

Jeudi, 6 octobre (116° jour). — Tout le monde était debout à 7 h. 30. Pris une tasse de thé (troisième infusion) mélangée avec une once d'alcool. Tous extrêmement faibles. L'ouragan s'apaise un peu. J'ai envoyé Alexis à la chasse. Ninderman et Noros partiront à midi pour se rendre à marche forcée à Kumah-Surka. A 8 h. 45, notre compagnon Erickson a quitté cette vie. J'ai adressé quelques paroles de consolation et d'encouragement aux hommes. Alexis est revenu les mains vides. Trop d'amas de neige. Oh ! mon Dieu, qu'allons-nous devenir ? Il nous reste quatorze livres de chien pour faire les vingt-cinq milles qui nous séparent d'une station problématique. Il nous est impossible de creuser une fosse pour enterrer Erickson, car le sol est glacé et nous n'avons pas d'instrument. Il ne nous reste donc qu'à le descendre dans le lit de la rivière à travers la glace. Il est enseveli dans un morceau de la tente. J'ai fait préparer dix hommes, et, après avoir pris une demi-once d'alcool, nous allons essayer de lui rendre les derniers devoirs, mais nous sommes si faibles que je ne sais si nous pourrons aller jusqu'à la rivière.

A 12 h. 40, j'ai lu l'office des morts et nous avons transporté norte pauvre compagnon jusqu'à la rivière. Après avoir ouvert un trou dans la glace, nous y avons fait passer son corps. Trois décharges de Remington ont été tirées sur sa tombe comme honneurs funéraires. Nous avons ensuite préparé une planche sur laquelle nous avons gravé l'inscription suivante : « En mémoire de H.-H. Erickson, 6 octobre 1881. *U. S. S. Jeannette.* » Cette planche sera fixée sur la berge de la rivière et presque sur sa tombe; ses vêtements ont eté ensuite partagés entre ses camarades ; sa bible et une mèche de ses cheveux sont entre les mains d'Iverson.

Nous avons soupé à 5 heures d'une demi-livre de chien et de thé.

Vendredi, 7 octobre (117° jour). — A déjeuner, nous avons mangé notre dernière ration de chien et bu du thé.

Notre dernière feuille de thé a été mise dans la bouillotte ce matin, et nous sommes sur le point d'entreprendre un voyage de vingt-cinq milles avec quelques feuilles de thé déjà infusées et deux quarts d'alcool (2 lit. 272). Néanmoins, j'ai confiance en Dieu, et je crois que Lui, qui nous a nourris jusqu'ici, ne souffrira pas que nous mourrions de faim.

Nous avons commencé nos préparatifs de départ à 7 heures 10. Nous laissons derrière nous une carabine Winchester hors de service et cent soixante et une livres de munitions; il nous reste deux Remingtons et deux cent quarante-trois cartouches.

J'ai laissé la note suivante dans la hutte que nous avons quittée ce matin :

« Vendredi, 7 octobre 1881. — Les officiers et matelots ci-dessous dénommés, du steamer américain *la Jeannette*, partent d'ici ce matin pour se rendre à marche forcée à Kumah-Surka ou à quelque autre station située sur le bord de la rivière Léna.

« Nous sommes arrivés ici mardi, 4 octobre, avec un de nos compagnons malade, le matelot H.-H. Erickson, qui est mort hier matin et a été enterré dans le lit de la rivière, à midi.

« Il a succombé aux suites des atteintes du froid qu'il avait enduré, et d'épuisement.

« Les survivants de notre troupe sont en bonne santé, mais nous n'avons plus de vivres, car nous avons mangé nos dernières rations ce matin.

« George W. DE LONG,
« Commandant de l'expédition. »

Partis à 8 heures 30, nous avons marché jusqu'à 11 heures 20 pour faire environ trois milles. Au bout de ce trajet nous étions tous à peu près épuisés. Ayant rencontré un gros bloc de bois rejeté par le courant, j'ai pensé que la place était favorable pour chauffer de l'eau; j'ai donné l'ordre de faire halte pour dîner : une once d'alcool dans un pot de thé. Nous avons ensuite repris notre marche et nous sommes arrivés à un cours d'eau qui nous a semblé la branche principale du fleuve. En essayant de traverser, quatre d'entre nous sont passés à travers la glace; alors, craignant les effets du froid, j'ai fait allumer du feu sur la rive occidentale pour sécher nos vêtements. J'ai envoyé Alexis à la chasse pendant cette halte, en lui recommandant de ne pas trop s'éloigner et de ne pas rester trop longtemps; à 1 heure 30, il n'était pas encore de retour et on ne l'apercevait nulle part.

Légère brise du sud-ouest, brouillard, montagnes en vue dans la direction du sud.

Newcomb, à son arrivée à Saint-Pétersbourg.

Alexis est revenu à 5 heures 30 ; il rapportait un ptarmigan dont nous avons fait de la soupe, laquelle, avec une demi-once d'alcool, a constitué tout notre souper ; nous nous sommes ensuite glissés sous nos couvertures pour dormir.

Légère brise de l'ouest. Pleine lune. Ciel étoilé. Température modérée.

Alexis a rencontré une rivière large d'un mille et sans glace.

Samedi, 8 octobre (118e jour). — Tous debout à 5 heures et demie. Déjeuner : une once d'alcool dans une pinte d'eau chaude.

Note du docteur. — L'alcool a été très précieux pour nous, donné à la dose d'environ trois onces par jour conformément aux expériences du docteur Ambler : il trompe l'appétit et empêche les tiraillements d'estomac ; il a soutenu l'énergie des hommes.

Nous avons continué de marcher en avant jusqu'à 10 heures 30. Une once d'alcool. De 6 heures 30 à 10 heures 30 nous avons fait cinq milles et nous sommes arrivés sur le bord d'un large cours d'eau. Nous nous sommes remis en marche, et sur notre chemin nous avons rencontré des bancs de neige et enfin une petite rivière qui nous a forcés à retourner sur nos pas. Halte à cinq heures. Nous n'avons avancé que d'un mille. Mauvaise chance. Neige. Vent froid du sud-ouest. Campé. Peu de bois. Une demi-once d'alcool.

Dimanche, 9 octobre (119e jour). — Tout le monde était éveillé à 4 heures 30. Une once d'alcool pour déjeuner. Lecture du service divin.

J'ai envoyé Ninderman et Noros en avant pour chercher du secours. Ils emportent leurs couvertures, une carabine, cinquante cartouches et deux onces d'alcool. Je leur ai donné l'ordre, au moment de leur départ, de rester sur la rive occidentale de la rivière jusqu'à ce qu'ils atteignent une station. Ils sont partis à 7 heures. Trois hurrahs les ont salués à leur départ.

Je me suis mis en route avec le reste de la troupe, à 8 heures. Passés à travers la glace. Tous mouillés jusqu'aux genoux. Nous nous sommes arrêtés pour faire du feu et faire sécher nos vêtements. A 10 heures 30, nous nous sommes remis en route. Là on a eu des défaillances. A 1 heure, nous sommes arrivés sur la rive du fleuve. Halte pour dîner : une once d'alcool. Alexis a tué trois ptarmigans dont nous avons fait de la soupe. Nous suivons les traces de Noros et Ninderman, que nous avons perdus de vue depuis longtemps. En route à 3 heures 30. Nous sommes arrivés à un tertre élevé sur le bord de la rivière dans laquelle nous voyons de nombreux glaçons passer rapidement devant nous et s'en aller dans la direction du nord. A 4 heures 40, ayant trouvé du bois nous avons fait halte. Nous avons rencontré un bateau de rivière qui va nous servir d'abri pour dormir. Une demi-once d'alcool pour souper.

Lundi, 10 octobre (120° jour). — Nous avons pris notre dernière once d'alcool ce matin à 5 heures. A 6 heures 30, Alexis est parti pour essayer de tuer des ptarmigans. Mangé des morceaux de peau de renne. Hier nous avons mangé la peau de renne qui servait à envelopper mes pieds.

Légère brise du sud-est. — Température supportable.

En route à 8 heures. — En traversant une crique, trois d'entre nous sont tombés à l'eau, de sorte que nous avons été obligés de faire du feu pour sécher leurs vêtements. — Nous sommes repartis a onze heures, mais la marche était horriblement difficile. Lee nous a supplié de l'abandonner. Nous avons rencontré quelques petites grèves et de grandes longueurs de berges élevées. — Traces nombreuses de ptarmigans.

Nous avons continué de suivre la trace de Ninderman et de Noros, et, vers trois heures, étant épuisés, nous nous sommes traînés dans une brèche de la rive, où nous avons allumé du feu avec le bois que nous avons pu trouver. — Alexis est ensuite parti pour chercher du gibier, mais est revenu les mains vides. — Nous n'avons rien pour souper qu'une cuillerée de glycérine. Tout le monde est faible, mais plein de courage. Que Dieu ait pitié de nous !

Mardi, 11 octobre (121° jour). — Ouragan du sud-ouest, accompagné de neige. — Nous sommes incapables d'aller plus loin. Alexis ne trouve plus de gibier et nous n'avons, pour toute nourriture, qu'une cuillerée de glycérine et de l'eau chaude. Plus de bois autour de notre campement.

Mercredi, 12 octobre (122° jour). — Nous avons pris, à déjeuner, notre dernière cuillérée de glycérine avec de l'eau chaude. — Pour dîner, nous aurons une couple de poignées d'écorce de saule arctique que nous ferons infuser dans un pot d'eau. — Chacun devient

de plus en plus faible. C'est à peine si nou⸱ avons assez de force pour
aller chercher du bois. — L'ouragan du sud-ouest et la neige conti-
nuent.

Jeudi, 13 octobre (123e jour). — Thé de saule. — Vents violents
du sud-ouest.— Pas de nouvelles de Ninderman. Nous sommes dans
la main de Dieu; s'il ne vient à notre secours, nous sommes perdus;
nous ne pouvons plus marcher contre le vent, et rester ici, c'est mourir de faim.

Dans l'après-midi, nous avons fait un mille en avant pendant lequel
nous avons eu à traverser une autre rivière ou un coude de la grande.
— Après l'avoir traversée, nous nous sommes aperçus que Lee avait
disparu. Nous nous sommes refugiés dans un trou de la berge, et j'ai
envoyé à la recherche de Lee.— Il s'était laissé tomber sur la neige,
et attendait la mort. — Nous avons récité tous ensemble le *Pater* et le
Credo. — Après souper, l'ouragan redouble de violence — Nuit horrible.

Vendredi, 14 octobre (124e jour). — A déjeuner, une infusion de
saule ; à dîner, la moitié d'une cuiller à thé d'huile douce et infusion
de saule.

Alexis a tué un ptarmigan dont nous avons fait de la soupe.

Le vent du sud-ouest s'apaise.

Samedi, 1er octobre (125e jour). — Thé de saule et deux vieilles
bottes.

Décidons de partir au lever du soleil. — Alexis *broken down* (1).
Lée également. — Arrivons à une embarcation—elle est vide. Halte et
campement.

Au crépuscule, il nous semble apercevoir de la fumée dans la direction du sud.

Dimanche, 16 (126e jour). — Alexis *broken down*. Service divin.

Lundi, 17 (127e jour). — Alexis mourant. Le docteur le baptise.
Lecture de la prière des morts. Jour anniversaire de la naissance de
M. Collins : 40 ans. Alexis mort d'épuisement et de faim, vers le
coucher du soleil. Nous l'avons couvert du pavillon et couché sous la
tente.

(1) Cette expression est intraduisible en français ; mot à mot : *brisé à terre*.

Mardi, 18 octobre (128ᵉ jour).—Calme et doux. Neige tombe. Alexis enterré dans l'après-midi. Nous l'avons déposé sur la glace de la rivière et couvert de glaçons plats.

Mercredi, 19 octobre (129ᵉ jour).—Coupons notre tente en morceaux pour nous envelopper les pieds. Le docteur est parti en avant pour trouver l'emplacement d'un campement. Nous avons changé de place à la brune.

Jeudi, 20 octobre (130ᵉ jour). — Temps clair, avec soleil, mais très froid. Lee et Knack agonisants.

Vendredi, 21 octobre (131ᵉ jour). — Vers minuit, le docteur et moi avons trouvé Knack mort entre nous deux.

Lee a rendu le dernier soupir vers midi. Nous avons lu les prières des morts quand nous l'avons vu sur le point de trépasser.

Samedi, 22 (132ᵉ jour).—Nous sommes trop faibles pour transporter les corps de Knack et de Lee jusque sur la glace. Le docteur, M. Collins et moi, les avons portés de l'autre côté de la pointe de terre pour les soustraire à notre vue.

Mes yeux se ferment.

Dimanche, 23 octobre (133ᵉ jour).—Tous assez faibles. Nous avons dormi ou du moins nous sommes reposés aujourd'hui puis nous avons été chercher du bois avant la nuit. Lu une partie du service divin.

Lundi, 24 octobre (134ᵉ jour). — Nuit cruelle.

Mardi, 25 (135ᵉ jour).

Mercredi, 26 octobre (136ᵉ jour).

Jeudi, 27 octobre (137ᵉ jour). — Iverson *broken dow* .

Vendredi, 28 (138ᵉ jour).— Iverson est mort ce matin.

Samedi, 29 (139ᵉ jour). — Dressler est mort cette nuit.

Dimanche, 30 (140ᵉ jour). — Boyd et Gortz sont morts pendant la nuit. M. Collins est mourant.

Ici s'arrête le carnet de de Long, dont nous donnons un fac-simile.

Au moment où la dernière note y a été inscrite, trois des hommes de la troupe vivaient encore : le lieutenant de Long, le docteur Ambler et le cuisinier chinois Ah Sam ; mais lequel a survécu aux deux autres pour recevoir leur dernier soupir ? Nul ne le sait et nul ne le saura jamais.

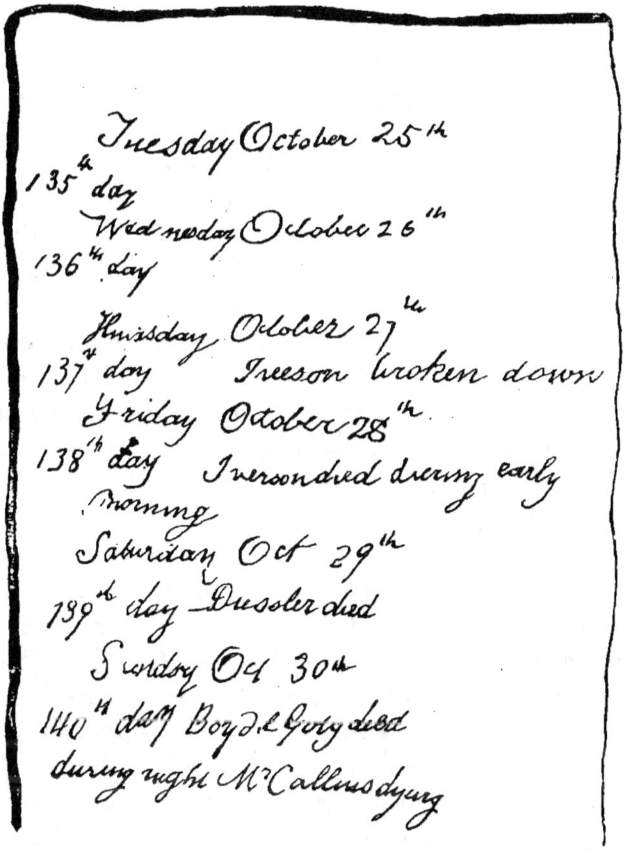

Tuesday October 25th
135th day
    Wednesday October 26th
136th day

    Thursday October 27th
137th day   Ireeson broken down
    Friday October 28th
138th day   Iverson died during early
morning
    Saturday Oct 29th
139th day Dressler died
    Sunday Oct 30th
140th day Boyd & Goertz died
during night McCallis dying

FAC-SIMILÉ

DU DERNIER FEUILLET

DU

CARNET DE DE LONG.

Nous nous arrêterions ici et n'ajouterions plus un mot si nous ne devions encore montrer avec quel acharnement la fatalité semble s'être attachée à cet infortuné de Long et à ses compagnons. Nous avons déjà vu que si Ninderman et Noros, à leur arrivée à Bulcour, étaient repartis immédiatement avec des traîneaux, au secours de leurs compagnons, la plupart de ceux-ci eussent été sauvés. Nous savons, d'un autre côté que, si la baleinière avait pu faire une vingtaine de milles de plus, ils auraient rencontré les deux voyageurs bien avant leur arrivée à Bulcour et eussent pu se porter au secours de leur commandant ; mais le destin voulut qu'on les conduisît à Gemovyalack en les détournant du chemin de Boulouni. Enfin, chacun se rappelle le dialogue de M. Danenhower avec M. Jackson. Ce n'est pas tout : M. Jackson va nous raconter comment cette malheureuse troupe a débarqué à trente milles d'un village habité toute l'année, où elle aurait pu trouver des secours et dont elle n'eut malheureusement pas connaissance) et comment aussi elle passa à quelques verstes d'un magasin rempli de viande de renne ; mais nous nous arrêtons là pour laisser la parole à M. Jackson.

« Le sort, dit-il en parlant de de Long, paraissait lui être contraire. S'il eût abordé trente milles plus à l'ouest, il fût tombé sur un village habité toute l'année par les indigènes. Ce village se trouve au nord d'Upper-Boulouni. Il passa aussi à vingt verstes d'une hutte où étaient suspendus les cadavres de vingt rennes que les indigènes tenaient en réserve pour l'hiver. En outre, il n'avait pas avec lui un seul fusil de chasse ; il avait même donné l'ordre, en quittant son premier campement, de les abandonner sur la glace ; or, dans les contrées qu'il devait traverser, les rennes sont rares, tandis que les ptarmigans abondent. Le journal de de Long porte en effet, chaque jour, la mention : « Ici, traces nombreuses de ptarmigans », et pour les tuer Alexis n'avait qu'une carabine ; aussi, tout bon tireur qu'il fût, ne tua-t-il que quelques-uns de ces oiseaux. Le jour où Ninderman et Noros quittèrent le reste de la troupe, une bande de plus de deux cents ptarmigans vint s'abattre à un quart de mille du campement, et cependant on ne put en tuer un seul. Avec un seul fusil de chasse, Alexis eût pu soustraire à la famine et par conséquent sauver tous ses compagnons, bien que la saison fût trop avancée pour rencontrer des rennes. Autre

fait que j'ai appris à Gemovyalack, et qui montre jusqu'à quel point
la fortune était contraire à ce malheureux de Long. Deux indigènes,
revenant du nord du delta, et se dirigeant vers Bykoff, aperçurent sur
leur chemin l'empreinte des pas de la troupe de de Long, deux jours
après son passage ; ils trouvèrent, en outre, une carabine Remington
laissée par celui-ci dans une hutte, à moitié chemin entre le point de
débarquement et celui où les cadavres ont été trouvés ; mais, au lieu
de suivre ces empreintes, il se contentèrent d'emporter la carabine et
de se retirer, craignant d'avoir affaire à des maraudeurs ou à des
voleurs de grand chemin. Ayant entendu parler de Melville et de sa
troupe, des trois canots et de la disparition du capitaine, en arrivant à
Gemovyalack, ils s'abstinrent de dire ce qu'ils avaient vu, de peur
d'être punis pour n'avoir pas suivi les traces qu'ils avaient rencontrées, et ce ne fut qu'après quelques jours qu'ils rompirent le silence,
mais alors il était trop tard.

D'un autre côté, de Long commit une faute par suite de son excès
de sollicitude pour ses livres et papiers particuliers, ainsi que pour
les instruments scientifiques et autres bagages dont il surchargea inutilement ses hommes. Il eût pu laisser tous ces objets dans sa première
cache, mais il voulut, au contraire, les faire porter avec lui par ses
hommes pendant toute la durée de leur pénible voyage. Quand on les
emporta, en même temps que les cadavres, ils remplissaient un traîneau à chiens. De Long tenait tant à ses livres et à ses cartes qu'il dé-
pensa ce qui lui restait de force pour essayer de les porter sur le sommet du tertre où il expira avec le docteur Ambler et Ah Sam, afin de les
soustraire aux eaux de l'inondation, lors du débordement de la Léna
au printemps ; mais il ne put y porter que ses cartes.

Après le départ de Noros et de Ninderman, leurs compagnons ne
firent plus que dix-huit milles dans l'espace de vingt jours, c'est-à-dire
depuis le 9 jusqu'au 30 octobre, date à laquelle se termine le carnet.
Même avant le départ de Ninderman, de Long était très faible ; quand
il avait marché pendant dix minutes, il était obligé de se coucher pour
se reposer, et disait alors à ses compagnons : « Ne vous inquiétez pas
de moi, marchez aussi loin que vous pourrez, je vous suivrai. » Après
chaque journée de marche, il faisait construire d'énormes bûchers
qu'il allumait à la nuit, et dont la flamme atteignait trente pieds de

haut. Les derniers de ces bûchers se trouvaient à quelques centaines de mètres de l'endroit où tous les membres de la troupe expirèrent. Par ce moyen, il espérait attirer l'attention des gens que, persistait-il à dire, on ne pouvait manquer d'envoyer à sa recherche. Mais ces buchers brûlèrent en vain ; à l'époque de sa mort, pas un être humain ne se trouvait dans un rayon de cent milles.

Le parti de Melville à Gemovyalack s'en trouvait à peu près à cette distance.

La lumière produite par ces bûchers pouvait, au milieu de l'atmosphère glacée des plaines du delta, être aperçue à quarante ou cinquante verstes, et si les partis de recherches se fussent trouvés alors dans ce périmètre, de Long eût été évidemment secouru.

La grande croix qui surmonte le mausolée élevé sur la montagne voisine de la hutte de Matack, peut être aperçue de vingt ou trente verstes. Des arrangements ont été pris par Melville avec le général Tchernaïeff, gouverneur d'Irkoutsk, pour que la pyramide entière soit recouverte d'une couche épaisse de terre, afin d'empêcher la chaleur du soleil de pénétrer jusqu'aux cadavres et de les dégeler. Si cette mesure est prise de bonne heure, les corps resteront intacts indéfiniment, parce qu'à une profondeur de deux ou trois pieds le sol du delta ne dégèle jamais. Ils pourront donc être enlevés plus tard, si on le désire.

Le général Tchernaïeff a fait placer une inscription en russe sur la tombe, et tous les fonctionnaires de la région ont reçu l'ordre de veiller à ce que le monument soit maintenu en bon état.

AA. Ligne de retraite. — **B.** Chemin suivi par le canot de de Long. — **C.** Tempête rencontrée ici. — **D.** Chemin suivi par le canot de Melville. — **E.** La plus haute latitude atteinte par l'équipage en retraite, entraîné à la dérive. — **F.** Route qu'a parcourue *la Jeannette* entraînée par les glaces. — **G.** Lieu où *la Jeannette* fut aperçue par un steamer américain et par un balcinier sibérien. — **H.** Hivernage des traîneaux du *Rodgers*. — **I.** Boulouni. — **J.** L'île Herald. — **K.** Cercle arctique. — **L.** Lieu où *la Jeannette* fut brisée le 12 juin et sombra le 13. — **M.** Ile Olenek. — **N.** Ile Jeannette.

TABLE DES MATIÈRES

CHAPITRE PREMIER.

« LA JEANNETTE ». SON ÉQUIPAGE.

CHAPITRE DEUXIÈME.

DÉPART DE SAN FRANCISCO.

CHAPITRE TROISIÈME.

TRAVERSÉE DE SAN FRANCISCO A OONALACHKA.

CHAPITRE QUATRIÈME.

SAINT-MICHEL DE L'ALASKA.

CHAPITRE CINQUIÈME.

CHAPITRE SIXIÈME.

CHAPITRE SEPTIÈME.

SECONDE ANNÉE DANS LES GLACES.

CHAPITRE HUITIÈME.

PERTE DE « LA JEANNETTE ».

CHAPITRE NEUVIÈME.

LA RETRAITE.

CHAPITRE DIXIÈME.

L'ILE BENNETT. — LA SÉPARATION.

CHAPITRE ONZIÈME.

PARMI LES TONGOUSES.

CHAPITRE DOUZIÈME.

CHAPITRE TREIZIÈME.

DÉCOUVERTE DE LA TROUPE DE DE LONG.

CHAPITRE QUATORZIÈME.

LES DERNIERS JOURS DE DE LONG ET DE SON PARTI.

ÉVREUX, IMPRIMERIE DE CHARLES HÉRISSEY